Thomas Cahill

Abrahams Welt

THOMAS CAHILL

Abrahams Welt

Wie das jüdische Volk die westliche Zivilisation erfand

Aus dem Amerikanischen
von Michael Büsges

Kiepenheuer & Witsch

1. Auflage 2000

Titel der Originalausgabe: *The Gifts of the Jews*

Aus dem Amerikanischen von Michael Büsges
Lektorat: Thomas Schulz

Umschlaggestaltung: Rudolf Linn, Köln
Umschlagmotiv: AKG, Berlin
Gesetzt aus der Garamond Stempel (Berthold)
bei Kalle Giese, Overath
Druck und Bindearbeiten: Graphischer Großbetrieb Pößneck, Pößneck
ISBN 3-462-02877-4

FÜR KRISTIN

Wie anders als durch Brauch und Zeremonie
werden Unschuld und Schönheit geboren?
Zeremonie ist nur ein anderer Name für das Füllhorn,
und Brauch für den ausgebreiteten Lorbeerkranz.

Ein Indianer tut alles in einem Kreis, und er tut dies, weil alle Macht der Welt ihre Macht immer kreisförmig entfaltet und alles danach strebt, zum Kreis zu werden. In den alten Zeiten, als wir ein starkes und glückliches Volk waren, bezogen wir unsere Stärke aus dem heiligen Ring der Nation ... Selbst die Jahreszeiten formen in ihrem beständigen Wechsel einen großen Kreislauf und kommen immer wieder an den gleichen Ort zurück. Das Leben des Menschen ist ein Kreislauf von der Kindheit wieder zur Kindheit, und so ist es mit allem, in dem die Macht wirkt.

BLACK ELK (Schwarzer Elch)

Unless there is
a new mind there cannot be a new
line, the old will go on
repeating itself with recurring
deadlines: without invention
nothing lies under the witch-hazel
bush.

WILLIAM CARLOS WILLIAMS

INHALT

EINLEITUNG

Die Juden waren es

Die Juden stehen am Beginn all dessen, was wir schätzen, etwa die Grundwerte, die uns alle – Juden und Nichtjuden, Gläubige und Atheisten – zu dem machen, was wir sind. Ohne die Juden sähen wir die Welt mit anderen Augen, hörten wir sie mit anderen Ohren, nähmen wir sie sogar mit anderen Gefühlen wahr. Und nicht nur unsere Sinnesorgane, der Filter, durch den wir die Welt aufnehmen, wären anders beschaffen: Unser Verstand funktionierte anders, wir interpretierten unsere Erfahrungen anders, wir zögen andere Schlüsse aus den Dingen, die uns zustoßen, wir führten unser Leben anders.

Das »wir«, von dem ich hier spreche, ist das »wir« des späten 20. Jahrhunderts: Es meint die Menschen der westlichen Welt, deren besondere, in ihrem Einfluss jedoch kaum zu überschätzende Denkweise alle Kulturkreise der Erde in einem entscheidenden Maße beeinflusst hat. Man kann durchaus behaupten, dass die gesamte Menschheit, ob sie es will oder nicht, von diesem »wir« eingeholt wird. Das Abendland spielt also eine einzigartige Rolle in der Menschheitsgeschichte. Daher spielen die Juden, die Erfinder der abendländischen Kultur, ebenfalls eine einzigartige Rolle: Es gibt niemanden, der sich auch nur annähernd mit ihnen messen könnte, und unbestreitbar ist, dass sie zu etwas Einzigartigem berufen waren. Wie wir sehen werden, geht der Begriff *Berufung*, die Vorstellung, dass der Einzelmensch eine individuelle Bestimmung habe, auf das Judentum zurück.

In unserer Geschichte wimmelt es von Menschen, die sich geweigert haben anzuerkennen, worum es den Juden wirklich geht, die, sei es aus intellektueller Verblendung, rassischem Chauvinismus, Fremdenfeindlichkeit oder einfach aus schierer Bosheit, außerstande waren, diesem merkwürdigen Stamm, diesem bunten Haufen, diesem nomadischen Volk, dem Ahnherrn der westlichen Welt, Gerechtigkeit widerfahren zu lassen. Am Ende dieses blutigsten aller Jahrhunderte können wir mühelos auf Szenen ungeheuren Schreckens zurückblicken, die von denen verursacht wurden, die den Juden alles andere als Gerechtigkeit widerfahren lassen wollten.

Doch ich möchte meine Leser darum bitten, nicht nur die Schrecken der Geschichte – der neuzeitlichen, mittelalterlichen und der antiken – so gut dies möglich ist aus ihrem Gedächtnis zu verbannen, sondern auch den Begriff »Geschichte« selbst. Wir sollten einmal, um es präziser zu formulieren, die Prinzipien vergessen, auf die unser Weltbild sich gründet –, das komplexe Handlungs- und Ideengerüst, das unser geistiges und emotionales Erbgut ausmacht. Wir sollten uns die ersten Menschen vorstellen, uns vorstellen, wie sie auf dieser Welt lebten und sich auf ihr bewegten, bevor das erste Wort der Bibel niedergeschrieben, bevor es gesprochen, bevor es erträumt worden ist.

Welch eine merkwürdige Erscheinung müssen die ersten menschenähnlichen Wesen auf der Erde gewesen sein! Wie ihre Primatenvorläufer hatten sie lange Gliedmaßen und waren sehr beweglich. Da ihre Muskeln kaum ausgebildet waren und sie nur wenig Fell und keine ausgeprägten Klauen besaßen, waren sie auf den Schutz von Bäumen angewiesen. Doch wagten sie sich, wenn auch vorsichtig, in die Steppe hinaus, in der Hoffnung, Nahrung zu finden, ohne selbst zu Nahrung zu werden. Mit ihren kleinen Mündern, unterentwickelten Zähnen und widernatürlich großen Köpfen (die den Köpfen neugeborener Primaten ähnelten) waren sie auf ihren Verstand angewiesen. Ihr Nachwuchs war viele Jahre lang hilflos, länger als andere neugeborene Säugetiere. Er war von der Wachsamkeit der Eltern abhängig und musste gewissenhaft erzogen werden. Diese Mutanten hätten ohne die Fähigkeit zu Planung und Vorausschau, ohne die Entwicklung komplexer Strategien kaum eine Überlebenschance gehabt.

Wenn wir die wenigen Andeutungen in den ur- und frühgeschichtlichen Quellen heranziehen, müssen wir überraschenderweise feststellen, dass diese Urmenschen ihre Erfindungen und Entdeckungen – die Werkzeuge und das Feuer, dann den Ackerbau und den Einsatz von Lasttieren, schließlich die Bewässerung und das Rad – keinesfalls als Neuerungen betrachteten. Für sie waren dies Geschenke aus dem Jenseits, irgendwie ein Teil des Ewigen. Alles deutet darauf hin, dass der Kosmos im frühzeitlichen religiösen Denken als zyklisch galt. Die Vorstellungen des Urmenschen über die Welt unterschieden sich in ihren Grundzügen kaum von den Vorstellungen, die spätere und weiter entwickelte Gesellschaften wie das antike Griechenland und das Indien des Altertums, wenn auch auf komplexere Weise, entwickelten. Henri-Charles Puech fasste das griechische Denken so zusammen:

> Kein Ereignis ist einzigartig, nichts geschieht nur einmal ...; jedes Ereignis ist schon einmal geschehen, geschieht, und wird immer wieder geschehen; die gleichen Individuen sind aufgetaucht, tauchen auf und werden immer wieder auftauchen.[1]

Die Juden waren das erste Volk, das dieses zyklische Denken durchbrochen hat, um die Welt auf eine neue Weise denken, erleben und verstehen zu können. Sie vollzogen diesen Schritt mit einer solchen Radikalität, dass man durchaus behaupten kann: Die Juden setzten die einzig wirklich neue Idee in die Welt, die die Menschheit je gehabt hat. Ihre Weltsicht ist so bestimmend für uns geworden, dass sie uns heute möglicherweise wie ein genetischer Code in unsere Zellen eingeschrieben ist. Wir vermögen uns nicht von ihr zu befreien, auch nicht versuchsweise – die kosmische Vision aller *anderen* Völker erscheint uns als fremdartig und merkwürdig.

Die Bibel ist das Zeugnis *par excellence* für die jüdische Religionserfahrung, eine Erfahrung, die immer noch neu und mitunter sogar schockierend wirkt, wenn sie vor dem Hintergrund der Mythen anderer archaischer Kulturen gelesen wird. Das Wort *Bibel* ist von dem griechischen Plural *biblia* abgeleitet, was »Bücher« bedeutet. Und obwohl die Bibel zu Recht als *das* Buch der westlichen Welt, seine Gründungsurkunde, angesehen wird, ist sie doch eigentlich eine Sammlung von Büchern, eine vielschichtige Bibliothek, die im Verlauf von tausend Jahren im wesentlichen auf Hebräisch geschrieben wurde.

Es gibt nur sehr wenige Quellen, die Auskunft geben über die frühe Entwicklung des Hebräischen, eine von vielen semitischen Sprachen, die im Mittleren Osten etwa zu Beginn des zweiten Jahrtausends

---

1 Henri-Charles Puech: »Gnosis and Time«, in: Henry Corbin et al.: *Man and Time. Papers from the Eranos Yearbook*, Princeton 1957, S. 38-84, hier S. 41.

v. Chr.[2] entstanden ist. Eine genaue Datierung ist nicht möglich. Einige dieser Sprachen, wie zum Beispiel Akkadisch, wurden sehr bald zu Schriftsprachen, doch gibt es keine verlässlichen Zeugnisse des Schrifthebräisch vor dem zehnten vorchristlichen Jahrhundert, also lange nachdem die Israeliten nach ihrer Flucht aus Ägypten unter der Führung von Mose, der bedeutendsten aller frühen israelitischen Figuren, wieder nach Kanaan zurückgekehrt waren. Dies bedeutet, dass die vermeintlich historisch verbürgten Erzählungen zumindest der ersten Bücher der Bibel nicht schriftlich, sondern nur mündlich überliefert wurden. Was wir also über die Wanderungen Abrahams in Kanaan, die von Mose bewirkte Befreiung aus dem ägyptischen Joch bis hin zur israelitischen Neubesiedlung Kanaans unter Josua lesen, sind mündlich überlieferte Geschichten, die zum ersten (aber nicht letzten) Mal im zehnten Jahrhundert v. Chr. zur Königszeit Davids gesammelt und schriftlich fixiert wurden. Die Texte der Bibel in ihrer heutigen Form (abgesehen vom griechischen Neuen Testament, das nicht vor dem ersten nachchristlichen Jahrhundert hinzugefügt wurde) gehen auf die Zeit lange nach der Babylonischen Gefangenschaft, die 538 v. Chr. beendet worden war, zurück. Die letzten in den Kanon der hebräischen Bibel aufgenommenen Bücher, das Buch *Ester* und das *Buch Kohelet* sowie das *Buch Daniel*, gehören wahrscheinlich ins dritte bzw. zweite vorchristliche Jahrhundert. Einige der apokryphen Bücher wie das Buch *Judit* und das salomonische *Buch der Weisheit* können auf das erste vorchristliche Jahrhundert datiert werden.

Heute bietet die Bibel den meisten Lesern ein verwirrendes Durcheinander. Wer sie von Anfang bis Ende lesen will, gibt sich meist nach einem oder zwei Büchern geschlagen. Obwohl sich in der Bibel die beiden großen literarischen Themen Liebe und Tod (sowie ihre span-

2 Seit einiger Zeit werden die Bezeichnungen v.u.Z. (vor unserer Zeitrechnung) und n.u.Z. (nach unserer Zeitrechnung), die ursprünglich vor allem in jüdischen Kreisen benutzt werden, um den christlichen Bezug in der gebräuchlicheren Terminologie v. Chr. (vor Christus) und n. Chr. (nach Christus) zu vermeiden, häufiger gebraucht. Ich benutze weiterhin v. Chr. und n. Chr., nicht etwa, um Anstoß zu erregen, sondern weil die neuen Bezeichnungen, die außerhalb der akademischen Welt nicht geläufig sind, den Leser unnötig verwirren könnten.

nenden Surrogate Sex und Gewalt) zahlreich finden lassen, gibt es auch viele langatmige Beschreibungen von Ritualen und Kämpfen. Der zeitgenössische Leser, der wissen möchte, worum es in der Bibel eigentlich geht, ist auch deshalb irritiert, weil sie im Verlauf vieler Jahre von vielen verschiedenen Händen bearbeitet worden ist.

Doch wollen wir uns selbst begreifen, unsere Identität verstehen, die wir verinnerlicht haben, so dass die meisten Menschen sich gar keine Gedanken über den Ursprung der Verhaltensmuster machen, die uns so natürlich erscheinen, dann müssen wir uns auf dieses großartige Dokument, den Eckpfeiler der abendländischen Zivilisation, besinnen. Ich möchte keine Einführung in die Bibel schreiben, noch weniger eine Einführung in das Judentum. Vielmehr möchte ich in dieser einzigartigen Kultur des Wortes einen ihrer roten Fäden kenntlich machen, in Umrissen die Sensibilität aufspüren, von der diese Struktur umgeben wird, und die noch lebendigen Quellen unseres abendländischen Erbes dem zeitgenössischen Leser nahe bringen, gleichgültig, welchen Standpunkt auch immer er in Fragen der Religion einnehmen möge.

Wollen wir die Bibel angemessen würdigen, dürfen wir nicht mit ihr beginnen. Alle Definitionen müssen zunächst Grenzen ziehen oder die Begrenzungen des zu Definierenden festlegen, müssen aufzeigen, was dieses zu Definierende nicht ist. Deshalb beginnen wir vor der Bibel, vor den Juden, vor Abraham – in einer Zeit, in der die Wirklichkeit ein einziger, in sich geschlossener Kreislauf zu sein schien, dessen Umlaufbahn vorausgesagt werden konnte. Wir beginnen in der Welt des Rades.

I

Der Tempel im Mondlicht

Die religiöse Urerfahrung

Vor etwa fünftausend Jahren ritzte eine Menschenhand irgendwo das erste Wort ein. Mit diesem Akt begann Geschichte, die dokumentierte Geschichte des Menschen. Der Ort des Geschehens war Sumer, möglicherweise ein Warenspeicher in Uruk, dem heutigen irakischen Warka. Uruk, das war jene mesopotamische Siedlung am Euphrat, die vielleicht erste menschliche Gemeinschaft, die den Namen »Stadt« verdient. Das geschriebene Wort entstand aus einer Notwendigkeit: Wie hätten die Sumerer sonst Ordnung in ihre Geschäftskonten bringen können? Die neuartige Zusammenstellung von Menschen und ihrem Besitz in einer Stadt wie Uruk – ein verwirrendes Durcheinander von Tempeln, Wohnungen, Lagerhallen und Gassen, bald überall in der antiken Welt nachgeahmt – verlangte geradezu nach neuen Methoden, Warenlieferungen zu berechnen und Gewinne aus Finanzgeschäften einzuziehen, da das Gedächtnis eines einzelnen unmöglich solch komplexe Vorgänge bewältigen konnte. Das menschliche Gehirn ermüdete schnell angesichts dieser Aufgaben, verhielt sich zunehmend unkooperativ und neigte schließlich zu immer mehr Fehlern. Doch der Mensch fand eine ganz einfache Lösung: bleibende Schriftsymbole, die das unzuverlässige menschliche Gedächtnis ersetzten.

Diese Neuerung sollte den Verlauf der menschlichen Geschichte für immer ändern, denn sie ermöglichte die Speicherung und den Wiederabruf großer Informationsmengen und völlig neue zwischenmenschliche und geschäftliche Kommunikationsformen. Ihr waren eine Reihe anderer Erfindungen vorausgegangen, die die Sumerer während ihres durch Versuch und Irrtum geprägten Weges zur Urbanisierung gemacht hatten. So hatte die Entdeckung des Ackerbaus – die Einsicht, dass man nicht auf den Segen der Natur zu warten braucht, sondern diesen Segen durch das den Jahreszeiten angepasste Säen von Saatgut mehr oder weniger verlässlich kontrollieren kann – die Abhängigkeit des Menschen von den unsicheren Jagd- und Sammelerträgen stark verringert und die ersten sesshaften Siedlungen, die sich auf beständige Getreideversorgung stützen konnten, ermöglicht.

Bald gelang es (was möglicherweise schon früher geschehen war), die Vieh- und Schafsherden zu zähmen und damit die Versorgung mit Eiern, Milch, Fleisch, Leder und Wolle sicherzustellen. Die Erfindung der Hacke und etwas später des Pflugs – wahrscheinlich kam ein fauler, doch gewitzter Bauer darauf, seine Hacke mit einem Seil an den Hörnern eines Ochsen zu befestigen, so dass er eine viel größere Fläche beackern konnte – trug viel zur Entstehung stabiler bäuerlicher Gemeinschaften im gesamten Gebiet des so genannten »Fruchtbaren Halbmonds« bei, der wasserreichen Landsichel, die sich von der Ebene des Euphrat und Tigris aus nördlich erstreckt, sich dann nach Süden ins Jordantal wendet und in die Sinaihalbinsel ausläuft. Irgendjemand kam dann auf die brillante Idee, Gräben auszuheben und wenig später Kanäle und Staubecken anzulegen. So konnte das Wasser kontrolliert von höher gelegenen Eindeichungen in tiefer gelegene Felder fließen. Die Bauern waren nun nicht mehr von den unsicheren Regenfällen des Nahen Ostens abhängig und konnten auch die Felder bestellen, die ihnen bislang unbrauchbar schienen. Diese Technik, die über viele Jahrhunderte hinweg bis zur Perfektion entwickelt wurde, sollte schließlich im weitläufigen Steppengebiet der Euphrat- und Tigrisebene die Hängenden Gärten von Babylon ermöglichen. (Das babylonische löste das sumerische Reich ab). Es entstand eines der sieben Weltwunder und die beliebteste Touristenattraktion des Altertums, die die Reisenden den Daheimgebliebenen ausführlichst beschrieben, so dass diese schon lange vor der Erfindung der Photographie Grund hatten, sich bei ihren Gastgebern zu langweilen.

In der folgenden, der Erfindung der Schrift unmittelbar vorausgehenden Phase erlebte Sumer eine Explosion technischer Erfindungen, wie man sie erst wieder im 19. und 20. nachchristlichen Jahrhundert erleben sollte. Diese Epoche wurde Zeuge sowohl einer Expansion der Dörfer mit ihrem nunmehr beträchtlichen Arsenal neuartiger Gerätschaften für Ackerbau und Viehzucht als auch neuer Erfindungen auf dem Gebiet des Transportwesens auf Rädern, der Segelschiffe, der Metallkunde und des Töpferhandwerks, das sich auch das Rad und verbesserte Öfen zur Brennung des Materials zunutze machte – eine Entwicklung, die nahezu jede Woche etwas Neues brachte. Die Sumerer waren die ersten, die Gebäude bauten, die mehr als nur schutzspendende Zufluchtsorte für sie waren. Sie errichteten sogar riesige, mitunter überwältigende Bauwerke für Geschäfte und Rituale. Große Skulpturen aus Stein, Gravuren und Intarsien, Gussformen für Backsteine, Bögen, Gewölbe und Kuppeln – all dies erblickte erstmals unter der gleißenden sumerischen Sonne das Licht der Welt. Dieser einzigartige Prozess ermöglichte zum ersten Mal Warenaustausch in größerem Umfang, bald auch das Zusammenleben vieler Menschen samt ihrem Besitz auf engem Raum, vor allem

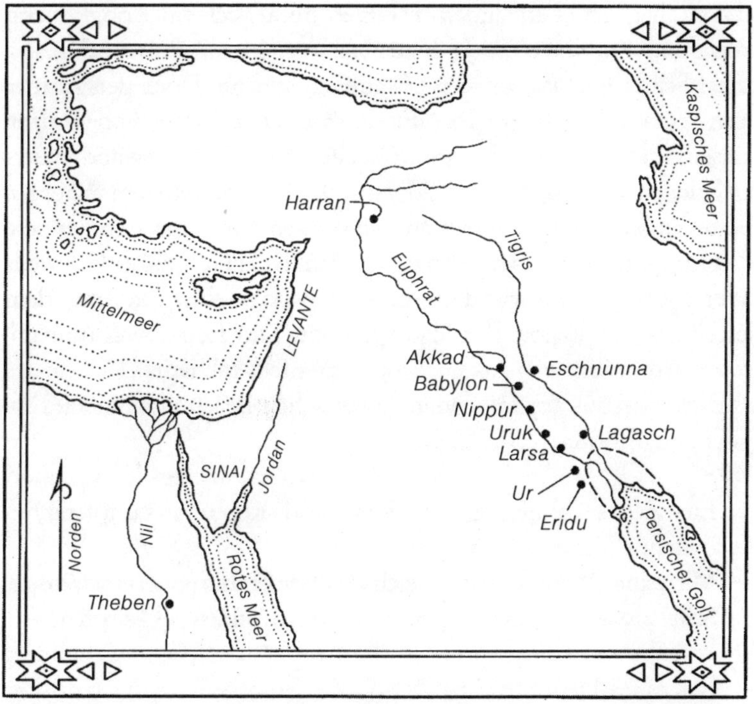

Der »Fruchtbare Halbmond« im 3. Jahrtausend v. Chr.

Diese uralte Wiege der Zivilisation war ein wasserreiches Gebiet, beginnend am Persischen Golf, sich dann nach Nordwesten in die Ebene des Tigris und des Euphrat ausdehnend, weiter in südlicher Richtung entlang der Täler des Jordan und der Levante-Küste verlaufend und schließlich endend in der Sinai-Halbinsel. Die Karte zeigt die wichtigsten sumerisch-akkadischen Stadtstaaten, einschließlich Babylon, das zu einer späteren Epoche gehört. Die gestrichelte Linie nördlich des Persischen Golf markiert das Golfufer im 3. Jahrtausend v. Chr.

die riesigen Lagerhallen, die unseren unbekannten Erfinder die Schrift erträumen ließen.

Als das erste Wort auf eine kleine Tontafel – viele Jahrhunderte lang das wichtigste Medium für die Konservierung von Schriftsymbolen – eingeritzt wurde, beherrschte Sumer ganz Mesopotamien, verfügte über wichtige Handelsverbindungen und gelegentlich sogar über Oberherrschaft über so entlegene Gebiete wie das Niltal in Nordafrika und das Industal im Fernen Osten. Den allgegenwärtigen Aasgeiern, die ohne Zweifel der Zivilisation mit ihren wenigen Opfern skeptisch gegenüberstanden, erschien Sumer als ein Konglomerat von rund fünfundzwanzig Stadtstaaten, deren Kultur und gesellschaftliche Organisation sich erstaunlich ähnelte. Doch den Amoritern – semitische Nomaden, die die Berglandschaften und Wüsten jenseits der Grenzen des sumerischen Reiches durchwanderten – erschienen die aus mehrstöckigen und dicht gedrängten Häusern bestehenden Städte, die sich an den grünen Ufern des sich windenden Euphrat aneinander reihten, wie glänzende Gegenstände, jeweils überragt von einem wundersamen Tempel und einer Zikkurat, dem jeweiligen Schutzgott der Stadt geweiht. Das führte den nomadischen Amoritern vor Augen, woran sie nicht teilhatten.

Dies wird aus der folgenden sumerischen Beschreibung eines typischen Amoriters ersichtlich:

Ein Zeltbewohner, gegen Wind und Regen ankämpfend, kennt keine Gebote
Mit seiner Waffe macht er sich das Bergland zur Wohnstätte
Streitsüchtig wendet er sich gegen das Land, weiß sein Knie nicht zu beugen
Isst rohes Fleisch
Besitzt zeit seines Lebens kein Zuhause
Wird nicht ins Grab gelegt, wenn er stirbt.

So ähnlich würde man auch ein Tier beschreiben: Die Nomaden, die weder Sitte noch Anstand – nicht einmal den Toten gegenüber –, keine Religion und kein Feuer kannten, verwickelten sich ständig in blutige Auseinandersetzungen mit »zivilisierten« Landbesitzern. In der sumerischen Beschreibung können wir das Vorurteil der Imperialisten erkennen, wie es uns immer wieder in der Geschichte begegnet. Der Imperialist setzt einfach voraus, dass er denjenigen moralisch und technisch überlegen ist, auf die er herabblickt; daraus leitet er einen gottgewollten Anspruch auf ihren Besitz, besonders ihren Landbesitz, ab.

Wir verdanken es der bahnbrechenden Arbeit einiger Archäologen, die im Laufe des 20. Jahrhunderts mehrere sumerische Städte ausgegraben und in mühevoller Kleinarbeit die zahlreichen Tontafeln übersetzt haben, dass wir über die Sumerer, die erste Zivilisation der Menschheitsgeschichte, gut unterrichtet sind. Ackerbau und Viehzucht waren ungeheuer weit entwickelt. Auf dem Gebiet der Mathematik waren sie bereits dazu in der Lage, mit Quadrat- und Kubikwurzeln zu operieren, die Fläche eines Feldes oder eines Gebäudes exakt zu berechnen und einen Kanal auszuheben oder zu vergrößern. Sie verfügten über praktisches, nicht auf Magie gründendes medizinisches Wissen, und ihre Arzneibücher empfahlen Heilmittel für alle erdenklichen Beschwerden, von Kriegsverletzungen bis hin zu Geschlechtskrankheiten, bezeichnet als »Krankheiten von *tun* und *nu*« (auch wenn die Sprachexperten sich nicht einig darüber sind, was diese beiden Begriffe bedeuten, wird der Laie sie leicht entschlüsseln können).

Auch über die sumerische Gedankenwelt wissen wir gut Bescheid. Tafeln mit Anweisungen wurden oft im Namen eines bestimmten Gottes geschrieben. So soll etwa ein »Handbuch« über Landwirtschaft (ein Bestseller, da Kopien überall zu finden waren) von dem Erdgott Ninurta verfasst worden sein, dem »zuverlässigen Bauern des Windgottes Enlil«, der höchsten Gottheit im sumerischen Pantheon. Dem Bauern wird nahe gelegt, über seine Saat sorgfältig zu wachen und alle menschenmöglichen (und noch darüber hinausgehenden) Vorsichtsmaßnahmen zu treffen: Wenn die Sprösslinge aus dem Boden hervorgeschossen sind, soll er die Vögel verscheuchen und zu Ninkilim, der Göttin der Feldmäuse, beten, dass sie ihre scharfzahnigen kleinen Schützlinge von dem wachsenden Getreide fern hält. Selbst für das Bierbrauen (die Sumerer waren fleißige Biertrinker) gab es eine Schutzgöttin, Ninkasi, die aus dem »schäumenden frischen Wasser« entstanden war und deren Name »Frau, die den Mund füllt« bedeutet. Die Sumerer ließen sich gerne poetisch über dieses Thema aus: Ninkasi war die Braumeisterin für die Götter – sie backt die sprießende Gerste mit überquellenden Schaufeln, vermengt den *Bappir*-Malz mit süßen Gewürzen und gießt das wohlriechende Bier in die *Lathan*-Schüssel, die so groß ist wie Euphrat und Tigris zusammen!

Wir dürfen den Erwähnungen der Gottheiten auf den sumerischen Tafeln nicht mehr Bedeutung beimessen, als wir es heute bei Persönlichkeiten des öffentlichen Lebens tun, die sich mit ernster Miene auf Gott berufen. Die Sumerer waren pragmatische und nüchterne Geschäftsleute, die sich in erster Linie für die Größe ihrer Felder und die Speicherkapazität ihrer Lagerhallen interessierten. Doch heißt dies nicht, dass sie nur nach materiellen Dingen trachteten.

Die Weltanschauung eines Volkes, die in den Beschreibungen alltäglicher Verrichtungen wie Kauf und Verkauf oder das Zählen von Schekeln kaum Erwähnung findet, lässt sich erschließen aus den Geschichten, Mythen und Ritualen eines Kulturkreises. Wenn man diese richtig interpretiert, geben sie Auskunft über die tiefsten Belange eines Volkes, weil sie die unter der Oberfläche verborgenen, den Menschen in ihre Herzen eingeschriebenen Ängste und Sehnsüchte offenbaren. Die auf einfachen Tontafeln wieder entdeckten Geschichten der Sumerer besitzen eine geschliffene Eleganz, die den zeitgenössischen Leser beeindrucken muss. Sie gewähren unscharfe und flüchtige Einblicke in die Wiege der menschlichen Einbildungskraft. Da fast alle Tafeln beschädigt sind, weist jede Erzählung Lücken auf. Viele dieser Geschichten liegen jedoch nicht nur in mehreren Versionen vor, so dass die jeweiligen Leerstellen gefüllt werden können, sondern auch in verschiedenen Sprachen, was zumindest teilweise die Rekonstruktion einer dynamischen, sich über mehrere Jahrhunderte erstreckenden Entwicklungsgeschichte erlaubt. Den Entwicklungsprozess des sumerischen Geschichtenerzählens verdanken wir wohl auch den umherziehenden analphabetischen semitischen Stämmen. Sie verfügten über jenes, für Völker ohne Schriftsprache typische, unerschöpfliche narrative Erinnerungsvermögen und verdienten sich manchmal ihren Lebensunterhalt damit, sesshaft gewordenen Gemeinschaften Geschichten zu erzählen. Diese Erzählungen, gleichgültig, ob sie von nomadischen Sängern oder von den Städtern selbst weitergetragen worden waren, wurden schließlich von sumerischen Schreibern aufgeschrieben. Diese bemühten sich, das vielfältige Material zu ordnen, und schufen damit so etwas wie »Bücher« – eigentlich geordnete Tafelgruppen –, in denen fortlaufende, episodische, manchmal mehrere Generationen umfassende Geschichten erzählt wurden.

Gelegentlich übertrieben sie die Ordnung. Die sumerische Zusammenstellung ihrer Königsgeschichte, die so genannte Königsliste, ist für die moderne Geschichtsschreibung völlig unbrauchbar. Diese kurzen Skizzen der Regierungszeit jedes Königs folgen symmetrischen und numerologischen Prinzipien, die Auge und Ohr ergötzen sollen, berücksichtigen aber in keiner Weise die tatsächlichen Ereignisse der sumerischen Geschichte. Einigen Königen wird eine Herrschaftszeit von mehreren tausend Jahren angedichtet, anderen von ein paar hundert Jahren; neuere wissenschaftliche Untersuchungen, in denen diese Listen mit anderen antiken Quellen verglichen werden, zeigen, dass Könige, die den Listen zufolge aufeinander folgten, mehr oder weniger Zeitgenossen waren und benachbarte sumerische Stadtstaaten regierten.

Die Methoden und Ziele eines modernen Historikers wären einem Sumerer unsinnig erschienen. Die Sumerer haben zwar die Schrift, das Instrumentarium, das Geschichte erst möglich macht, erfunden, hatten jedoch selbst keinerlei Geschichtsbewusstsein. Die Stadtstaaten waren vor undenklichen Zeiten von Göttern gegründet worden; und es waren dieselben Götter, die den Sumerern, den »Menschen mit den schwarzen Köpfen«, wie sie sich selbst nannten, die Werkzeuge und Waffen sowie die großartigen Erfindungen gaben, die *wir* als das Ergebnis sumerischen Erfindungsreichtums betrachten. »Entwicklung« und »Evolution«, zwei für uns grundlegende Begriffe, hätten in der ahistorischen sumerischen Kultur keine Bedeutung gehabt, einer Kultur, in der alles Seiende – die Stadt, die Felder, die Herden, der Pflug – schon immer existierte.

Selbst ihre Geschichten kennen keinen Entwicklungsgedanken: Sie beginnen und enden in der Mitte. Ihnen fehlt die erbarmungslose Zwangsläufigkeit, die wir mit der Kunst des Geschichtenerzählens verbinden. Wir verlangen von einer Geschichte einen Anfang, eine Mitte und ein Ende – eine bestimmte Form. Wenn wir ein Buch lesen oder einen Film sehen, dem offensichtlich eine Zielrichtung fehlt, fragen wir ungeduldig: »Was soll das Ganze?« Die sumerischen Geschichten sind langatmige Erzählungen ohne Pointe, auf die der zeitgenössische Leser oft vergebens wartet. Trotzdem sprechen uns die Geschichten des alten Sumer an. Das liegt sowohl an ihrer archaischen Fremdartigkeit als auch an einzelnen Passagen, in denen wir mit großer Überraschung uns selbst wie in einem Spiegelbild wieder erkennen: Uns begegnet eine poetische Wendung oder die Beschreibung eines Gefühls, das wir mit diesen Menschen aus längst vergangenen Zeiten gemeinsam haben.

Das literarische Werk aus der Zeit der Sumerer, das den größten Einfluss auf die damalige Ideenwelt ausgeübt hat, ist das *Gilgamesch-Epos,* die Geschichte eines legendenumwobenen Helden, der wahrscheinlich um die Mitte des dritten vorchristlichen Jahrtausends als König von Uruk herrschte, in jener Stadt, in der möglicherweise die Schrift erfunden worden ist. Es könnte sein, dass er aus einem semitischen und nicht aus einem sumerischen Geschlecht stammte. Einer Übersetzung der zugegeben unzuverlässigen Königsliste zufolge war Gilgameschs Vater und königlicher Vorgänger Lugalbanda »Nomade«. Sollte dies stimmen, hätten die nomadischen Wandersänger allen Grund gehabt, seine Abenteuer zu besingen. Das Königtum Gilgameschs bedeutete dann eine frühe und vorläufige Machtergreifung der umherziehenden semitischen Stämme, die am Ende des Jahrtausends die Macht in ganz Sumer an sich gerissen und gegen die sumerischen ihre Sprachen durchgesetzt haben sollen. Akkadisch (Altbabylonisch) ersetzte im frühen zweiten Jahrtausend als *lingua franca* in Mesopotamien Sumerisch, für das man bislang keine ihm verwandte Sprachen hat nachweisen können; seit dieser Zeit hat Sumerisch nur als Schriftsprache überlebt, die von gelehrten Schreibern für offizielle Dokumente verwendet wurde. Die neuen semitischen Herrscher übernahmen von ihren Vorgängern nicht nur die Keilschrift, sondern auch deren Mythen und Religion. Daher liegt uns das *Gilgamesch-Epos* in Sumerisch, Akkadisch und anderen alten Sprachen vor.

Das Epos beginnt mit einer reizenden Beschreibung des antiken Uruk. Der Erzähler fungiert dabei als Stadtführer:

Sieh an seine Mauer, deren Friese wie Bronzeschalen scheinen!
Ihren Sockel beschau, dem niemands Werk gleicht!
Auch den Blendstein fass an – der seit Urzeit da ist! –
Nahe dich Eanna, dem Wohnsitz Ischtars[1] –
Das kein später König, kein Mensch ebenso machen kann!
Auch steig auf die Mauer von Uruk, *geh fürbass,*
Prüfe die Gründung, besieh das Ziegelwerk!
Ob ihr Ziegelwerk nicht aus Backstein ist,
Ihren Grund nicht legten die sieben Weisen!
Ein Sar die Stadt, ein Sar die Palmgärten, ein Sar die Flussniederungen, dazu der (*heilige*) Bereich des Ischtartempels:
Drei Sar und den (*heiligen*) Bereich von Uruk umschließt sie.
(Tf. 1, I 11-21)[2]

Unverkennbar ist der Dichter auf die Pracht und Größe seiner Stadt sehr stolz. Uruk bedeutet »seit Urzeit«, wurde von den »sieben Weisen« gegründet, jenen Gottheiten, die den Schwarzköpfigen all die Talente und Fertigkeiten gebracht hatten, durch die sie so bedeutend geworden waren. Wahre Größe kann man nur in dieser längst vergangenen Urzeit finden, und »kein späterer König, kein Mensch« kann etwas schaffen wie das Eanna-Heiligtum, Uruks Tempel der Ischtar, der Göttin der Liebe und des Krieges. Nachdem der Dichter uns die Stadt wie in einem Filmdrehbuch mit einigen Luftaufnahmen vorgestellt hat, lädt er uns nun ein, uns eines der wundersamen Dinge, die es hier gibt, näher anzusehen, und zwar ein geheimes Dokument, das auf einer Tafel aus Sumers wertvollstem Edelmetall erhalten geblieben ist:

1 Diese wichtige Göttin Uruks heißt im Akkadischen (Altbabylonischen) Ischtar. In älteren sumerischen Aufzeichnungen heißt sie Innana. Diese Namensänderungen der Götter kann man mit denjenigen beim Wechsel vom griechischen zum römischen Pantheon vergleichen: Zeus wurde zu Jupiter, Aphrodite zu Venus. In diesem Kapitel werden Götter durchweg bei ihren akkadischen Namen genannt.

2 *Das Gilgamesch-Epos,* übersetzt und mit Anmerkungen versehen von Albert Schott, neu herausgegeben von Wolfram von Soden, Stuttgart 1988. Unsichere und ergänzte Worte werden durch Kursivdruck gekennzeichnet; eckige Klammern markieren Einfügungen des Autors.

Sieh dir an die Urkundenkapsel aus Kupfer,
Nimm ab davon das Schloss aus Bronze!
Öffne die Tür vor seinem verborgenen Schatz,
Komm und lies gründlich die Lapislazuli-Tafel,
Die erzählt, wie er, Gilgamesch, durch alle Beschwernisse zog!
Überragend ist er weit voran den Königen, der Ruhmreiche von schöner Gestalt,
Der heldenhafte Abkömmlung von Uruk, der stößige Stier.
Er geht voran, ist der Allererste;
Er geht hinterher, ist die Stütze seiner Brüder,
Ein starkes Kampfnest, der Schirm seines Heerbanns;
Eine wilde Wasserflut, die Steinmauern zerstört,
Spross des Lugalbanda, Gilgamesch, der an Kräften Vollkommene,
Kind der erhabenen Kuh Rimat-Ninßun.
Der Wildstier Gilgamesch, der Vollkommene, Ehrfurchtgebietende,
Der da fand die Eingänge in das Gebirge,
Der dürstete nach den Zisternen am Rand des Steppenlandes.
Der die See überfuhr, das weite, zum Sonnenaufgang hin liegende Meer.

(Tf. 1, I 22-38)

Gilgamesch, halb Mensch, halb Gott (seine Mutter ist die wilde Göttin der Kühe, Ninßun), besitzt alle Eigenschaften einer mythologischen Figur: Er ist wild wie ein Stier, stark wie eine Welle. Zugleich verfügt er über die praktischen Fähigkeiten eines nüchternen sumerischen Geschäftsmannes: Er ist ein hervorragender Ingenieur und ein unvergleichlicher Seefahrer. Diese beeindruckenden Eigenschaften lassen den Schluss zu, dass der Geschichte von Gilgamesch ein langer Entwicklungsprozess zugrunde liegt. Sie wird entstanden sein lange vor der Erfindung der Schrift, in einer längst versunkenen Vergangenheit, die kein Archäologe wieder ans Licht des Tages bringen kann. Doch ist diese Geschichte wie eine Töpferware von verschiedenen Händen, zunächst vorhistorischen, dann sumerischen und zuletzt semitischen, immer wieder bearbeitet und kunstvoll ausgeschmückt worden.

Die bislang zitierten Zeilen gehören zu einer unzerstörten Passage der ersten Tafel. Doch nun muss ich eine teilweise zerstörte Passage derselben Tafel bemühen, was einen Eindruck von den Schwierigkeiten vermittelt, mit denen der Übersetzer konfrontiert ist. Diese Zeilen legen nahe, dass Gilgamesch es selbst für das großzügige Uruk ein bisschen zu bunt trieb:

> In den Hürden von Uruk geht er einher,
> Wilde Kraft setzt er ein gleich den Wildstier, erhabenen *Schrittes!*
> Keinen Nebenbuhler hat seiner Waffen Aufbruch!
> Durch seine *Trommel* sind dauernd im Gang seine Gesellen.
> Immer neu regten sich auf die Mannen von Uruk über *willkürliches Tun.*
> »Nicht lässt Gilgamesch den Sohn zum Vater.
> Am lichten Tag und bei Nacht bäumt er sich wild auf.
> Gilgamesch ist der Hirte von Uruk-Gart,
> Übermächtig, stattlich, kundig *und weise!*
> Nicht lässt Gilgamesch die Jungfrau *zum Geliebten,*
> Die Tochter des Helden, die Gemahlin des Mannen.«
>
> (Tf. 1, II 7-17)

»Seiner Waffen Aufbruch« – im Original findet sich das Wort »pukku«, was vielmehr »wachsam« oder »aufgerichtet« bedeuten, aber auch ein Verweis auf eine Art von Hockeyspiel sein könnte, das mit dem Fruchtbarkeitskult in Verbindung steht und bei Hochzeiten gespielt wurde. Jedenfalls können wir davon ausgehen, dass Gilgamesch zum Ärgernis wurde, die männliche Jugend schikanierte und sich mit den Mädchen im Bett herumtrieb. Doch für die Sumerer schienen diese Auswüchse zu Größe und Rang dazuzugehören. Die sumerische Gesellschaft war, wie wir von anderen Schrifttafeln wissen, eine Wettbewerbsgesellschaft, und die Sumerer waren Aufschneider der schlimmsten Art. Ihre Könige gefielen sich hemmungslos in Eigenlob. Die Bevölkerung bemühte oft die Gerichte, deren

»Urteile«, die auf vielen Schrifttafeln aufgezeichnet sind, zum beliebtesten literarischen Genre Sumers wurden. Ein anderes Genre, das die Sumerer ganz besonders unterhaltsam fanden, war der so genannte »Wettkampf«, ein neckisches öffentliches Streitgespräch zwischen zwei Rivalen, etwa zwischen zwei Schuljungen, die darüber stritten, wer der bessere Schüler sei, und Schimpfwörter wie »Tölpel«, »Hohlkopf«, »Analphabet« oder »Schwätzer« im Mund führten; andere Wettkämpfe wurden zwischen zwei Rivalen um die Hand einer Göttin geführt, andere sogar zwischen Kupfer und Silber oder Sommer und Winter. Diese Gesellschaft strotzte nur so von Streitsucht und Aggression. Von einem »guten« Mann wurde erwartet, dass er geradezu überehrgeizig war und nach weltlichem Ansehen, Gewinn und Erfolg strebte, wobei er nur sehr wenig auf das achtete, was wir als ethische und moralische Normen bezeichnen würden. Außerdem verabscheute diese Gesellschaft Armut.

Obwohl die Bewohner von Uruk auf Gilgamesch ungeheuer stolz waren, brauchten sie von ihm etwas Abstand. Deshalb beklagen sie sich bitterlich bei ihren Göttern, besonders bei der »großen Aruru«, ihrer Muttergöttin:

> Schufest nicht du [Aruru] den *trotzigen* Wildstier?
> Keinen Nebenbuhler hat seiner Waffen Aufbruch …
> Du, Aruru, hast geschaffen, *was Anu befahl!*
> Nun erschaffe, was er befiehlt!
> Dem des anderen sei *gleich* dessen Herzensungestüm!
> Wettstreiten sollen sie – Uruk erhole sich!
>
> (Tf. I, II 20 f. u. 31 f.)

Also »schuf sie sich im Herzen, was Anu befahl«, den Vatergott. Aruru wusch sich die Hände, »kniff sich Lehm ab, warf ihn *draußen* hin«.

> Enkidu, den *gewaltigen,* schuf sie, einen Helden,
> Einen Sprössling der Nachtstille, *mit Kraft beschenkt* von Ninurta,
> Mit Haaren *bepelzt* am ganze Leibe;

Mit Haupthaar versehen wie ein Weib:
Das *wallende* Haupthaar, ihm wächst's wie der Nisaba!
Auch kennt er nicht Land noch Leute:
Bekleidet ist er wie Sumukan!
So verzehrt er auch mit den Gazellen das Gras,
Drängt er hin mit dem Wilde zur Tränke,
Ward wohl seinem Herzen am Wasser mit dem Getier.
(Tf. 1, II 35-41)

Enkidu, der archetypische »Naturmensch«, der sich lieber bei den Tieren als bei den Menschen aufhält, kommt den ortsansässigen Jägern in die Quere. Einer von ihnen wendet sich an Gilgamesch:

Ich vermochte ihm nicht zu nahen vor Furcht.
Die ich auswarf, die Gruben, er füllte sie an!
Die Flügelnetze, die ich spannte, riss er heraus,
Ließ entrinnen meinen Händen das Wild, der Steppe Getier!
Nicht gibt er zu mein Tun in der Steppe!
(Tf. 1, III 8-12)

Gilgamesch macht einen bemerkenswerten Vorschlag:

Geh, führ, o Jäger, mit dir
Eine Dirne nun, die Hure!
Wann denn das Wild herankommt, zur Tränke,
Dann werfe sie ab ihr Kleid, *sie enthüll'* ihre Wollust!
Sieht er sie erst, so wird er ihr nahn:
Doch sein Wild wird ihm untreu, das aufwuchs *mit* ihm in der Steppe.
(Tf. 1, III 41-45)

Der Jäger befolgt den Rat Gilgameschs. Nachdem er die Tempeldirne Shamat zur Wasserstelle geführt hat, erscheint bald Enkidu, der »Wildmensch ... aus dem Innern der Steppe« (Tf. 1, IV 6 f.), um mit dem Wild an der Tränke zu trinken.

Ihren Busen machte die Hure frei,
Tat auf ihren Schoß, er nahm ihre Fülle,
Sie scheute sich nicht, nahm hin seinen Atemstoß,
Entbreitet' ihr Gewand, dass auf ihr er sich bettete,
Schaffte ihm, dem Wildmenschen, das Werk des Weibes –
Sein Liebesspiel raunte er über ihr.
Sechs Tage und sieben Nächte war Enkidu auf,
Dass er die Hure beschlief.
Als er von ihrem Genusse satt war,
Richtet' er sein Antlitz hin auf sein Wild:
Da sie ihn, Enkidu, sahen,
Sprangen auf und davon die Gazellen,
Wich von seinem Leibe das Wild der Steppe.
Anspringen ließ Enkidu seinen gereinigten Leib,
Doch ihm versagten die Knie, da hinwegging sein Wild.
Gehemmt wurde Enkidu, seines Laufens ist nicht wie zuvor.
Er aber *wuchs,* ward weiten Sinnes ...

(Tf. 1, IV 16-29)

Der durch diese Veränderung verblüffte Enkidu kehrt zu der Dirne zurück, um herauszufinden, was es mit alldem auf sich hat. Sie sagt ihm, dass er nun »wie ein Gott« sei, und betont, dass er nun nach Uruk gehöre,

»Wo Gilgamesch ist, vollkommen an Stärke,
Und wie ein Wildstier seine überragende Kraft erprobt an den
Mannen!«
Da zu ihm sie gesprochen, fand Beifall ihre Rede:
Der *Kluggesinnte* sucht einen Freund.

(Tf. 1, IV 38-41)

Natürlich wählt Enkidu einen etwas merkwürdigen Weg, um den ersehnten Freund zu finden:

»Ich, ja ich will ihm die Fehde ansagen, heftig tobe der Kampf!
Rühmen will ich mich in Uruk: ›Der Starke bin ich!‹

Zieh ich ein, so ändre ich die Geschicke!
Der geborene in der Steppe – er hat *ja* Kräfte!« –

(Tf. 1, IV 47-50)

Doch Gilgamesch ist schon seit langem auf Enkidu vorbereitet. Er ist ihm in Träumen erschienen, die ihm seine Mutter Ninßun ausgelegt hat:

›Der starke Enkidu ist's,
Ein Gesell, der dem Freund aus der Not hilft!
Der Stärkste im Land ist er, Kraft hat er,
Gleich der *Feste* des Anu gewaltig ist seine Stärke!
Wie über einem *Weib hast du* über ihm geraunt,
... er aber wird dich immer wieder *erretten.*‹

(Tf. 1, VI 1-5)

Shamat weiß von den Träumen Gilgameschs und kennt deren Bedeutung. Sie schlussfolgert:

›Du gewannst ihn lieb, wie über einem Weib wirst du über ihm raunen.‹

(Tf. 1, VI 19)

Die zweite Tafel, auf der die Erzählung fortgesetzt wird, ist nur sehr bruchstückhaft erhalten. Doch lässt sich erkennen, dass Enkidu nach seiner Ankunft in Uruk Gilgamesch herausfordert.

Da packten sie sich, gingen in die Knie wie Stiere,
Zerschmetterten den Türpfosten, es erbebte die Wand! –

(Tf. 2, II *218* f.)

Daraufhin hält der weinende Gilgamesch eine von Ninßun initiierte Ansprache, die wegen des schlechten Zustands der Tafel zu großen Teilen unverständlich ist. Enkidu ist von der Rede gerührt. Seine

Augen füllten mit Tränen sich,
Weh ward ihm zumute, ... mühte er sich ab.

(Tf. 2, IV *75* f.)

Das Geheimnis dieser längst versunkenen Kultur wird durch die Lücken im Texte noch gesteigert. Doch einige Dinge sind deutlich zu erkennen: Wie in allen Kriegergesellschaften der Bronze- und Eisenzeit wird der Beziehung zweier Männer besondere Bedeutung zugemessen. Dabei ist es unerheblich, ob diese Beziehung sexueller Natur war oder nicht; sie war zweifelsohne homosexuell, eine Beziehung zwischen zwei Menschen gleichen Geschlechts. Der Beischlaf mit einer Frau ist ein Akt, der den Mann zivilisiert, der ihn de-animalisiert und auf das Leben in der Stadt vorbereitet. Die Begegnung mit der Dirne Shamhat entfremdet Enkidu der Natur und ermöglicht ihm den Eintritt in die Stadt Uruk.[3] Und was die Hurerei Shamhats betrifft, so haben wir es hier offensichtlich nicht mit einer gewöhnlichen Dirne zu tun. Dafür wird ihr viel zu viel Ansehen zugeschrieben, hat sie doch Zugang zu den Träumen des Königs und zu seinen vertraulichen Unterhaltungen mit seiner Mutter. Sie wird wahrscheinlich zur Kaste der geweihten Prostituierten gehört haben, jenen heiligen Dirnen, die dem Dienst an eine Gottheit geweiht waren und regelmäßig während der Rituale von einem Hohepriester auf dem Tempelgrund geschändet wurden. Ebenso scheinen die häufig Enkidu zugeschriebenen Beinamen wie »Wort Anus«, »Abkömmling Ninurtas« oder »Axt« Wortspiele zu sein, wie die *Gilgamesch*-Übersetzerin Stephanie Dalley vorsichtig formuliert, die anspielen auf dem kultischen Bereich angehörende Personen mit nicht genau festgelegten sexuellen Beziehungen, die man besonders in Uruk antraf und die mit dem Ischtarkult in Verbindung standen, mit anderen Worten, heilige männliche Prostituierte.

Gilgamesch und Enkidu, die zu engen Freunden geworden sind und sich geschworen haben, auf Leben und Tod füreinander einzu-

---

3 Dieser Zivilisationsakt, ausgelöst durch den Kontakt mit einer Frau, ist durchaus mit demjenigen vergleichbar, dem Leslie Fiedler so brillant in seinem Buch *Liebe, Sexualität und Tod. Amerika und die Frau* nachgeht. Fiedler erkennt mythologische Dimensionen in Figuren wie Tante Sally in *Huckleberry Finn*, eine von vielen »zivilisierenden« Frauen in der amerikanischen Literatur, aus deren Fängen hitzige Männer sich befreien müssen, wollen sie sich in der Wildnis männlichen Verbrüderungsritualen hingeben.

stehen, machen sich nun auf, das Ungeheuer Chumbaba zu töten. Chumbaba ist äußerst Furcht erregend: Sein Gesicht gleicht aufgewickelten Gedärmen:

> [S]ein Brüllen ist Sintflut,
> Ja, Feuer sein Rachen, sein Hauch der Tod! –
> Er hört auf 60 Doppelstunden das Rauschen seines Waldes.
> Wer wagt da, in seinen Wald hinabzusteigen?
> (Tf. 2, IV *109* f./Anm. 6)

Doch der starke Gilgamesch vermag Enkidu schließlich mit folgenden Worten mitzureißen:

> Fass an mein Freund, dass vereint wir weiterziehen,
> Dein Herz soll den Kampf fordern,
> Vergiss den Tod, erlahme nicht!
> Der an der Seite wacht, der umsichtige Mann,
> Der vorangeht, hat sich selbst geschützt, er bewahre nun auch den Gefährten,
> *Sobald* durch ihren Kampf sie sich einen Namen gemacht haben.
> (Tf. 4, VI 35-39)

Mit Enkidus Hilfe tötet Gilgamesch das Ungeheuer. Nach dieser schmutzigen Arbeit wäscht er sich, er zieht frische Kleider an und setzt die Königsmütze auf. Auf den nun stattlich aussehenden Gilgamesch wird Ischtar, die Göttin der Liebe und des Krieges, aufmerksam:

> Komm, Gilgamesch! Du sollst mein Gatte sein!
> Schenk, o schenk mir deine Fülle!
> Du sollst mein Mann sein, ich will dein Weib sein!
> (Tf. 6, I 7-9)

Doch Gilgamesch weiß wohl, dass die Göttin schon viele Liebhaber hatte, die am Ende alle mit ihrem Leben bezahlen mussten.

»Welchen deiner Buhlen *behältst du* für allezeit *lieb?«*, fragt Gilgamesch und fährt fort: »Wohlan, deine Liebsten will ich dir nennen!« (Tf. 6, I 42 u. 44)

Er zählt alle Liebhaber Ischtars auf und berichtet von ihrem traurigen Schicksal – Ischtar ist schließlich Göttin der Liebe *und* des Krieges. Gilgamesch beginnt mit dem Hirten Tammuz, dem er sich sehr verbunden fühlt:

> Dumuzi, deinem Jugendgeliebten –
> Ihm hast Jahr für Jahr du zu weinen bestimmt.
> (Tf. 6, I 46 f.)

Dumuzi, der als großer sterbender Gott in der sumerischen Mythologie eine ähnliche Rolle spielt wie etwa Osiris in Ägypten oder Adonis in Griechenland, wurde vom einfachen Volk besonders verehrt. Es verstand den dramatischen Kreislauf der Jahreszeiten als Dumuzis alljährliches Sterben und Wiederauferstehung. Sein Schicksal bewegte die Menschen so sehr, dass sie während der Regenzeit im Winter immer um ihn weinten. Es mag sein, dass Dumuzis Geschichte an jene längst vergangenen Zeiten erinnern soll, da die Könige Sumers, die als Gatten von Göttinnen galten, wie in anderen archaischen Gesellschaften hin und wieder geopfert wurden, um die Fruchtbarkeit des Landes zu gewährleisten.

Gilgamesch beendet seine Auflistung der Liebhaber Ischtars mit einer Geschichte eines weiteren Fruchtbarkeitsgottes, des Gartengottes Ischullanu, dessen Erfindungen sumerische Städte verschönerten:

> Da du liebtest Ischullanu, deines Vaters Palmgärtner,
> Der ständig dir Körbe voll Datteln brachte,
> Täglich prangen ließ deinen Tisch –
> Erhobst du ihm die Augen, gingst hin zu ihm:
> ›Mein Ischullanu, ach, genießen wir deine Kraft!
> Und deine Hand sei ausgestreckt, fass an unsere Blöße!‹
> Ischullanu redete zu dir:

›Was verlangst du eigentlich da von mir?
Buk nicht meine Mutter? Hab ich nicht gegessen?
Dass ich nun essen müsste mein Brot unter *Beschimpfungen*
und *Flüchen*,
Dass Halfagras nur meine Bedeckung wäre gegen die Kälte?‹
Da du nun diese seine Reden hörtest,
Hast du ihn geschlagen, in einen *Verkümmerten* verwandelt,
Auch ließest du ihn wohnen inmitten von Mühsal.
Nicht sind oben ..., nicht liegt unten *sein* Schöpfeimer![4]
Und liebst du mich, so machst du mich jenen gleich!
(Tf. 6, I 64-79)

Die erzürnte Ischtar, die sich von Gilgamesch soeben »*Beschimpfungen* und *Flüche*« hat anhören müssen, fährt daraufhin gen Himmel und überzeugt den Vatergott davon, den Himmelsstier auf die Erde hinabzusenden, um Gilgamesch zu zerstören. Doch Gilgamesch und Enkidu gelingt es, den als unbezwingbar geltenden Stier zu besiegen und zu schlachten. Einer der beiden Freunde muss nun einem Beschluss des »Himmlischen Rates« zufolge wegen dieser Respektlosigkeit sterben. Die Wahl fällt auf Enkidu. Doch warum trifft es Enkidu? Der Text, der ansonsten von Wiederholungen gekennzeichnet ist und oft scheinbar ziellos ausschweift, gibt an dieser Stelle nur wenig her. Erkennen lässt sich, dass Gilgamesch die Rachgier der Götter von sich abwenden kann, weil er über einen eigenen Schutzpatron verfügt, und zwar seinen toten Vater Lugalbanda, dessen handliches Ebenbild er salbt, während er ihm eines seiner Beutestücke, die riesigen Hörner des Stiers, weiht.

Diese Hörner sind nun wunderschön geschmückt mit »dreißig Pfund Lasurstein«, und »*zwei Zoll beträgt ihrer Schalen Dicke*«. (Tf. 6, I 170 f.) Diese Ehrerbietung gegenüber einem Vorfahren oder anderen Hausgöttern gehörte zum Ritual vieler archaischer Gesellschaften.

---

4 Die Sumerer liebten wie alle Völker der Frühzeit Anzüglichkeiten und Wortspiele. Diese Zeile ist eine Anspielung auf die *shadoof*-Technik zur Bewässerung und auf den Beischlaf.

Als Enkidu stirbt, beweint ihn Gilgamesch mit einem Klagelied, dessen Zartheit wir von einem Angehörigen dieser allerersten Kultur kaum erwartet hätten. In diesem Lied bittet er alle Bewohner der Stadt Uruk, die wilden Tiere und sogar die Bäume um Tränen für Enkidu. Dadurch wird dieser auf eine Stufe mit dem Mitleid erregenden, geliebten Dumuzi gehoben. Gilgamesch beendet seine Klage um Enkidu mit den Worten:

> Was ist das für ein Schlaf, der dich gepackt hat?
> Du wurdest umdüstert und hörst mich nicht mehr!

Auch der folgende Satz gehört wohl noch zur Klage des Gilgamesch:

> Der aber schlägt die Augen nicht auf,
> Und da er nach seinem Herzen fasste, schlug es nicht mehr!
> (Tf. 8, II 13-16)

Gilgamesch trauert sechs Tage und sieben Nächte um Enkidu und »gab nicht zu, dass man ihn begrübe/ … / Bis dass der Wurm sein Gesicht befiel.« (Tf. 10, II 5 u. 9)

Enkidu ist wie alle Toten in den Kur hinabgefahren, ein dunkler, trost- und freudloser Ort am Ufer eines Flusses, wohin ein Fährmann – wie Charon im späteren griechischen Hadesmythos – die entblößten und entkräfteten Seelen der Toten an ihre letzte Ruhestätte befördert. Im *Gilgamesch-Epos* wird dies so ähnlich beschrieben, wie mittelalterliche Maler sich die Hölle vorstellen werden: Seinen Leib »frisst Ungeziefer, wie ein altes *Gewand*!«, sein Leib »ist wie eine Erdspalte voll von Erdstaub«. (Tf. 12, 94 u. 96)

Gilgamesch beschließt, diesem allen Menschen gemeinsamen Schicksal zu entkommen und das Geheimnis der Unsterblichkeit zu ergründen. Doch nur ein Sterblicher hat die Unsterblichkeit erlangt: Utnapischtim. Diese Figur aus der sumerischen Mythologie, die zum Vorbild für den biblischen Noah wurde, war so tugendhaft, dass die Götter ihr die Führung anvertrauten, die eigene Familie und ein Exemplar von allen Lebewesen zu retten. Sie ließen ihn in grauer Vorzeit während der großen Sintflut eine Arche bauen – da die Götter beschlossen hatten, die Menschen zu vernichten.

Nach fürchterlichen Abenteuern unter den Skorpionmenschen, »deren Furchtbarkeit ungeheuer ist, deren Anblick Tod ist« (Tf. 9, II 7), findet der großartige Gilgamesch zu der Schankwirtin Siduri. Sie zeigt ihm den Weg zu dem paradiesischen Dilmun, wo Utnapischtim und sein Weib Göttern gleich bis ans Ende aller Zeiten leben. In einer besonders gut erhaltenen Version erteilt Siduri folgenden weisen und gut gemeinten Rat:

> Gilgamesch, wohin läufst du?
> Das Leben, das du suchst, wirst du sicher nicht finden!
> Als die Götter die Menschheit erschufen,
> Teilten den Tod sie der Menschheit zu,
> Nahmen das Leben für sich in die Hand.
> Du, Gilgamesch – dein Bauch sei voll,
> Feiere täglich ein Freudenfest!
> Tanz und spiel bei Tag und Nacht!
> Deine Kleidung sei rein, gewaschen dein Haupt,
> Mit Wasser sollst du gebadet sein!
> Schau den Kleinen an deiner Hand,
> Die Gattin freu' sich an deinem Schoß!
>
> (Tf. 10, *III 1-13*)

Nachdem Gilgamesch mit den »Steinernen« gekämpft hat, gelangt er schließlich zu Utnapischtim, dem Entrückten. Dieser sumerische Noah rät ihm unverblümt:

> Du wurdest nun schlaflos, doch was hattest du davon?
> Da du nicht schläfst, seufzt du …
> Deine Adern füllst du mit Harm …
> Deine Tage, die schon ferngerückt waren, bringst du dir wieder heran.
> Die Menschen, deren Nachkommen wie Rohr abgeknickt sind,
> Den guten Mann, das gute Mädchen

... *nimmt weg* der Tod.
Möchte da etwa jemand den Tod sehen, jemand des Todes Angesicht,
Jemand des Todes Ruf hören?
Und doch ist es der grimme Tod, der die Menschen abknickt!
Irgendwann errichten wir ein Haus!
Irgendwann siegeln wir ein Testament!
Irgendwann teilen die Brüder!
Irgendwann herrschaft Hass *im Lande!*
Irgendwann führte das Hochwasser des angeschwollenen Flusses (etwas) davon,
Libellen treiben flussab!
Ein Antlitz, das in die Sonne sehen könnte,
Gibt es seit jeher nicht.
Der Verschleppte und der Tote, wie gleichen sie einander!
Das Bild des Toten zeichnen sie nicht!
[...]
Sind die Anunnaki, die großen Götter, versammelt,
[...]
Sie haben Tod oder Leben zugeteilt,
Des Todes Tage aber nicht bekannt gemacht.

(Tf. 10, VI 17-39)

Mit diesen nüchternen Worten, die offensichtlich die wichtigste Lektion des Epos enthalten, verlassen wir Gilgamesch, doch nicht ohne einige Schlussfolgerungen aus dem Gelesenen zu ziehen. Der flüchtige Leser könnte den Eindruck gewinnen, dass einige der Eigenschaften der Sumerer wie etwa die Freude am Erfinden und die Bewunderung für diejenigen, die sich auf einen unbarmherzigen Konkurrenzkampf einlassen, Eigenschaften seien, die von uns auch heute noch hoch eingeschätzt werden. Doch man übersieht Wesentliches, wenn man außer Acht lässt, welch anderen Stellenwert diese Eigenschaften im antiken Kontext haben. Erfindungen und Neuerungen gehören wie die Menschen zum Besitzstand der Götter; die Menschen wurden erschaffen, um den Göttern zu dienen und ihnen Opfer zu ihrer Besänftigung darzubringen. Die Aggressivität der großen Kriegsfürsten wie Gilgamesch sowie die starken Bande zwischen den Kriegern waren eine entscheidende Grundlage für die Stadtstaaten Sumers. Obwohl sie demselben Kulturkreis angehörten, führten sie wie die späteren Stadtstaaten Griechenlands beständig gegeneinander Krieg und waren dauernd darauf aus, den einen oder anderen Vorteil zu erzielen. Doch konnte weder ein einzelner Krieger noch eine bestimmte Stadt einen Sieg nach dem anderen erreichen. Selbst die Götter lagen oft im Streit miteinander, und wahrscheinlich überlebt Gilgamesch den Zorn der Ischtar nur, weil er unter dem Schutz zweier Götter steht, nämlich der weisen Göttin der Kühe, seiner Mutter, und dem nun zum Gott aufgestiegenen Lugalbanda, seinem Vater. Doch wer kann schon voraussagen, wann ein Mensch sich gegen eine der vielen Gottheiten vergeht und damit seinen Untergang herbeiführt? Und selbst wenn man dieses Schicksal von sich abwenden kann, ist das Ende der Glückseligkeit, der Tod, unausweichlich.

Im *Gilgamesch-Epos* klingen einige Töne an, die im Epos Israels, den ersten Büchern der hebräischen Bibel, eindringlicher und deutlicher angeschlagen werden. Die Bibel sollte zwar später und an einem anderen Ort niedergeschrieben werden, doch liegen ihre Wurzeln in Sumer und in der sumerischen Zeit. Das gewichtigste dieser Themen ist das Thema der großen Sintflut und der Arche, die die rechtschaffenden Überlebenden vor dem Untergang bewahrt.[5] Utnapischtim und seine Frau, die im paradiesischen Garten Dilmun den Göttern gleich sind, erinnern ein wenig an Adam und Eva. Deren Wunsch, so zu werden »wie Gott«, hat ihre Vertreibung aus dem Garten »Eden« – möglicherweise ein Lehnwort aus dem Sumerischen – zur Folge. Und Shamhats Versicherung gegenüber Enkidu, seine Vermenschlichung habe ihn gottähnlich gemacht, erinnert uns an den Satz aus dem *Buch Genesis*, Gott habe die Menschen, im Gegensatz zu den Tieren, »als [sein] Abbild« erschaffen. Und schließlich sei daran erinnert, dass Enkidu wie in der Schöpfungsgeschichte der

5 Die Entdeckung des frühen sumerischen »Noah« in den ersten Übersetzungen von Keilschrifttafeln gegen Ende des 19. Jahrhunderts versetzte die Viktorianer in dieselbe Sorge wie die Entdeckungen Darwins, nahmen sie doch an, dass alles in der Bibel ohne Vorgeschichte sei, da es sich um »das Wort Gottes« handelte.

Genesis durch das Wort Gott des Vaters erschaffen und wie Adam aus Lehm geformt wurde.

Zu den in unserer Bibel etwas schwerer aufzuspürenden Nachklängen dieser ältesten Niederschriften gehört Ischtars leidenschaftliche Sprache, der Sprache des Hoheliedes durchaus ähnlich. Der »Himmlische Rat« erinnert uns an einige Bibelpassagen, in denen Gott sich mit anderen himmlischen Wesen oder mit seinen Engeln zu beraten und der Himmel einem Fürstenhof ähnlich scheint. Die Beschreibungen des Totenreiches gemahnen nicht nur an den griechischen Hades, sondern auch an den jüdischen Scheol. Die Wasser der Sintflut werden geschildert, als ob sie aus einem vorzeitlichen Ort des Chaos emporfließen, der Himmel und Erde, das von den Göttern geformte Universum, umschließt, ganz so wie das Chaos die entstehende Schöpfung Gottes zu Beginn der *Genesis* umgibt. Und die weltklugen Ratschläge Utnapischtims und der Schankwirtin verweisen ohne Zweifel auf die Weisheitsbücher der Bibel, besonders auf das *Buch Kohelet* mit seinem zynischen und negativen Grundton.

Ein zentrales Thema des *Gilgamensch-Epos*, das man in den Büchern der Bibel vergebens sucht, ist das Fruchtbarkeitsmotiv – vielleicht ist sein Nachklang auch so schwach, dass es nicht mehr zu erkennen ist. Der alle anderen Bauwerke Uruks überragende, Ehrfurcht gebietende Tempel Ischtars war der Schauplatz sakraler Sexualriten, in die Prostituierte sowohl weiblicher als auch männlicher Priesterkasten verwickelt waren und die auf eine Zeit noch vor derjenigen Uruks zurückgingen – eine Zeit, zu der die Kopulation von zwei Menschen als der auf den irdischen Bereich beschränkte Ausdruck der kosmischen »Himmel-Erde« galt, jene große Fruchtbarkeitsmaschine, die von den Göttern, selbst die archetypischen – und äußerst sexualisierten – Erzeuger alles Seienden, erschaffen worden war.

Wir haben uns Uruk angeschaut, jene unter der sengenden mesopotamischen Sonne aus Backsteinen erbaute Stadt am Ufer des Euphrat. Wir haben uns ihre Gesellschaftsstruktur vergegenwärtigt und uns einige der Geschichten angehört, die zu ihrem alltäglichen Unterhaltungsprogramm gehörten. Nun wollen wir uns mit den tiefsten Tiefen der sumerischen Seele befassen und die fundamentalen Glaubenssätze, die geistige Matrix betrachten, die diese Gesellschaft zusammenhielt und das sumerische Weltbild ausmachte. Um tiefer in diese Dinge eintauchen zu können, müssen wir paradoxerweise hoch hinaus. Wir müssen eine hoch hinaufragende Treppe ersteigen und einen großartigen Tempel betreten, der die Hügel einer anderen sumerischen Stadt überragt: den Mondtempel, die Akropolis von Ur, der archaischen Reichshauptstadt Sumers. Auf dem Weg ins Zentrum dieses geheimnisvollen Ortes müssen wir uns einige grundlegende Fragen zu diesen Tempelanlagen stellen.

Warum wurden alle frühen Tempel und sakralen Orte am höchsten Punkt errichtet, der den Bauenden zugänglich war? Weil es der dem Himmel am nächsten gelegene Ort war. Und warum musste die geweihte Stätte dem Himmel am nächsten sein? Weil der Himmel das göttliche Pendant zum irdischen Leben darstellte und die Heimat alles Ewigen war, allem Vergänglichen auf der Erde entgegengesetzt. Wenn der frühe Mensch zum Himmel aufblickte, sah er eine lange Kavalkade göttlicher Figuren, die immer wieder an ihm vorbeizog – das kosmische Drama, dessen ewige Ordnung und Berechenbarkeit dem Menschen den Atem verschlug. Im Himmel erkannte er die ewig währenden Vorbilder und Muster für das irdische Leben. Doch zwischen den beiden Bereichen klaffte ein Abgrund, denn die Götter existierten immer und ewig, während das Leben im irdischen Bereich vergänglich war und mit dem Tod endete. Für die ersten Menschen, die ersten Kreaturen, die mit verständigen Augen das himmlische Schauspiel betrachteten, bedurften diese Einsichten kaum des Nachdenkens und des Disputierens. Sie waren vielmehr unmittelbare und fast selbstverständliche, jedem einleuchtende Wahrheiten. Dieses Nachsinnen über das Himmelsgewölbe war die religiöse Urerfahrung. Der bedeutende zeitgenössische Religionswissenschaftlicher Mircea Eliade beschreibt dies folgendermaßen:

> Der Ausdruck »einfaches Anschauen des Himmelsgewölbes« hat einen anderen Sinn, wenn er auf einen primitiven Menschen bezogen wird, der alltäglichen Wundern mit einer Intensität geöffnet ist, die wir uns schwer vorstellen können. Eine solche Anschauung kommt einer Offenbarung gleich. Der

> Himmel offenbart sich in seiner eigentlichen Realität: als unendlich und transzendent. Das Himmelsgewölbe ist ein »ganz anderes« als der winzige Mensch und sein Lebensraum. Der Symbolismus seiner Transzendenz entsteht, so könnte man sagen, einfach aus der Wahrnehmung seiner unendlichen Höhe. »Das sehr Hohe« wird ganz natürlich zum Attribut der Gottheit. Die höchsten, dem Menschen unerreichbaren Regionen, die Sphären der Sterne, nehmen die Würde des Göttlichen und Transzendenten an, der absoluten Realität und Ewigkeit.
> Diese Region ist die Wohnung der Götter; einige Erwählte gelangen durch Himmelfahrtsriten dorthin; nach einigen Religionen schweben die Seelen der Toten dorthin. Die »Höhe« ist eine dem Menschen als solchem unerreichbare Kategorie, die von Rechts wegen den übermenschlichen Mächten und Wesen zusteht; wer sich zu ihr erhebt, indem er in einer Zeremonie die Stufen eines Heiligtums ersteigt oder die einer Treppe, die zum Himmel führt, der hört auf, ein menschliches Wesen zu sein.[6]

Steigen wir das Heiligtum weiter hinauf, wird die urzeitliche Weltanschauung immer klarer erkennbar. Die Kosmologie der Sumerer gründete auf den Auffassungen von Gesellschaftsformen, die dem sumerischen Reich vorausgegangen waren und heute unwiederbringlich verloren sind.

Diese Auffassungen wurden im wesentlichen von fast allen Kulturkreisen bis an die Schwelle der Moderne weitergetragen: Die Erde war eine an ihren Enden mit dem Himmelsgewölbe verbundene flache Scheibe. Zwischen Himmel und Erde gab es den Luftraum, in dem die Himmelskörper hingen, die an den Erdenbewohnern vorbeizogen und das himmlische Schauspiel verbildlichten. Dieses war natürlich für das Leben auf der Erde bestimmend, das selbst wiederum ein schwacher Abglanz eben dieses himmlischen Dramas war. Nur wenig unterhalb der Erdscheibe befand sich das Totenreich, der Hades, der Scheol, das Schattenreich der Hölle, für das alle bestimmt

---

6 Mircea Eliade: *Die Religionen und das Heilige. Elemente der Religionsgeschichte*, Frankfurt a. M. 1986, S. 65 f.

waren. Dieses Reich lag wie ein Kellergeschoss unterhalb eines chaotischen Ozeans, der Himmel und Erde an allen Seiten umgab, Regenfälle auslöste und Flutwellen ansteigen ließ. Jedes dieser Elemente war eine Gottheit: der Himmel der Vater; die Erde die Mutter; die Luft, die die ewigen, doch beständig rotierenden Bilder des kosmischen Dramas sowie (für den einsichtigen Interpreten) Hinweise auf das irdische Leben enthielt, galt als Vermittlerin zwischen Himmel und Erde und war deshalb die wichtigste Gottheit im sumerischen Pantheon; die Ozeane schließlich waren naturgemäß unzuverlässige und Unannehmlichkeiten bereitende Verbündete, die mit Vorsicht zu genießen waren.

Doch nun wollen wir uns den geweihten Bezirken des Mondes nähern, jener Erscheinung am nächtlichen Himmel, die mehr als alles andere den archaischen Menschen faszinierte. Selbst heute noch wird jeder Polizist bestätigen, dass die Kriminalitätsrate bei Vollmond ansteigt und dass Verrückte – *lunatics* im Englischen (vom lateinischen Wort für Mond, *luna*), also diejenigen, die unter den Einfluss des Mondes geraten sind – zu dieser Zeit aktiver sind und mehr Ärger bereiten als sonst. Hebammen und Tierärzte sind davon überzeugt, dass der Vollmond Geburtswehen auslöst. Sogar in den profansten Städten werden die Kreißsäle bei Vollmond von Frauen aufgesucht, die ihre Kinder zur Welt bringen wollen, wie die Scheunen im abgelegensten Dorf von weiblichen Tieren. Genauso wenig kann man die Anziehungskraft des Mondes auf die Gezeiten bestreiten, wenn das große Himmelsgestirn sein strahlendes Licht über das ansteigende Wasser gießt.

Wir erklimmen die letzten Stufen zum Eingang und kommen an Skulpturen vorbei, Schlangen mit glühenden Augen aus Lapislazuli. Wir passieren die mit Säulen geschmückte Fassade der Vorhalle und betreten den Innenhof. Von hier aus können wir im Hintergrund, am Ende einer Reihe von Bogengängen, schwach das Abbild des Mondgottes erkennen, das im Lichte Hunderter von Opferkerzen flimmert. Die Mauern des Innenhofes sind mit roten, schwarzen und hellbraunen Kegeln geschmückt, die exakte geometrische Muster wie Dreiecke, Rauten, Zickzacklinien und Spiralen ergeben. Schließlich betreten wir das Heiligtum Nannas, des sumerischen Mondgottes. Seine eindrucksvolle Statue zeichnet sich nun über uns ab – streng und großäugig, mit vielfarbigen und hungrig brennenden Pupillen.

An der Mauer hinter der Statue bemerken wir ein riesiges Fresko des Mondes, das von einer sich schlängelnden Schlange umgeben wird. Im Innern der Mondkugel streckt eine gewaltige schwarze Spinne ihre dürren Beine. Als unsere Nase scharfe Weihrauchgerüche aufnimmt, nehmen unsere Ohren ein zischelndes Geräusch wahr: Um die Füße Nannas winden sich gemächlich Pythonschlangen, deren schuppiger Körper von leuchtenden schwarzen und gelblichen Rauten geschmückt ist. Wir werden von Nannas unnachgiebigem Gesicht durch ein Gewimmel vor uns abgelenkt: Auf einem bescheidenen, hüfthohen Altar aus Backstein verschlingt die größte der Pythonschlangen, umgeben von einem Fliegenschwarm, gerade einen Eselsfötus, dessen Blut durch einen fein säuberlich ausgescharrten Rinnstein in ein Sammelbecken am Fuße des Altars fließt. Unwillkürlich weichen wir einen Schritt zurück, als der Geruch von warmem Blut, Eingeweiden und stickigem Weihrauch sich vermischt. Um Atem ringend ziehen wir uns in den Innenhof zurück.

Doch heute Nacht ist Vollmond. Als es dunkel wird und der Mond am Himmel aufsteigt, hören wir die Klänge Hunderter von Priesterinnen, die zart singen und auf einfachen Pfeifen und Trommeln spielen. In aufwendige Ritualgewänder gehüllt, haben sie sich feierlich auf der Terrasse versammelt, auf der der Tempel errichtet ist. Sie schauen auf zu der stufigen Pyramide hinter dem Tempel, die den Gesetzen der Geometrie zum Trotz fast bis zum Himmel hinaufzuragen scheint. Auf der höchsten Plattform dieser Zikkurat – wie die Stufenpyramide heißt – steht ein kleiner, doch leuchtender Altar aus Lapislazuli, der auf phantasievolle Weise mit Schlangen und riesigen Spinnen geschmückt und auf den ein halbwüchsiger, auf dem Rücken liegender Knabe gebunden ist. Er ist unbekleidet und seine Haut mit rauten- und zickzackförmigen Mustern geschmückt, der Kobra gleich. Priesterinnen von höchster Weihe, bis auf ihre außergewöhnlichen Ringe und gewundenen Armreifen ebenfalls nackt, massieren den Knaben in zärtlichem Vorspiel. Als das Mondlicht auf sein anschwellendes Glied leuchtet, erscheint wie aus dem Nichts die Hohepriesterin in einem silbernen Gewand, welches sie ablegt. Nackt, abgesehen von unzähligen Perlen, die ihren Körper schmücken, und aufgemalten Spiralen, die ihre Brüste verzieren, besteigt sie mit Hilfe ihrer

Schwestern den Knaben. Die anderen Priesterinnen feuern sie mit Ausrufen der Verzückung an, und ihre Ekstase steigert sich, als die Hohepriesterin beginnt, auf dem Knaben zu reiten – zunächst in würdevollem Rhythmus, dann zunehmend erregt, bis ihre Perlen im Mondlicht wie winzige Planeten erzittern, die Rauten und Spiralen glitzern und die beiden schwitzenden, sich windenden Körper wie übermenschliche kosmische Mächte wirken. Die Priesterinnen – die unteren Orden, die immer noch auf der Terrasse am Fundament versammelt sind, sowie die höchsten Orden, die ihrer Bedeutung nach die Stufen der Zikkurat säumen – führen sich immer wilder und ungehemmter auf. Sie zerreißen ihre Kleider, betätscheln sich und stöhnen laut, dem Mond und dem Ereignis in der Spitze der Zikkurat zugewandt.

In solch einem Augenblick könnte es dem Besucher aus einer anderen Zeit und von einem anderen Ort schwindelig werden, er könnte in Ohnmacht fallen. Nehmen wir an, dass wir nach einiger Zeit wieder zu uns kommen und uns alleine auf einer Terrasse befinden, die vom gespenstischen Licht des Vollmonds erleuchtet ist. Wir schauen auf zur Zikkurat, die nun vom leuchtenden Blau des leeren Altars gekrönt wird, und fragen uns, ob das ganze Schauspiel vielleicht nur Einbildung war.

Ich habe gerade etwas zu rekonstruieren versucht, an dessen Details jeder Altertumsgelehrte etwas auszusetzen haben wird. Die sumerischen Tempel und Zikkurats waren Jahrtausende der Witterung ausgesetzt und sind in wesentlich schlechterem Zustand als die Keilschrifttafeln. Doch indem ich überlieferte Teile verschiedener Heiligtümer zusammengeführt habe, ließ sich einigermaßen genau beschreiben, wie ein Mondtempel und die dazugehörende Zikkurat ausgesehen haben *könnten*. Über die Rituale um den Vollmond wissen wir wirklich nicht besonders viel. Bekannt ist, dass solche Zeremonien in ganz Sumer verbreitet waren, um die Mondphasen zu feiern, und dass diese Feierlichkeiten sehr ernst genommen wurden. Außerdem wissen wir, dass Ur das Zentrum des Mondkultes war, die Stadt, die als Hauptstadt Sumers galt (auch andere Städte fungierten als Hauptstädte, wenn sich in ihnen zu einer bestimmten Zeit die Macht konzentrierte). Weiterhin ist bekannt, dass sakrale Paarungen (oder »Ehen«) ein fester Bestandteil der sumerischen Riten waren und dass es geweihte und priesterliche Prostituierte beiderlei Geschlechts gab; der *En* (oder Hohepriester) eines Tempels und dessen Gefolge waren immer anderen Geschlechts als der im jeweiligen Tempel verehrte Gott. Nanna, der sumerische Mondgott, war männlich, in seinem Tempel gab es daher nur Priesterinnen. Im Tempel Ischtars, der in Uruk besonders verehrten launenhaften Göttin der Liebe, dienten nur Priester. Der König (als Stellvertreter Dumuzis) kopulierte jeden Neujahrstag mit einer heiligen weiblichen Prostituierten oder einer Priesterin (als Stellvertreterin Ischtars), um die Fruchtbarkeit seines Königreichs während der Saat-, Wachstums- und Erntezeit sicherzustellen. Alle Würdenträger der Stadt wurden Zeugen dieser Zeremonie. Ob die Mysterienspiele um den Mond öffentlich (das heißt der gesamten Bevölkerung des Stadtstaates zugänglich), halböffentlich (wie ich es beschrieben habe) oder nur für einen engen Kreis bestimmt waren, können wir nicht sagen. Doch es gibt keinen Grund anzunehmen, dass die Sumerer prüde waren – schließlich bildeten sie gerne den Wassergott Enki ab, wie er zügellos und äußerst erregt den Tigris ejakuliert. Möglicherweise war das von mir beschriebene Ritual wesentlich orgiastischer und kannte eine Vielzahl von Kopulationen und eine große Zahl Mitwirkender beiderlei Geschlechts. Mich würde in diesem Zusammenhang interessieren, ob die Prostituierten zu diesem Zweck herangezogen wurden oder ob sie entführte Kriegsgefangene waren und anschließend zu Tempelpriestern geweiht oder als Menschenopfer geschlachtet wurden – was dem König von Uruk, zumindest in grauen Vorzeiten, als liturgische Nachahmung des Vegetationsgottes Dumuzi selbst widerfahren sein mag. Wir können dies nicht mit letzter Sicherheit sagen. Menschenopfer waren in Sumer jedenfalls nicht unbekannt, denn Archäologen haben Grabkammern gefunden, in denen der König mit seiner gesamten Familie, seinen Hausangehörigen und seinem Gefolge bestattet worden sein muss.

Wenn wir uns in die Zeit des antiken Sumers zurückversetzen könnten, wie Figuren in einem Film von Steven Spielberg, erschiene uns ihre Kultur zunächst anziehend, ja aufregend, dann aber fremdartig und abstoßend, schließlich furchteinflößend und gefährlich. Das menschliche Leben, das nur als schwacher Abglanz des Lebens im ewig währenden Himmel gesehen wurde, war von Schicksalskräften bestimmt, die sich der bedauernswert begrenzten Macht der Menschen entzogen. Die Götter entschieden alles. Doch diejenigen, denen das priesterliche Geheimwissen zugänglich war und deren Lebensunterhalt deshalb von der Gemeinschaft bestritten wurde, vermochten in begrenztem Umfang vorauszusagen, was im irdischen Leben geschehen würde, wenn sie die Konstellationen der Himmelskörper richtig zu interpretieren wussten. Gleichwohl war das Schicksal des einzelnen durch die Sterne vorherbestimmt und nicht beeinflussbar.

Kein Himmelskörper war so bedeutend wie der Mond, das himmlische Bild des irdischen Lebens. Er wurde geboren, nahm zu und ab, starb, wurde neugeboren – wie es auf der Erde immer wieder geschieht. Doch der Mensch wird nicht wieder geboren, oder? Diese Frage wäre den Sumerern bedeutungslos erschienen, auch wenn ihr großer Held Gilgamesch eine Antwort auf die Qual zu finden versuchte, in der diese Frage ihren Ursprung hat. Sumer kannte noch keine ausgeformten Individuen, nur zeitlich begrenzte, irdische Spiegelbilder himmlischer Vorbilder, Muster und Paradigmen. Darin liegt auch der Grund, warum die zweidimensionalen Figuren in den sumerischen Erzählungen kaum Individualität aufweisen. Ich selbst kehre so wenig zurück wie ein Getreidehalm. Doch das Getreidefeld kehrt zurück wie das menschliche Leben. Deshalb erscheinen die geweihten Prostituierten, die Opfer der Rituale, über deren Person und deren Schicksal wir nichts wissen, austauschbar. Was bedeuteten sie schon? Sie hatten die hohe Ehre, das himmlische Drama auf der Erde nachzuspielen. Wie die machtvollen Liebhaber Ischtars hatten sie damit ihre Schuldigkeit getan.

Lange bevor die sumerischen Städte an Tigris und Euphrat erbaut, lange bevor Ackerbau und Viehzucht entwickelt worden waren, hatten die ersten Bewohner der Erde bereits ihren Blick aufmerksam und klug gen Himmel gerichtet und waren diesen Gedanken nachgegangen. Die Vorstellung, dass das ungewisse irdische Leben nur ein flüchtiger Abglanz des ewigen himmlischen Lebens sei, und die Einsicht, dass der Mond die irdischen Bedingungen von Geburt, Kopulation und Tod des einzelnen sowie den Fortbestand der Gattung im besonderen widerspiegelt, zeigen die religiöse Urerfahrung der Menschheit und bilden die Grundlage für alle frühen Weltreligionen.

Für einige prähistorischen Kulturen war der Mond weiblich, für andere männlich. Doch wurde er immer in engem Zusammenhang gesehen mit dem weiblichen Körper, der wie der Mond einen monatlichen Zyklus durchläuft – einen Fruchtbarkeitszyklus wie die Erde selbst, die für viele Völker aus der gleichen Materie wie der Mond bestand, ja sogar das Kind des Mondes war.[7]

Um der vorhistorischen Weltsicht gerecht zu werden, müssen wir uns den grenzenlosen Himmel und den überwältigenden Eindruck vergegenwärtigen, den sein immer wiederkehrendes Schauspiel, besonders während der im Zeichen des Traums stehenden Zeit der tiefsten Nacht (Eliade nennt sie den nächtlichen Bereich des Geistes), auf diese frühen Menschen machte. Sie durchwanderten eine Welt, auf der nur wenige Menschen lebten, die jedoch von ungewissem Leben (und täglichen Mahnungen an Tod und Regeneration) geprägt war, eine Welt, die ganz offensichtlich mit dem unerreichbaren und endlosen Himmel verbunden war. *Korrespondenzen* waren ihnen selbstverständlich: Frauen sind wie der Mond, beide wie die Erde; doch Frauen werden geboren und sterben, der Mond hingegen hat ewigen Bestand. Er ist deshalb das ewige Symbol für die Wandlungsfähigkeit. Genauso dienen uns die anderen Himmelskörper – die Sonne, die Sternbilder, die Fixsterne – als unvergängliche Muster vergänglichen irdischen Lebens, das aus Jahreszeiten, Tod und Regeneration besteht. Das Himmelsgewölbe ist das Reich des Vatergottes, dessen Regen ist fruchtbar wie die Samenflüssigkeit. Der Himmel ist der Raum des Ewigen, die Erde der Raum des Todes, nicht das Reich von Vorbildern, sondern vergänglicher Einzelexemplare. Der Samen

7 Die von Marija Gimbutas und anderen feministischen Archäologinnen vertretene Theorie, dass die »Große Mutter« die Urgöttin der Menschheit sei, ist sicherlich falsch. Der Himmel und sein Schauspiel waren die ersten Objekte der Verehrung und der Vergöttlichung. Die Erdgöttin, die ungeheuer wichtig war und immer den Himmel ergänzte, erhielt ihre volle Bedeutung wohl erst nach der Erfindung des Ackerbaus.

muss vergehen, wenn das Getreidefeld gedeihen soll, so wie alles Lebendige aus dem Vergänglichen erwächst, alles zukünftige Leben mit dem Opfer des jetzigen Lebens beginnt und alles irdische Leben mit dem Tod endet.

Uns mag der unerschütterliche Glaube der archaischen Völker an ihr Weltbild naiv erscheinen. Doch dürfen wir nicht vergessen, dass ihr Sinn für Übereinstimmungen sich auf Metaphern wie »das Himmelsgewölbe« gründete und dass die Metapher Grundlage für die Sprache und für das Denken, ja für alle Religionen ist. Die Sprache entwickelte sich wohl aus Metaphern, wahrscheinlich aus dem Versuch der Menschen, bestimmte Klänge nachzuahmen. Der Klang »Mama« etwa, der in allen Sprachen »Mutter« meint, geht auf die Nachahmung des Geräusches zurück, das der Säugling beim Saugen an der Mutterbrust macht. Ganz tief in unserem Innern spüren wir noch heute das Bedürfnis, Korrespondenzen zu suchen, das Bedürfnis, uns selbst als Teil des Kosmos zu begreifen. Darum reagieren wir innerlich spontan auf eine Metapher, das Herzstück aller Poesie, letztendlich aller Sprache und aller Bedeutsamkeit. Wenn wir unerwartet eine Formulierung wie »die Sichel des Mondes« oder »Meine Geliebte ist eine rote Rose« hören, spüren wir eine unverwechselbare Erregung, nämlich das prickelnde Gefühl, Sprache in ihrer konzentriertesten Form zu begegnen.

Der Himmel gilt den meisten Menschen vielleicht nicht mehr als das Bild eines ewigen Kreislaufes der Götter. Er ist, abgesehen von denjenigen, die Horoskope erstellen, vielleicht nicht mehr das Muster, an dem sich das Leben auf der Erde ablesen und voraussagen lassen kann. Doch er ist nach wie vor die bedeutsamste Metapher für Grenzenlosigkeit und Transzendenz. Auf eine grundlegende und unauslöschliche Weise sehen wir immer noch mit den Augen unserer ältesten Vorfahren, unser Herz wird immer noch von Ähnlichem bewegt wie das ihre.

II

Die Reise im Dunklen

Etwas ganz Neues

Archaische Völker sahen im unendlich sich wiederholenden Schauspiel der Himmelskörper ein ewiges, radförmiges Muster, aus dem sich Voraussagen für das menschliche Leben ableiten ließen. Die Übereinstimmungen, die sie zwischen der irdischen und der überirdischen Wirklichkeit ausmachten, lassen sich an den frühesten Kunstwerken ablesen: an Spiralen, Zickzacklinien und Rauten, die uns überall in den ältesten Denkmälern begegnen. Die sich endlos drehende, immer aufs Neue beginnende Spirale bildet das zyklische Wesen der Wirklichkeit ab – die Mondphasen, den Wechsel der Jahreszeiten, den weiblichen Menstruationszyklus, den ewigen Kreislauf aus Geburt, Kopulation und Tod. Manchmal stehen die Zickzacklinien für den Blitz, der mit dem Mond in Verbindung gebracht wurde; der Mond, so meinte man, kontrolliere Wasser und Fruchtbarkeit, der Blitz gehe einem Unwetter voraus. Zu noch weiter zurückliegenden Zeiten symbolisierten die Zickzacklinien auf neolithischen Töpfereien und auf den ältesten ägyptischen Hieroglyphentafeln das Fließen des Wassers. Die Raute ist das antike Symbol für die Vulva, das später auf ein gespaltenes Dreieck reduziert und zum ersten sumerischen Bildzeichen für »die Frau« wurde. Erst vor kurzem wurde in Australien das vielleicht älteste Kunstwerk entdeckt: Kreise, auf einem vierzig Meter hohen Monolithen aus Sandstein eingraviert, die uns 75 000 Jahre zurückversetzen. Sie sind das erste Zugeständnis des archaischen Menschen an das Große Muster, das sich ewig drehende Rad, das er überall zu erkennen glaubte.

Die religiösen Vorstellungen entwickelten sich bald zu einem komplexen System, und die Übereinstimmungen wurden schnell so vielschichtig, dass eine Kaste von Priestern und Schamanen sich um ihre richtige Interpretation und ihren wirkungsvollen Gebrauch kümmern musste. Die phallische Schlange, die sich häutet, einen Teil des Jahres verschwindet und, wie man ihr nachsagte, stirbt und wieder geboren wird, verkörperte in den verschiedensten Kulturen den Mond. Götzenbilder so weit voneinander entfernt liegender Kulturen wie der Panchan- und Ngan-Yang-Kulturen des jungsteinzeitlichen

China und der Indianer von Calchaqui zeigen die rautenverzierte, beide Geschlechter in sich vereinigende Schlange, Symbol eines überwundenen Dualismus und machtvoller Prophet der Fruchtbarkeit. Die Spinne war eine weitere Mondkreatur. Mit ihrem silbrigen, kreisrunden Netz umgarnt sie ihr Opfer, Sinnbild für das menschliche Schicksal, das als vom Mond, der alle Lebewesen beeinflusst, kontrolliert galt. (Etwas »spinnen« bedeutet im Englischen auch etwas vorherbestimmen; einige der ältesten Worte für »Schicksal«, etwa das angelsächsische *wyrd*, gehen auf das indogermanische *uert* zurück, was »sich drehen« oder »spinnen« bedeutet.) Der Stier, dessen halbmondförmige Hörner die Sichel des Mondes symbolisieren, war für Nanna-Sin ein heiliges Tier. Nanna-Sin selbst wurde »das mächtige Kalb mit den starken Hörnern« und »der Jungstier des Himmels« genannt. Perlen galten als Amulette des Mondgottes, waren leuchtende kleine Monde in der vulvagleichen Auster. Die Schnecke, die ihre Hörner zeigt und wieder einzieht, wurde im präkolumbianischen Mexiko als heiliges Tier verehrt, wie im Europa der Eiszeit der Bär, der mit den Jahreszeiten kommt und geht und als Vorgänger des Menschen gesehen wurde. Von so unterschiedlichen Völkern wie den afrikanischen Buschmännern, den sibirischen Nenzen und den Chinesen wurde einer ganzen Reihe von Mondfiguren, denen eine Hand oder ein Fuß fehlte, die Macht zugeschrieben, Regen und anschließend Fruchtbarkeit bringen zu können.

Wenn wir Post-Aristoteliker über diese Übereinstimmungen nachdenken, die dem archaischen Menschen so selbstverständlich waren, beschäftigen wir uns weniger mit diesen Übereinstimmungen an sich als vielmehr damit, dass ihnen jegliche Logik fehlt. Um mit den Augen einer archaischen Gesellschaft sehen zu können, müssen wir unsere Begriffe von Logik und unsere szientistische Weltsicht fallen lassen. Für Mircea Eliade liegt der Sinn dieser Analogien darin, den Menschen mit den Rhythmen und Energien des Kosmos in Einklang zu bringen, diese Rhythmen miteinander in Verbindung zu setzen (wie im heiligen Kopulationsritus), die Zentren zu verschmelzen und schließlich den Sprung ins Transzendente zu vollziehen – was Eliade »ursprüngliche Einheit« nennt. Der dieser primitiven Theologie zu-

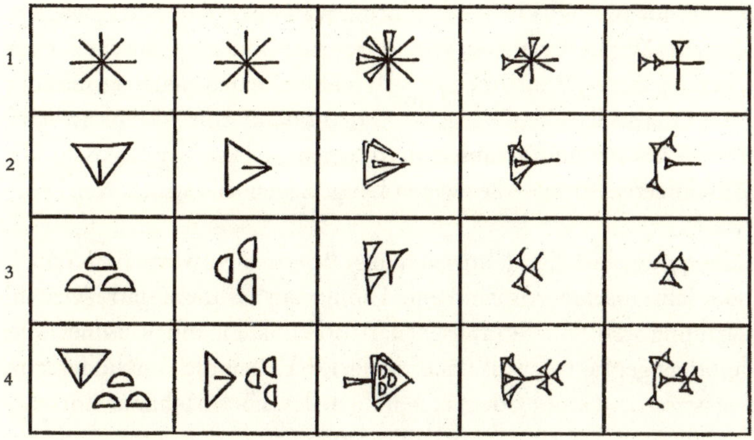

Die Entwicklung der Schrift.

1. Das Bildzeichen in der obersten Reihe stand ursprünglich für »Stern«, später für »Gott«. 2. Das gespaltene Dreieck, dessen archaischer Vorgänger der Rhombus oder die Raute war, stand zunächst für »Vulva«, dann für »Frau«. 3. »Berge«. 4. »Frau aus den Bergen«, ein semitisches Sklavenmädchen. Die Abbildung zeigt von links nach rechts die Entwicklung dieser Zeichen vom ursprünglichen Bildzeichen hin zu einem leichter in den Ton einpressbaren Symbol, das mit Hilfe eines kleinen keilförmigen Griffels eingedrückt wurde – daher der Name Keilschrift.

grunde liegende Antrieb unterschied sich nicht von anderen menschlichen Versuchen, Wahrheit sich anzueignen. Unsere fernen Vorfahren suchten nach *nützlichem* Wissen, nach einem Wissen, mit dem sie Wohlstand, Nachkommen und die einzige dem Menschen zugängliche Form von Unsterblichkeit erreichen konnten: die Sicherheit, dass ihre Saat nicht mit ihnen sterbe. Und die mystisch geprägten unter ihnen glaubten, dass dieses Wissen sie mit etwas in Verbindung setzte, das über sie hinausreichte. Alle Riten haben ein irrationales, mystisches Zentrum, ihren Höhepunkt der Hingabe, ihren Augenblick jenseits aller Zeitlichkeit; gleichgültig, ob es sich um die Verwandlung von Wein und Brot beim Messopfer, das Wirbeln eines Derwischs, den Orgasmus der Sumerer handelt, das Ziel ist immer die, wenn auch oft nur momentane, ekstatische Vereinigung mit einer transzendenten Wirklichkeit, mit einem Höchsten, mit dem, was jenseits aller Wechselhaftigkeit von Dauer ist. Für den archaischen Menschen lag diese Wirklichkeit jenseits alles Irdischen, sogar jenseits des Mondes, jenseits allen Werdens. *»Supra lunam sunt aeterna omnia«*, schrieb Cicero und verabsolutierte einen uralten Glaubenssatz des Mittelmeerraumes: »Alle ewigen Dinge liegen jenseits des Mondes.«

Ein- bis zweihundert Jahre nach dem Beginn des zweiten vorchristlichen Jahrtausends empfand eine Familie aus Ur diese starre Weltanschauung, die von himmlischen Absolutheiten und irdischer Verderbtheit geprägt war, als unbefriedigend. Es war die Familie Terachs, wie wir in der *Genesis*, dem ersten Buch der Bibel, nachlesen können:

> Das ist die Geschlechterfolge nach Terach: Terach zeugte Abram, Nahor und Haran; Haran zeugte Lot. Dann starb Haran, noch vor seinem Vater Terach, in seiner Heimat Ur in Chaldäa. Abram und Nahor nahmen sich Frauen; die Frau Abrams hieß Sarai, und die Frau Nahors hieß Milka; sie war die Tochter Harans, des Vaters der Milka und der Jiska. Sirai war unfruchtbar, sie hatte keine Kinder. Terach nahm seinen Sohn Abram, seinen Enkel Lot, den Sohn Harans, und seine Schwiegertochter Sarai, die Frau seines Sohns Abrams, und sie wanderten miteinander aus Ur in Chaldäa aus, um in das Land Kanaan zu ziehen. Als sie aber nach Haran kamen, siedelten sie sich dort an. Die Lebenszeit Terachs betrug zweihundertfünf Jahre, dann starb Terach in Haran.
>
> (Gen. 11, 27-32)[1]

---

1 Die Bibel wird nach folgender Übersetzung zitiert: *Die Bibel. Altes und Neues Testament. Einheitsübersetzung.* Stuttgart 1980. Eckige Klammern markieren vom Autor eingefügte Bemerkungen. Die Ortsbezeichnung »Ur in Chaldäa« für den Geburtsort Abrams (der später zum Erzvater Abraham wird) ist ein Anachronismus, den der Autor dieser Bibelstelle benutzt, um Ur für die Leser einer späteren Epoche geographisch zu situieren, als das Euphrattal von chaldäischen Semiten beherrscht wurde. Sehr viel später wurde die chaldäisch-christliche Minderheit im Irak nach diesen chaldäischen Semiten benannt. In der *Genesis* finden sich viele solcher Anachronismen.

Auf den ersten Blick mag dieser Bericht den Leser wenig beeindrucken. In seiner Schlichtheit und Eigentümlichkeit (Terach, wer er auch gewesen sein mag, wird wohl kaum mehr als zweihundert Jahre gelebt haben) erinnert er zwar an die Erzählungen der Sumerer, jedoch nicht an deren mythologischen Schwung. Allerdings gibt es erstaunliche Unterschiede: die sorgfältige Bewahrung von Namen und Ahnenreihen vorgeschichtlicher Personen – sogar von Frauen –, die weder Götter noch Könige waren; die Bedeutung – zumindest dem *Anschein* nach – genauer genealogischer Verzeichnisse.

Terach entstammte einer schon lange in Ur, »seiner Heimat«, ansässigen semitischen Familie. Seine Vorfahren hatten Jahrhunderte zuvor semitischen Nomadenstämmen angehört, die vom mächtigen Sumer überwältigt und im Laufe der Zeit in die höherentwickelte sumerische Stadtkultur integriert worden waren. Die zitierte Bibelstelle – es handelt sich um eine Übersetzung aus einer »hebräisch« genannten semitischen Sprache – findet sich in der *Genesis* gleich nach der Schöpfungsgeschichte, der Geschichte vom Anfang der Welt bis zur Sintflut. Doch anders als die ihr vorausgehenden Geschichten klingt die Chronik von Terachs Familie nicht wie ein Märchen, sondern eher wie der Versuch, Geschichte, so wie sie geschehen ist, nachzuerzählen. Die Geschichte, die in dieser verschriftlichten Form wahrscheinlich keine dreitausend Jahre alt ist, geht auf eine mündliche Überlieferung zurück, die uns um mehr als viertausend Jahre zurückversetzt, nämlich an den Beginn des zweiten vorchristlichten Jahrtausends, in das Goldene Zeitalter des babylonischen Sumers unter der Herrschaft Hammurapis, des ersten Königs der Weltgeschichte.

Es lässt sich nicht mit letzter Gewissheit sagen, was diese Bürger von Ur im Sinn hatten, als sie sich auf den Weg machten. Wahrscheinlich hatten sie keine großen Pläne. Sie zogen von Ur nach Haran in nordwestlicher Richtung am Euphrat entlang. Haran war wie Ur dem Mond geweiht, und die beiden Städte vermittelten – wie New York und San Francisco – ein ähnliches Lebensgefühl. Der Hauptgrund für den Umzug von Ur nach Haran wird wohl die Aussicht auf verbesserte Lebensverhältnisse gewesen sein. Es gibt tatsächlich einige Anhaltspunkte dafür, dass Terachs Familie sich auf Dauer in Haran ansiedeln wollte. Doch sollte die Stadt für Abram nur zu einem Etappenziel werden. Das Merkwürdige an dieser Passage ist jedoch die Annahme, dass das »Land Kanaan« das vorherbestimmte Endziel der Familie gewesen sein soll, gehörte dieses Gebiet doch zum Hinterland der semitischen Stämme, dessen Bewohner, zumindest den sumerischen Zerrbildern zufolge, rohes Fleisch aßen und ihre Toten nicht einmal bestatteten. Keine angesehene Familie aus Ur hätte daran gedacht, die Stadt zu verlassen, es sei denn, sie fände woanders ähnliche Lebensbedingungen. Wir haben es hier also mit einer Reise in die falsche Richtung zu tun, mit einem Rückzug zu den einfachen Wurzeln, von denen die urbanisierten Semiten, die sich in Sumer niedergelassen hatten, jahrhundertelang abgeschnitten gewesen waren. Doch sollte genau diese kleine Völkerwanderung die Welt verändern, indem sie unwiderruflich das Denken und Fühlen der Menschen veränderte.

Terachs Familie wurde in Haran schnell reich, und hier hörte Abram wohl folgende Stimme:

> Zieh weg aus deinem Land, von deiner Verwandtschaft und aus deinem Vaterhaus in das Land, das ich dir zeigen werde. Ich werde dich zu einem großen Volk machen, dich segnen und deinen Namen groß machen. Ich will segnen, die dich segnen; wer dich verwünscht, den will ich verfluchen. Durch dich sollen die Geschlechter der Erde Segen erlangen.
>
> (Gen. 12, 1b-3)

»Da«, lässt uns der anonyme Erzähler wissen, »zog Abram weg«. Und mit ihm gingen Lot, Sarai und »all ihre Habe, die sie erworben hatten, und die Knechte und Mägde, die sie in Haran gewonnen hatten« (Gen. 12, 5). Wieder machten sich also zwei große Haushalte auf den Weg. Sie nahmen nicht nur ihre Familienangehörigen und ihr Hab und Gut, sondern auch ihre sumerische Weltanschauung mit. Diese Reise würde zwar einen gewaltigen Bruch mit der Vergangenheit bedeuten, doch waren Abram, Sarai, Lot, ihre Familien und Sklaven Sumerer und konnten die Vorstellungswelt dieser Kultur ebenso wenig abschütteln wie wir die unsrige. Hier geschieht etwas gänzlich Neues, und wie alles Neue geschieht es inmitten der alten und gewohnten Bedingungen des Alltagslebens. »*Nova ex veteris*« lautet eine alte lateinische Redewendung: »Das Neue muss aus dem Alten entstehen.«

Einer sumerischen Tradition folgend, hat die Familie geschäftlichen Dingen offensichtlich Bedeutung beigemessen, sonst hätte sich der lakonische Erzähler wohl kaum gemüßigt gesehen, »all ihre Habe, die sie erworben hatten«, zu erwähnen, also den gesamten Reichtum, den die Familie während ihres Aufenthalts in Haran angehäuft hatte. Wir kennen einige der Vorstellungen, die sie mitbrachten – wir können ihr geistiges Gepäck in etwa durchleuchten –, denn sumerisches religiöses Gedankengut lässt sich in den frühesten Schriften der Nachkommen Abrams nachweisen. Die Stimme, die Abram hörte, war die seines Schutzpatrons, und in Abrams Augen mag dieser sich anfangs kaum von Lugalbanda, dem Schutzheiligen Gilgameschs unterschieden haben, dessen Statue Gilgamesch einsalbte, dass sie ihm Glück bringen möge. Es gab viele Götter, doch besaß jeder Mensch seinen eigenen Schutzpatron – einen Vorfahren oder einen Engel –, der die Aufgabe hatte, sich besonders um seinen Schützling zu kümmern. Diese kleinen Götter, symbolisiert durch Amulette und Statuen, gehörten im Grunde wie alle Götter zur Familie; sie waren Heilige des einzelnen, der Familie, der Stadt oder des Stammes und wie alle Familienangehörigen eifersüchtig und zänkisch. Selbst wenn sie einmal nicht für ein schlimmes Ereignis verantwortlich waren – obwohl auch das mitunter vorkam –, waren sie oft machtlos, sich dem Bösen entgegenzustellen. Der Mensch verhalte sich schlecht, verkündet Utnapischtim weise; noch kein Mensch sei ohne Sünde geboren, warnt ein bekanntes sumerisches Sprichtwort. Wer erfolgreich sein wollte, musste den Anforderungen seines jeweiligen Kults gerecht werden, was dieser auch immer verlangte. Daher wurden die sumerischen Tempel mit solcher Genauigkeit beschrieben und ihre Riten (auch die Orgien und der sakrale Beischlaf) mit solcher Sorgfalt durchgeführt. Wegen dieser Sorgfalt war Utnapischtim gefunden worden, und nur diese Frömmigkeit sicherte einem Sumerer den guten Willen der Götter.

Wir haben bereits im *Gilgamesch-Epos* einige der mythologischen Elemente kennen gelernt, die in der Bibel ihr Echo finden sollten.

(Die Geschichte von Gilgamesch war so wirkungsmächtig, dass sie noch die griechischen Erzählungen, die Homer in der *Odyssee* sammelte, und die *Geschichten aus 1001 Nacht* des mittelalterlichen Islam beeinflusste). Noch im sechsten vorchristlichen Jahrhundert beweinten israelitische Frauen den Gott Dumuzi (Tammus in der Bibel), wie der Prophet Ezechiel verächtlich feststellt. (Der Mythos vom sterbenden Gott wirft einen so langen Schatten, dass noch heute einer der Monate im jüdischen Kalender den Namen Tammus trägt.) Die Familie Terachs nahm die sumerischen Erzählungen über ihre langlebigen Vorfahren und die mürrischen Götter sicherlich auf ihre Wanderung mit, etwa die Geschichte von der eifersüchtigen Göttin Ischtar, die einen heiligen, von einer Schlange bewachten »Baum des Lebens« besaß, und von dem Ahnen, der aufgrund seiner außergewöhnlichen Frömmigkeit ein paar Lebewesen vor der Sintflut rettete. Und wenn Terachs Familie nach Osten zurückblickte, sah sie in der Ferne die Zikkurat von Haran, jenen kühnen Versuch der Sumerer, den Himmel zu erklimmen, der eines Tages zum wunderbaren, törichten Turm zu Babel werden sollte.

Der Anführer dieser Expedition in die Wildnis, die auf den ersten Blick durch und durch »sumerisch« anmutete, trug ganz neue Ideen mit sich. *Wir* wissen, dass Abram auf dem Weg nach Kanaan war, aber wusste er das selbst auch? Es darf angenommen werden, dass die zusammenfassende Darstellung der Unternehmungen und Reisen Terachs und seiner Familie nur einen kurzen Eindruck vermitteln will und nicht den Anschein erwecken möchte, dass Abram seinen Bestimmungsort kannte, als er aufbrach. Es gibt keinen Grund für die Annahme, dass Abram wusste, wohin er sich auf den Weg machte, oder dass er mehr wusste als das, was Gott ihm verkündet hatte: er würde »wegziehen« (der hebräische Imperativ »*lekhlekha*« hat einen emphatischen Unterton, der sich im Deutschen nicht wiedergeben lässt) und eine Reise ohne Rückkehr in das »Land, das ich dir zeigen werde« antreten; dieser Gott sollte diesen kinderlosen Mann irgendwie »zu einem großen Volk machen«, die gesamte Menschheit sollte schließlich durch ihn »gesegnet« werden.

»Wayyelekh Avram« (»Da zog Abram weg«), zwei der kühnsten Worte der Weltliteratur. Sie verweisen darauf, dass alles, was der lan-

gen Evolution der Kultur und des Empfindungsvermögens vorausgegangen war, aufgegeben wurde. Aus Sumer, dem zivilisierten Ort des Vorhersehbaren, kommt ein Mann, der sich, ohne zu wissen, wohin ihn seine Reise führen wird, auf den Weg in die Wildnis macht, weil sein Gott es ihm befohlen hat. Eine reiche Karawane verlässt ohne ein Ziel vor Augen Mesopotamien, die Heimat gewitzter, eigennütziger Kaufleute. In einer archaischen Gesellschaft, die seit den dunklen Anfängen ihrer Bewusstheit sich ihrer Grundwahrheiten in den Sternen versichert hat, bildet sich eine Reisegruppe ohne ersichtlichen Grund. Aus einem Menschengeschlecht, das weiß, dass alles irdische Streben mit dem Tod enden muss, geht ein Führer hervor, der an ein außergewöhnliches Versprechen glaubt. Im Menschen erwacht der Traum von etwas Neuem, etwas Besserem, was noch bevorsteht – in der Zukunft.

Würden wir im zweiten vorchristlichen Jahrtausend leben und könnten alle Völker der Erde befragen, was hätten sie wohl zu der Reise des Abram gesagt? In weiten Teilen Europas und Afrikas, wo vorgeschichtlicher Animismus verbreitet war und die Künstler immer noch die himmlischen Symbole des großen Lebens- und Todesrades in Stein ritzten und malten, hätte man über Abrams Irrwitz gelacht und gen Himmel gewiesen, wo seit Menschengedenken das irdische Leben bestimmt wurde. Seine Frau sei so unfruchtbar wie der Winter, hätte man gesagt; der Mensch könne seinem Schicksal nicht entgehen. Die Ägypter hätten ungläubig den Kopf geschüttelt: »Kein Mensch kommt weise auf die Welt«, mit diesen Worten hätten sie die Einsicht ihrer verehrtesten Weisen wiedergegeben. »Handle so wie deine Ahnen. Lehre das, was immer schon gelehrt worden ist, dann wirst du ein gutes Vorbild sein.« Die frühen Griechen hätten Abram den Mythos des Prometheus erzählt, dessen Drang, den Menschen das Feuer der Götter zu bringen, für ihn in einer Katastrophe endete. »Übernimm dich nicht«, hätten sie ihn gewarnt, »ergib dich deinem Schicksal.« In Indien wäre ihm gesagt worden, dass die Zeit etwas Dunkles, Irrationales und Unbarmherziges sei: »Stelle dir nicht die Aufgabe, etwas in der Zeit erreichen zu wollen, sie ist ein Reich des Leidens.« In China hätten weise Männer, deren Namen man heute nicht mehr kennt und die später den *I Ching* beeinflussen sollten, gewarnt, dass Reisen und irdisches Streben keinen Sinn hätten und dass es darauf ankomme, die Zeitlichkeit zu überwinden, indem man dem Gesetz der Wandelbarkeit entkommt. Die Vorfahren der Mayas in Mittelamerika hätten auf ihre Kalender verwiesen, die den ewigen Kreislauf der Jahreszeiten dokumentieren. Sie hätten außerdem darauf hingewiesen, dass alles Geschehene sich wiederhole und dass das Schicksal des Menschen vorherbestimmt sei. Überall auf der Welt, von jeder Gesellschaft hätte Abram den gleichen Ratschlag erhalten, den so unterschiedliche Männer wie Heraklit, Lao-Tse und Siddharta ihren Anhängern geben sollten: Wandere nicht umher, sondern bleibe da, wo du bist; sammle dich am Fluss des Lebens, denke über sein endloses und sinnloses Fließen nach – über all das, was vergangen, gegenwärtig und zukünftig ist –, bis du das Muster verstanden und deinen Frieden mit dem Großen Rad, mit deinem Tod und mit der Verderbnis aller Dinge dieser vergänglichen Welt geschlossen hast.

Abram erreichte Kanaan, »zog durch das Land bis zur Stätte von Sichem, bis zur Orakeleiche« (Gen. 12, 6), für seine Nachkommen ein heiliger Ort. Hier errichtete Abram eine Opferstätte, um seinem Gott Tieropfer darzubringen. Und an diesem Rastplatz sagt Gott zum ersten Mal, dass dies das verheißene Land ist: »Deinen Nachkommen gebe ich dieses Land« (Gen. 12,7b). »Dieses Land« ist eine verschwommene Bezeichnung, da es ja noch keine festen Grenzen gibt, doch wird das ursprüngliche Versprechen jedes Mal konkreter, wenn Gott in den nächsten Jahren immer wieder zu Abram spricht. Wie dem auch sei, Abram und seine Leute, kultivierte Stadtbürger, lebten weiterhin ohne festen Wohnsitz und besaßen keinerlei Land. Sie blieben »Reisende«, wie sie sich selbst bezeichneten. Langsam kommt der Verdacht auf, dass diese naive Wandertruppe auf Abrams Charisma hereingefallen und dass Abram von seinem zerrütteten Verstand auf eine falsche Fährte geschickt worden ist.

Doch Abram zeichnet sich durch listigen Einfallsreichtum aus, wie wir ihn von Verrückten nicht gewohnt sind. Als Kanaan von einer Hungersnot heimgesucht wird, macht Abram sich auf den Weg nach Ägypten, »um dort zu bleiben« (Gen. 12,10b). In diesem ihm noch fremderen Gebiet, wo er sich nicht vor primitiven Stämmen, sondern vor einem Gottkönig, dem niemand zu widersprechen wagt, schützen muss, heckt Abram einen Plan aus, den er seiner Frau Sarai folgendermaßen darlegt:

> Ich weiß, du bist eine schöne Frau. [Man kann sich Sarais Freude über dieses Kompliment und ihre Überraschung bei den folgenden Worten vorstellen.] Wenn dich die Ägypter sehen, werden sie sagen: Das ist seine Frau!, und sie werden mich erschlagen, dich aber am Leben lassen. Sag doch, du seiest meine Schwester, damit es mir deinetwegen gut geht und ich um deinetwillen am Leben bleibe.
>
> (Gen. 12,11b-13)

Es kommt, wie es kommen musste: Sarai landet im Harem des Pharaos, Abram erhält als Gegenleistung »Schafe und Ziegen, Rinder und Esel, Knechte und Mägde, Eselinnen und Kamele« (Gen. 12, 16b).[2] Der Text gibt weder Auskunft darüber, ob der Pharao je mit Sarai geschlafen, noch erfahren wir, wie sie sich bei der ganzen Sache gefühlt hat. Doch es wird berichtet, dass Abrams Gott »den Pharao und sein ganzes Haus mit schweren Plagen schlug« (Gen. 12, 17b) und dass der Pharao schließlich die Wahrheit erfuhr. Abram wird vor den ägyptischen König gestellt, der ihm die geflügelte Frage *»Mazot?!«* (»Was hast du mir da angetan?«) stellt, ein fast schon komischer Ausruf der äußersten Verwunderung, den man noch heute oft in Israel hört. Und wie in einer Schmierenkomödie fährt er fort:

> Warum hast du mir nicht gesagt, dass sie deine Frau ist? Warum hast du behauptet, sie sei deine Schwester, so dass ich sie mir zur Frau nahm? Nun, da hast du deine Frau wieder, nimm sie, und geh.
>
> (Gen. 12,18b-19)

---

2 Die meisten Bibelforscher sehen in der Erwähnung von Hauskamelen zu Abrams Zeit einen Anachronismus, da es erst um 1000 v. Chr. außerbiblische Belege dafür gibt, dass Kamele als Lasttiere dienten. Andere Gelehrte nehmen an fehlenden außerbiblischen Belegen keinen Anstoß.

Abram macht sich davon und wird von den Rausschmeißern des Pharaos an die Grenze Ägyptens gebracht, von Leuten, »die ihn, seine Frau und *alles, was ihm gehörte,* fortgeleiten sollten« (Gen. 12,20b). Damit endet diese Geschichte. Doch der Erzähler, der diese kleine Farce offensichtlich mit großer Genugtuung berichtet, lässt uns noch wissen, dass Abram nicht nur seinen Hals gerettet, sondern auch seinen Besitz um ein Vielfaches vermehrt hat. Falls dem Leser dies nicht ganz klar geworden sein sollte, fügt er zu Beginn des nächsten Abschnitts ein, dass Abram »von Ägypten zog ... und einen sehr ansehnlichen Besitz an Vieh, Silber und Gold« (Gen. 13,1-2) sein eigen nannte. In der ägyptischen Anekdote war Sarai nur eine Schachfigur, deren Gefühle ohne Bedeutung sind: Es kommt darauf an, die Gewieftheit des nomadischen Ahnherren auf Kosten des ägyptischen Wichtigtuers zu demonstrieren.

Wie ist es dem machtlosen, durch die kanaanäische Wildnis ziehenden Nomaden Abram gelungen, mit dem mächtigen Pharao, dem sesshaften Gottkönig Ägyptens, Kontakt aufzunehmen? Auf die ägyptische Anekdote folgt eine in einem sonderbaren Ton erzählte Geschichte, die diese Frage beantwortet. Die Hungersnot ist jetzt vorbei, und Abrams Neffe Lot hat sich in Sodom niedergelassen, einer jener »Städte im Flachland«, die im Gebiet des heutigen südlichen Beckens des Toten Meeres gelegen haben mag. Abram hingegen, des Stadtlebens überdrüssig, hat sein Zelt am anderen Ufer des Jordan, »bei den Eichen von Mamre« (Gen. 13,18b), aufgeschlagen. Bald darauf erfährt er, dass Lot in einem Krieg zwischen einem kanaanäischen und einem sumerischen Bund von Königen gefangen genommen worden ist:

> Ein Flüchtling kam und berichtete es dem Hebräer Abram; Abram wohnte bei den Eichen des Amoriters Mamre, des Bruders Eschkols und Aners, die seine Bundesgenossen waren. Als Abram hörte, sein Bruder [eigentlich sein Neffe] sei gefangen, musterte er seine ausgebildete Mannschaft, dreihundertachtzehn Mann, die alle in seinem Haus geboren waren, und nahm die Verfolgung auf bis nach Dan.
>
> (Gen. 14,13-14)

Mazot? Abram besaß neben seinen Familienangehörigen dreihundertachtzehn Sklaven? Er hatte »Bundesgenossen« wie ein bedeutender Heerführer? Abram, der Don Quichote der Wüste, der verlegene Nomade, vermochte ein Heer aufzustellen, das mehrere hundert Kilometer von Mamre (dem heutigen Hebron) im Süden Kanaans bis in den äußersten Norden nach Dan zieht? Diese Textstelle wird erst richtig verständlich, wenn man bedenkt, dass Abram hier das einzige Mal als »Hebräer« bezeichnet wird. Die in die *Genesis* eingefügte Erzählung geht nicht auf die Tradition der Kinder Abrahams zurück, die sich niemals »Hebräer« genannt haben, sondern auf die mündliche Überlieferung ihrer Nachbarn. Wir sehen Abram hier nicht von seinen Nachfahren milde idealisiert, vielmehr aus dem Blickwinkel seiner Zeitgenossen. Abram, wie die ägyptische Episode bereits anklingen ließ, war weder ein Dorftrottel noch ein Blumenkind, auf der Suche nach Süße und Licht in der Wüste. Er war ein berechnender Sippenführer, der sich aus eigenwilligen Gründen dazu entschlossen hatte, die großen Städte Sumers zu verlassen und ein unstetes Leben in Kanaan zu führen, dennoch nichts dem Zufall überließ: Er war ein mächtiger, reicher Anführer, dem Männer zur Verfügung standen.

Nachdem es ihm gelungen ist, Lot zu befreien, bindet er sich noch enger an die örtlichen Könige, indem er sich weigert, an ihren Siegen Anteil zu nehmen:

> Du sollst nicht behaupten können: Ich habe Abram reich gemacht. Nur was meine Leute verzehrt haben und was auf die Männer entfällt, die mit mir gezogen sind, auf Aner, Eschkol und Mamre, das sollen sie als ihren Anteil haben.
>
> (Gen. 14,23b-24)

Abram war kein wahnwitziger, solipsistischer Idealist, sondern ein Mann unter Männern. Selbst in seinen Gesprächen mit Gott vernimmt man einen selbstbewussten, berechnenden Unterton; der Sippenführer aus der Wüste weiß, wie man ein gutes Geschäft macht. Auf Gottes großartige Worte »Fürchte dich nicht« antwortet Abram klagend: »Herr, mein Herr, was willst du mir schon geben?« (Gen. 15,2b), und fügt hinzu, dass er sein Vermögen seinem »Haussklaven«

hinterlassen werde, da Gott ihm »ja keine Nachkommen gegeben« habe (Gen. 15,3). Auf diesen indirekten Vorwurf erwidert Gott:

> Nicht er wird dich beerben, sondern dein leiblicher Sohn wird dein Erbe sein. Er führte ihn hinaus und sprach: Sieh doch zum Himmel hinauf, und zähl die Sterne, wenn du sie zählen kannst. Und er sprach zu ihm: So zahlreich werden deine Nachkommen sein.
>
> (Gen. 15,4b-5)

Obwohl dem Sternenzelt immer noch metaphorische Bedeutung zukommt, vermögen die Sterne nichts mehr vorauszudeuten. Nur Gott kann Prophezeiungen aussprechen, die Himmelsgestirne dienen ihm lediglich noch zur Illustration. Abram erkennt dies an: Der Erzähler schließt seinen Bericht mit der Bemerkung, dass Abram, der listige weltgewandte Sippenführer, diesem Gott »glaubte« und dass Gott ihm diesen Glauben »als Gerechtigkeit anrechnete« (Gen. 15,6) – ein Glaube, dem Abrams Einsicht zugrunde liegt. Dieser selbstsichere Mann verlässt sich auf sein eigenes Urteilsvermögen, wenn er die Dinge um sich herum zu verstehen sucht. In einem Zeitalter, das von unglaublichen Geschichten von Kriegern und Königen, die kaum voneinander zu unterscheiden sind, geprägt ist, gibt es die Geschichte von einem misstrauischen, weltgewandten Patriarchen, der einer körperlosen Stimme vertraut. Daraus entwickelt sich, so unglaublich es klingen mag, die Geschichte einer zwischenmenschlichen Beziehung.

Sarai, die Schachfigur, ist in all dies nicht eingeweiht. Sie grollt einem Gott, der ihr auch nach zehn Jahren in Kanaan Kinder immer noch verwehrt. Der Sitte der damaligen Zeit folgend bietet sie Abram ihre ägyptische Magd als sexuellen Ersatz an, damit sie »vielleicht durch sie zu einem Sohn« komme. Doch nachdem die Magd, Hagar, schwanger geworden ist, wird sie gegen ihre Herrin aufsässig, was die arme Sarai nicht zu ertragen vermag. Abram erlaubt Sarai, Hagar so zu behandeln, wie sie es für richtig hält – Sarai vertreibt Hagar unter Schlägen aus dem Zeltlager in die Wildnis, wo ihr ein Engel erscheint und ihr befiehlt, trotz der Misshandlungen zu Sarai zurückzukehren, da auch sie, Hagar, so viele Nachkommen haben werde, »dass man sie nicht zählen kann« (Gen. 16, 10b). Ihr Sohn Ismael (»Gott hört«) sollte ein zweiter Enkidu werden, der Vater aller Araber – »ein Mensch ... wie ein Wildesel. Seine Hand gegen alle, die Hände aller gegen ihn« (Gen. 16,12). Die bestürzte Hagar tut, wie ihr geheißen, und gibt dem Gott, der durch die Anwesenheit des Engelsboten bezeugt wird, einen neuen Namen. Sie nennt ihn *»El-Roï«* (»Gott der nach mir schaut«) und *»Beer-Lahai-Roï«* (»Brunnen des Lebendigen, der nach mir schaut«) (Gen. 16, 13b-14). Es ist genau dieses Nach-jemandem-Schauen, mit dem sich die Geschichte in ihrem weiteren Verlauf immer wieder beschäftigen wird.

Abram ist mittlerweile ein alter Mann, dem biblischen Text zufolge neunundneunzig Jahre alt. Auch wenn diese Zahl an die sumerischen Übertreibungen erinnern mag, darf wohl kaum bezweifelt werden, dass Abram und Sarai die Hoffnung verloren haben, Nachwuchs zeugen zu können. Doch Gott ist jetzt mehr als eine Stimme, er »erscheint« Abram und spricht zu ihm: »Ich bin Gott, der Allmächtige« (Gen. 17, 1b), der Gott *Shaddai*, eine Bezeichnung, die kaum zu übersetzen ist und für die »der Allmächtige« nur eine Annäherung ist; manche Gelehrte meinen, dass *Shaddai* »Berggott« oder »Gott von einem hohen Ort« bedeutet. »Geh deinen Weg vor mir, und sei rechtschaffen!« (Gen. 17,1b), fordert Gott ihn auf. Zu einem intimen Verhältnis ermuntert und im Anblick der Herrlichkeit Gottes fiel Abram »auf sein Gesicht nieder« (Gen. 17,3). Die Beziehung zwischen Gott und Abram wird immer intensiver. Wenn wir diese Entwicklung näher betrachten, wird deutlich, dass bei diesen Vorgängen noch etwas anderes mitschwingt: Hätte Abram keine so hohe Meinung von sich – von seiner Einzigartigkeit als Individuum –, würde hier kaum eine Beziehung entstehen. Des weiteren wird diese Beziehung erst möglich durch die Ausschließlichkeit, die der gerade entstehende Monotheismus verlangt, und dies bis zu einem Grad, so könnte man formulieren, dass Individualität und die ihr innewohnende Möglichkeit zwischenmenschlicher Beziehungen die Kehrseite des Monotheismus ist.

Gott verspricht Abram nochmals das Land Kanaan und unzählige Nachkommen; einige von ihnen würden sogar zu Königen aufsteigen (»Könige werden von dir abstammen« [Gen. 17,6b]). Nun will Gott mit Abram einen Bund schließen, so wie Stammesfürsten Bündnisse miteinander eingehen. Mit dem Bund soll Abram auch einen neuen Namen erhalten, nämlich Abraham (»Vater der Menge«); Sarai wird Sara (»Herrin«) heißen. Abram und sein Gott sind im Begriff, ein dauerhaftes Bündnis zu schließen, ein Bündnis, das damals immer mit Blut, oft in Form eines Tieropfers, besiegelt wurde. Doch der Bund zwischen Abram und Gott sollte mit dem Blut Abrams und dem Blut von »alle[m], was männlich ist unter euch« (Gen. 17,10b), geschlossen werden:

> Alle männlichen Kinder bei euch müssen, sobald sie acht Tage alt sind, beschnitten werden in jeder eurer Generationen, seien sie im Haus geboren oder um Geld von irgendeinem Fremden erworben, der nicht von dir abstammt. Beschnitten muss sein der in deinem Haus Geborene und der um Geld Erworbene. So soll mein Bund, dessen Zeichen ihr an Eurem Fleisch tragt, ein ewiger sein.
>
> (Gen. 17,12-13)

Kein Mann kann seinen Penis, das Organ seiner Lebenskraft, vergessen. Durch diesen Bund wird es den Kindern Abrams nahezu unmöglich sein, sich von dem Gott abzuwenden, der immer an sie denkt; Gottes wachsende Herrlichkeit und Ausschließlichkeit lassen ihn immer weniger wie ein handliches Amulett erscheinen. Dieser Gott verliert die Schutzengelfunktion der sumerischen Hausgötzen und wird zu etwas anderem – zu Gott. Uns mag dieser Bund barbarisch erscheinen, doch im noch wenig entwickelten Kanaan und Mesopotamien ist dieses »Zeichen an eurem Fleisch«, diese beständige Mahnung, ausgesprochen sinnvoll.

Der Mann, der jetzt Abraham heißt und immer noch im Staub liegt, lacht und fragt sich: »Können einem Hundertjährigen noch Kinder geboren werden, und kann Sara als Neunzigjährige noch gebären?« (Gen. 17,17b) Dann fügt er laut hinzu: »Wenn nur Ismael vor dir am Leben bleibt!« (Gen. 17,18b) – Gott möge das Versprechen auf Ismael übertragen, der ja bereits geboren ist. Abraham versucht,

Gott zu helfen, möchte, dass er die Dinge realistischer betrachtet. Obwohl Gott auch Ismael »fruchtbar und sehr zahlreich werden« (Gen. 17, 20b) lassen will, soll der Bund geschlossen werden zwischen Gott und dem Kind, das »dir Sara im nächsten Jahr um diese Zeit gebären wird« (Gen. 17,21b). Ausgerechnet die Schachfigur Sara, deren Wünsche bislang nie erfüllt worden sind, soll in drei Monaten schwanger werden. Wenigstens etwas Konkretes, an das man sich halten kann.

»Als Gott das Gespräch beendet hatte, verließ er Abraham und fuhr zur Höhe auf« (Gen. 17, 22). Die Unterhaltung ist zu Ende, die Beschneidungen beginnen. Und kaum hat Abraham sich und die männlichen Mitglieder seiner Familie beschnitten, bekommt er Besuch. Abraham, zweifellos erschöpft von all dem Trubel, sitzt »zur Zeit der Mittagshitze am Zelteingang« (Gen 18, 1b), so wie noch heute Beduinenführer in der Mittagsglut auf eine kühle Brise hoffend unter ihrem Zeltvorsprung verweilen:

> Er blickte auf und sah vor sich drei Männer stehen. Als er sie sah, lief er ihnen vom Zelteingang aus entgegen, warf sich zur Erde nieder und sagte: Mein Herr, wenn ich dein Wohlwollen gefunden habe, geh doch an deinem Knecht nicht vorbei! Man wird etwas Wasser holen, dann könnt ihr euch die Füße waschen und euch unter dem Baum ausruhen. Ich will einen Bissen Brot holen, und ihr könnt dann nach einer kleinen Stärkung weitergehen; denn deshalb seid ihr doch bei eurem Knecht vorbeigekommen.
>
> (Gen. 18,2-5)

Abraham, reich an Viehherden und Gefolge, fühlt sich diesen »Herren«, wer immer sie auch sein mögen, unterlegen. Eifrig kommt er ihnen mit unübertrefflicher Gastfreundschaft entgegen. Dazu gehört natürlich einiges mehr als nur »ein Bissen Brot«. Er läuft »eiligst« zu Sara und befiehlt ihr, »schnell« drei Fladenbrote »vom feinsten Mehl« (Gen. 18,6b) zu backen. Dann rennt er »zum Vieh, nahm ein zartes, prächtiges Kalb und übergab es dem Jungknecht« (Gen. 18,7). Als das Mahl bereitet ist, bedient Abraham seine Gäste selbst, während des Essens fragen sie ihn nach seiner Frau, deren Namen sie irgendwie erfahren haben: »Wo ist deine Frau Sara?« »Dort im Zelt«, antwortet Abraham (Gen. 18,9b). Der in der Mitte Sitzende sagt: »In einem Jahr komme ich wieder zu dir, dann wird deine Frau Sara einen Sohn haben« (Gen. 18,10b). Abraham wird jetzt klar, dass er Gott und zwei Engel[3] bewirtet, doch Sara, die von dem Abraham früher erteilten Versprechen nichts weiß – warum sollte ein Mann solche Dinge seiner Frau schon erzählen? –, überhört die Unterhaltung. Mag sein, dass sie nach all den Vorbereitungen etwas albern ist, jedenfalls findet sie das Gespräch lächerlich und lacht vergnügt in sich hinein: »Ich bin doch schon alt und verbraucht und soll noch das Glück der Liebe erfahren? Auch ist mein Herr doch schon ein alter Mann!« (Gen. 18,12b)

»Warum lacht Sara?« (Gen. 18,13b), fragt der Herr in der Mitte, der sich nun als Gott zu erkennen gibt, dem nichts unmöglich ist und der sein Versprechen wiederholt. Die arme, erschrockene und verwirrte Sara besteht darauf, dass sie nicht gelacht habe. »Doch, du hast gelacht«, erwidert Gott (Gen. 18,15b). Sara, die von der gewichtigen Beziehung zwischen ihrem Mann und Gott ausgeschlossen ist, lacht das Gelächter der Welt des Altertums, das Gelächter Sumers, Ägyptens und Kanaans, Europas, Asiens, Australiens und Amerikas, das berechtigte zynische Gelächter all derer, die wissen, dass eine Frau nach den Wechseljahren keine Kinder mehr gebären und ein Mann im hohen Alter keine Erektion mehr haben kann. Trotz aller erstaunlichen Geschichten von Helden und Königen ist die Erfahrungswelt des Menschen so berechenbar wie die Tierkreiszeichen, die den Himmel durchziehen. Wir alle kennen das unausweichliche, unvermeidliche Ende.

In der folgenden Geschichte fragt sich Gott, ob er Abraham verheimlichen solle, »was ich vorhabe« (Gen. 18,17b). Er entschließt sich,

3 Zu dieser Zeit galten Engel, auch das wurde von den Sumerern übernommen, als Personifikationen Gottes, die kaum von ihm zu unterscheiden waren. Diese Szene, die drei himmlischen Besucher brechen Brot vor Abrahams Zelt, ist das Motiv von Andrej Rubljews Gemälde, der wohl bedeutendsten russischen Ikone.

mit Abraham, den er »auserwählt« (Gen. 18,19) hat, allein zu sprechen, während die beiden Engel in Richtung Sodom ziehen, wo Lot lebt. Als Gott seinen Plan offen legt, Sodom und Gomorra zu zerstören, gibt Abraham zu bedenken: »Willst du auch den Gerechten mit dem Ruchlosen wegraffen?« (Gen. 18,23b) Indem Abraham den Plan Gottes in Frage stellt, beweist der Patriarch eindrucksvoll Zivilcourage, die auch seine Nachkommen immer wieder zeigen werden. Nun folgt ein Wortgefecht, das mit dem Versprechen Gottes endet, er werde Nachsicht walten lassen, wenn sich auch nur zehn Unschuldige hinter den Mauern dieser Stadt finden ließen.

Szenenwechsel: Auf dem Marktplatz von Sodom trifft Lot die Engel und lädt sie in sein Haus ein. (Obwohl nicht ganz so gastfreundlich wie Abraham, ist er bestimmt ein anständiger Kerl.) Die männlichen Stadtbewohner umstellen das Haus wie die Ghulen in dem Film *Die Nacht der lebenden Leichen.* Sie fordern Lot auf, die beiden gut aussehenden Fremden herauszubringen, damit sie von ihnen sodomisiert werden können. Es wird schnell klar: Hier lassen sich keine zehn Unschuldigen finden. Lot versucht mit einem Plan Zeit zu gewinnen:

> Seht ich habe zwei Töchter, die noch keinen Mann erkannt haben. Ich will sie euch herausbringen. Dann tut mit ihnen, was euch gefällt. Nur jenen Männern tut nichts an; denn sie sind ja unter den Schutz meines Daches getreten.
>
> (Gen. 19,8)

Die Sodomiten sind natürlich daran überhaupt nicht interessiert und drohen damit, es auch mit Lot treiben zu wollen, sollten sie sich erst Zugang zum Haus verschafft haben. Doch niemand wird sodomisiert, die Sodomiten bekommen ihre verdiente Strafe: Schwefel und Feuer fallen vom Himmel. Lot und seine Familie werden gerettet mit Ausnahme seiner Frau, die sich, obwohl es ihr verboten war, nach der brennenden Stadt umschaut. Sie erstarrt zur Salzsäule und wird zu einem weiteren ehefraulichen Opfer.

Diese traurige Geschichte, seit je beliebt bei sexuell verklemmten Fundamentalisten, mag bei vielen die gleiche Reaktion auslösen, die der britische Schriftsteller Evelyn Waugh von einem seiner Offiziersfreunde berichtet. Der junge Mann, ein strohdummer Grünschnabel wie aus einem Roman von Pelham Grenville Wodehouse, war gänzlich unbelesen und entschloss sich dazu, die langen Stunden zwischen seinen militärischen Verpflichtungen durch Lektüre zu verkürzen. Er konnte jedoch nur eine Bibel auftreiben. Nachdem er die ersten Seiten der *Genesis* gelesen hatte, gab er auf und erklärte: »Was für ein Scheißkerl dieser Gott ist!«

Dabei ist es kaum beruhigend, wenn man sich vor Augen hält, dass die Sünde der Sodomiten keineswegs Homosexualität, sondern mangelnde Gastfreundschaft war. An dieser Geschichte lässt sich nicht ablesen, ob Gott die Sodomie ablehnt, wohl aber, dass er nicht viel davon hält, wenn Fremde vergewaltigt werden. Wir haben genügend Belege aus Mesopotamien dafür, dass die Sumerer und andere archaische Völker des Mittleren Ostens den – vaginalen und analen – Geschlechtsverkehr von hinten bevorzugten. Den Nachkommen Abrahams, die solche Stellungen (»wie Hunde«) als menschenunwürdig betrachteten, mag das gesamte sexuelle Repertoire ihrer Nachbarn verdächtig, tierisch und unnatürlich erschienen sein.

Doch nun kommen wir von Feuer und Schwefel zu einem wirklichen Wunder:

> Sara wurde schwanger und gebar dem Abraham noch in seinem Alter einen Sohn zu der Zeit, die Gott angegeben hatte. Abraham nannte den Sohn, den ihm Sara gebar, Isaak [Der, der lacht]. Als sein Sohn Isaak acht Tage alt war, beschnitt ihn Abraham, wie Gott ihm befohlen hatte … Sara aber sagte: Gott ließ mich lachen.
>
> (Gen. 21,2-6)

Schon einmal brachte Gott Sara zum Lachen, und zwar als er ihr das Unmögliche versprochen hatte. Sara, die Schachfigur, erhält jetzt das, was sie immer gewollt hat, dasjenige, von dem sie glaubte, dass es ihr versagt bleiben würde. Sie wollte dieses Kind mehr als Abraham – wie sehr er seinen Wunsch auch beteuert haben mochte –, denn er konnte ja auch mit anderen Frauen Kinder zeugen. Abrahams Gott zeichnet sich dadurch aus, dass seine Pläne für einen Menschen auch anderen Menschen, ja sogar den Randfiguren der Geschichte zugute kommen. Das nun folgende Zwiegespräch zwischen Abraham und Sara, die zumindest in Gegenwart des Lesers bislang kaum ein Wort miteinander gewechselt haben, ist facettenreich und ergreifend. Die Sprache der bislang fast stummen Sara weist ein Pathos auf, das wir sonst nur von den Dialogen eines großen Schriftstellers kennen:

> Gott ließ mich lachen; jeder, der davon hört, wird mit mir lachen. Wer, sagte sie, hätte Abraham zu sagen gewagt, Sara werde noch Kinder stillen? Und nun habe ich ihm noch in seinem Alter einen Sohn geboren.
>
> (Gen. 21,6b-7)

Gott bringt Abraham, Sara und Isaak zum Lachen. Und: »Das Kind wuchs heran und wurde entwöhnt« (Gen. 21,8). Jetzt ist der Winter vertrieben, und die Alpträume aller haben ein Ende.

Doch: Sara ist davon überzeugt, dass die Ägypterin Hagar ihr Lachen nicht teilen wird, und vertreibt die Frau und ihren Sohn endgültig. Die beiden stehen jedoch auch weiterhin unter dem Schutz Gottes. Daran anschließend beginnt der Erzähler in abgehackten Sätzen die furchtbarste und Mitleid erregendste Geschichte der hebräischen Bibel:

> Nach diesen Ereignissen stellte Gott Abraham auf die Probe. Er sprach zu ihm: Abraham! Er antwortete: Hier bin ich. Gott sprach: Nimm deinen Sohn, deinen einzigen, den du liebst, Isaak, geh in das Land Morija [das Sehende], und bring ihn dort auf einem der Berge, den ich dir nenne, als Brandopfer dar.
>
> Frühmorgens stand Abraham auf, sattelte seinen Esel, holte seine beiden Jungknechte und seinen Sohn Isaak, spaltete Holz zum Opfer und machte sich auf den Weg zu dem Ort, den ihm Gott genannt hatte. Als Abraham am dritten Tag aufblickte, sah er den Ort von weitem. Da sagte Abraham zu seinen Jungknechten: Bleibt mit dem Esel hier! Ich will mit dem

Knaben hingehen und anbeten; dann kommen wir zu euch zurück.
Abraham nahm das Holz für das Brandopfer und lud es seinem Sohn Isaak auf. Er selbst nahm das Feuer und das Messer in die Hand. So gingen beide miteinander. Nach einer Weile sagte Isaak zu seinem Vater Abraham: Vater! Er antwortete: Ja, mein Sohn! Dann sagte Isaak: Hier ist Feuer und Holz. Wo aber ist das Lamm für das Brandopfer? Abraham entgegnete: Gott wird sich das Opferlamm aussuchen, mein Sohn. Und beide gingen miteinander weiter.
Als sie an den Ort kamen, den ihm Gott genannt hatte, baute Abraham den Altar, schichtete das Holz auf, fesselte seinen Sohn Isaak und legte ihn auf den Altar, oben auf das Holz. Schon streckte Abraham seine Hand aus und nahm das Messer, um seinen Sohn zu schlachten. Da rief ihm der Engel des Herrn vom Himmel her zu: Abraham, Abraham! Er antwortete: Hier bin ich. Jener sprach: Streck deine Hand nicht gegen den Knaben aus, und tu ihm nichts zuleide! Denn jetzt weiß ich, dass du Gott fürchtest; du hast mir deinen einzigen Sohn nicht vorenthalten. Als Abraham aufschaute, sah er: Ein Widder hatte sich hinter ihm mit seinen Hörnern im Gestrüpp verfangen. Abraham ging hin, nahm den Widder und brachte ihn statt seines Sohnes als Brandopfer dar. Abraham nannte jenen Ort Jahwe-Jire (Der Herr sieht), wie man noch heute sagt: Auf dem Berg lässt sich der Herr sehen.
Der Engel des Herrn rief Abraham zum zweiten Mal vom Himmel her zu und sprach: Ich habe bei mir geschworen – Spruch des Herrn: Weil du das getan hast und deinen einzigen Sohn mir nicht vorenthalten hast, will ich dir Segen schenken in Fülle und deine Nachkommen zahlreich machen wie die Sterne am Himmel und den Sand am Meeresstrand. Deine Nachkommen sollen das Tor ihrer Feinde einnehmen. Segnen sollen sich mit deinen Nachkommen alle Völker der Erde, weil du auf meine Stimme gehört hast.

(Gen. 22,1-18)

Niemand wird diese Erzählung im Original oder in einer der zahlreichen Übersetzungen gelesen haben, ohne erstarrt gewesen zu sein. Viele, die die Geschichte als Kind zum ersten Mal gehört haben und nun ganz genau wissen, dass sie gut ausgehen und dass das grauenvolle Schicksal in letzter Minute abgewendet wird, können sich kaum überwinden, sie noch einmal zu lesen und »den Monstergott des Alten Testaments«, wie er einmal von einer erschauderten Leserin genannt wurde, wirklich ernst zu nehmen. Und selbst die Übersetzung, die mit ihrem stakkatohaften Rhythmus dem hebräischen Original sehr nahe kommt, hinterlässt einen überwältigenden Eindruck.

Haben wir es hier wirklich mit einem Gott zu tun? Wenn ja, was soll man von einem solchen Gott halten? Kann der Schrecken, den Gott Vater und Sohn durchleben lässt, aus der Zeit heraus, in der die Erzählung spielt, erklärt oder entschuldigt werden? Ist der Junge, wie Sara in Ägypten und Lots Frau bei der Zerstörung Sodoms, nur eine weitere Figur in Gottes Schachspiel?

Isaak ist sicherlich eine Schachfigur; der Erzähler führt uns mit ein paar wenigen Federstrichen ein richtiges Kind vor Augen, das berechtigte Fragen stellt. E. A. Speiser bemerkte einmal, der Vater antworte vorsichtig, doch ausweichend und dass der Knabe an dieser Stelle die Wahrheit wohl geahnt haben werde. Der kurze, einfache Satz: »So gingen beide miteinander« überdeckt das prägnanteste und viel sagendste Schweigen der Weltliteratur. Der Erzähler beherrscht sein Metier, es gelingt ihm, den Leser mit sprachlosem Entsetzen dem bevorstehenden Horror entgegensehen zu lassen.

Bibelexegeten mit einem anthropologischen Ansatz haben versucht, diese Geschichte als eine symbolische Entsagung, als Dramatisierung eines verlorenen, prähistorischen Augenblicks zu beschreiben, in dem die Urjuden im Gegensatz zu ihren Nachbarn die Praxis des Menschenopfers aufgaben. Auf diese Weise wurde es in ihre Überlieferung als Erinnerung an das eingeschrieben, was ihnen verboten war. Christen sehen in Abraham so etwas wie einen Gott, der bereit war, seinen einzigen Sohn für unsere Sünden zu opfern. Ich möchte diesen Interpretationen ihre Berechtigung durchaus nicht absprechen, hervorgehoben werden soll jedoch die Tatsache, dass sie uns nur einen Rahmen, Kategorien anbieten, um diese Geschichte einordnen zu können: Sie dienen uns als Erklärungsmuster, durch die wir uns von der im Zentrum stehenden Brutalität distanzieren, sie ermöglichen es uns letztendlich, diese Geschichte zu verdrängen. Doch so einfach dürfen wie es uns nicht machen. Die Erzählung markiert den Höhepunkt der Geschichte Abrahams, seines Erlebnisses auf dem Berg.

Es wäre leicht, Abraham für das zu verachten, was er hier tut. Wir kennen ihn bereits als listigen Kuppler, der ohne weiteres bereit war, seine Frau zum eigenen Vorteil zu opfern. Auch wenn wir die Zeitumstände berücksichtigen, kann nicht alles erklärt werden, genauso wenig wie man Thomas Jefferson, der die Gleichheit aller Menschen verkündete, von aller Schuld freisprechen kann. Doch sollten wir Abraham nicht an uns, sondern an Gilgamesch und Hammurapi messen. Dann hebt sich Abraham wie ein Relief von seiner Zeit ab. Wie sehr wir auch Abrahams Verhalten gegenüber Sara verabscheuen mögen, zweifellos liebt er Isaak. Ausgerechnet in dieser Geschichte kommt das Wort »Liebe« zum ersten Mal in der Bibel vor: »Nimm deinen Sohn, deinen einzigen, den du liebst, Isaak ...« Es ist gerade diese Liebe Abrahams zu seinem Sohn, die diese Erzählung so unerträglich macht.

Der Schlüssel zu dem fürchterlichen Rätsel liegt wohl nicht in Abrahams Beziehung zu Isaak, sondern in seinem Verhältnis zu Gott. Abraham war Sumerer. Anfangs bedeutete »Gott« für Abram kaum mehr als die Statue Lugalbandas für Gilgamesch, nämlich so etwas wie ein Talisman, obwohl es hier keine Statue, keine sichtbare Manifestation gab. Deshalb ist dieses Verhältnis von Beginn an anders als das Verhältnis der übrigen Sumerer zu ihren Hausgötzen. Um dem Verhältnis Dauerhaftigkeit zu verleihen, muss Abraham einen Erziehungsprozess durchlaufen. In einer Reihe von Erscheinungen enthüllt sich »der Gott« Schritt für Schritt als Gott – er ist mehr als nur eine Gottheit, er ist der einzige Gott, auf den es ankommt. Wir können davon ausgehen, dass auch Abraham, wie alle Sumerer, ja, wie alle Menschen vor ihm (und auch fast alle nach ihm), zunächst Polytheist war und an viele große und kleine Götter, übellaunige Naturgewalten und kosmische Mächte glaubte, die zeitweilig durch Riten und Salbaderei besänftigt werden konnten. Es ist äußerst unwahrscheinlich, dass Abraham zu Lebzeiten ein strikter Monotheist wurde, doch dürfen wir wohl annehmen, dass seine Beziehung zu Gott zur Matrix seines Lebens wurde, zu der Erfahrung, die ihn von Grund auf prägte. Abraham verstand Gott – zunächst Stimme, dann Erscheinung, schließlich erhabener Herrscher – zwar nach und nach besser, doch blieb dieses Verstehen aufgrund der Gesellschaft, aus der er stammte, sehr erdgebunden, zumindest an unseren heutigen Maßstäben gemessen. Irgendwie muss Abraham nach all diesen Jahren aufgegangen sein, wer da zu ihm spricht, denn der Gott, der Abraham auf den Berg bestellt, kann nicht mehr länger einfach als »Berggott« gesehen werden. Er ist geradezu das Gegenteil der sumerischen Götter mit ihren ausgesprochen menschlichen Ambitionen. Er ist der Gott jenseits des Berges, sogar jenseits des Himmelsgewölbes, der unbegreifliche Gott, dessen Ziele der menschlichen Einsicht verborgen bleiben und der sich der Beeinflussung des Menschen entzieht.

Und wer sind wir? Wir sind die Unbedeutenden, gänzlich abhängig von diesem Gott. Und wer ist Abraham? Er ist der Unbedeutende, der *einsehen* muss, dass er von diesem Gott völlig abhängig ist, der an diesem Gott wissentlich festhalten muss – einem gebenden und nehmenden Gott jenseits aller Verständlichkeit. Der weise Hiob wird später formulieren: »Der Herr gibt und der Herr nimmt. Gelobt sei der Name des Herrn.«

Gleich zu Beginn dieser erschütternden Geschichte offenbart der Erzähler dem Leser, dem er die Spannung ob des ungewissen Ausgangs nicht zumuten will, dass es sich um eine »Probe« handelt. Wir sollen wissen, dass Isaak nicht geopfert werden wird, obwohl es schwer ist, dies im weiteren Handlungsablauf im Auge zu behalten. Auch wir werden auf die Probe gestellt. Können wir uns einem Gott gegenüber öffnen, der unverständlich ist, der unsere Talismane und Ränkereien weit überragt, der unsere Pläne zunichte macht, ein Gott, der den Menschen barbarische Taten erlaubt und uns alle dem Tode ausliefert? Die anderen Götter sind bloße Erfindungen, erbärmliche Projektionen menschlicher Begierden. Nur dieser Gott ist mein eigenes Leben wert (und deins und das Isaaks), denn es »gibt keinen anderen« Gott. Abraham muss an einen so Ehrfurcht gebietenden Gott glauben, einen Gott, dessen Furcht erregende Gegenwart William Blake, einer der vielen Erben Abrahams, einmal mit folgenden Worten zu beschwören versuchte:

> Tiger! Tiger! Brand, entfacht
> In den Wäldern tiefer Nacht,
> Welch unsterblich Aug' und Hand
> Hat dich in dein Maß gebannt?[4]

Abraham besteht die Probe. Sein Glaube – sein Glaube an Gott – ist stärker als seine Furcht. Doch er weiß, dass er es mit dem Unvorstellbaren, dem jenseits alles zu Erwartenden, zu tun hat. Der Gott, der ihn mit unglaubwürdigen Versprechen in die Wüste gelockt hat, löst diese Versprechen nun ein. Doch bedeutet dies nicht, dass der Mensch wegen dieses Gottes vorauszusagen und zu kontrollieren vermag, was noch nicht geschehen ist. Es ist seine Pflicht, Gott gegenüber so offen zu sein wie gegenüber dem eigenen Kind und beiden zuzurufen: »Hier bin ich!«

»Fürchte dich nicht«, rät Gott Abraham. Fürchte nicht seine Gegenwart in deinem Leben. Doch fürchte, paradoxerweise, seine unerklärliche Allmacht. Gottesfürchtigkeit, wird der Psalmist einmal singen, »ist der Beginn aller Weisheit«. Dieser namenlose Berg im Land des Sehens markiert für Abraham den Anfang der Furcht.

Nach diesen Ereignissen geht Abrahams Geschichte schnell zu Ende. Sara stirbt in Hebron, und Abraham »kam, um die Totenklage über sie zu halten und sie zu beweinen« (Gen. 23,2b). Diese Totenklage könnte als Formalität angesehen werden, wenn man das, was auf sie folgt, außer Acht ließe. Um Sara mit allen ihr zustehenden Ehren begraben zu können, kauft Abraham nach nervenaufreibenden Verhandlungen seine erste Immobilie in Kanaan. Abraham ist entschlossen, Sara in der »Höhle von Machpela« begraben zu lassen. Doch ein »Fremder«, sei er auch ein nomadischer Stammesfürst,

---

4 William Blake: »Der Tiger«, in: ders., *Zwischen Feuer und Feuer*, München 1998, S. 95.

konnte im archaischen Kanaan nicht so ohne weiteres Grundbesitz erwerben. Selbst wenn es ihm gelänge, einen dickköpfigen Bauern dazu zu bringen, ihm einen Teil seines Landes zu verkaufen, wäre dieser Handel ohne die Zustimmung des ortsansässigen Ältestenrats, in diesem Fall der »Söhne der Hetiter«, nicht rechtskräftig. Der Besitzer der Höhle sagt mit geheucheltem Großmut, er denke nicht im Traum daran, Abraham, dem angesehenen »Gottesfürst in unserer Mitte« (Gen. 23,6b), Geld abzuverlangen. Er könne sich die »vornehmste« Grabstätte aussuchen, sogar die Höhle von Machpela, obwohl sie »vierhundert Silberstücke« wert sei. Abraham hört sich dies an und begreift, was ihm hier angeboten wird: entweder eine vorübergehende Grabstätte, die ihn nichts kostet und deren Zukunft nicht gesichert ist, oder eine dauerhafte Grabstätte zu einem Wucherpreis. Während der nun folgenden Verhandlungen mit all ihren unverständlichen Ritualen, gegenseitigen Verbeugungen und Beteuerungen der eigenen Aufrichtigkeit, erhält Abraham sein Angebot von vierhundert Silberstücken aufrecht, bis es von allen akzeptiert wird. Abraham bezahlt diese Summe für die Höhle gern, wohl das Zehnfache ihres eigentlichen Werts, denn er erwirbt ein für alle Mal Anspruch auf die letzte Ruhestätte seiner Frau. Es scheint, dass Abraham jeden Preis für das Grab gezahlt hätte, um, wenn auch etwas verspätet und kläglich, der Matriarchin seine Reverenz zu erweisen.

Nur kurze Zeit später findet Abraham seine letzte Ruhe neben Sara in der Hebroner Höhle, die bis heute sowohl Arabern als auch Juden als heilige Grabstätte des Vorfahren Ismaels und Isaaks sowie all ihrer Nachkommen gilt. Sie ist immer noch ein Zankapfel mit manchmal tragischen Folgen. Noch kurz vor seinem Tod arrangiert Abraham eine Ehe für Isaak, der eine konturlose Figur bleibt, über die wir nicht viel erfahren, was angesichts seines Kindheitstraumas kaum verwunderlich ist.

Die folgenden Abschnitte der *Genesis* machen uns vertraut mit der Geschichte der späteren Patriarchen und Matriarchinnen – besonders Rebekka, Isaaks lebhafte und eigensinnige Gattin, die sich als hervorragende Köchin und als ihrem Schwiegervater ebenbürtige Verschwörerin erweist, spielt eine wichtige Rolle. Sie schenkt Isaak, der sie »[lieb] gewann« und sich so »über den Tod seiner Mutter [tröstete]« (Gen. 24,67b), die Zwillinge Esau und Jakob. Als ihre Söhne herangewachsen sind, verbündet sie sich mit dem verschlagenen Jakob, ihrem Liebling und Zweitgeborenen, um dem braven Esau das Erstgeburtsrecht zu nehmen: Der weichhäutige Jakob verkleidet sich als der haarige Esau und setzt dem erblindeten Isaak seine von Rebekka zubereitete Lieblingsspeise vor. Der verwirrte Isaak gibt Jakob den Segen des Erstgeborenen. Jakob wird zum Nachfolger Abrahams, und die diesem gemachten Versprechen werden auf jenen übertragen. Trotz des Kummers, den diese Wendung Isaak bereitet, stellt sich heraus, dass der Plan Rebekkas dem Plan Gottes entspricht. Immer wieder spricht Gott in entscheidenden Augenblicken zu Jakob, vor allem in der verwirrenden Geschichte, da ein geheimnisvoller Fremder vor Jakobs Lager erscheint, eine ganze Nacht mit ihm ringt, sich am Morgen als Gott selbst zu erkennen gibt, Jakob in Israel umtauft und ihm verspricht, an seinen Nachkommen das Versprechen einzulösen. Jakob gibt Gott einen neuen Namen und nennt ihn aus gutem Grund »den Schrecken Isaaks«.

Jakob/Israel ist nicht der letzte Patriarch, doch er ist der letzte, zu dem Gott unmittelbar spricht, mit dem Gott einen Ringkampf austrägt: »Ich habe Gott von Angesicht zu Angesicht gesehen«, ruft Isaak aus, »und bin doch mit dem Leben davongekommen« (Gen. 32,31b). Gottes Angesicht sehen und weiterleben, das wird für die Kinder Israels sowie alle folgenden Generationen zum unerreichbaren Gipfel der Heiligkeit werden. Die erste Stufe des Versprechens hat sich erfüllt, sowohl Abraham als auch Israel »gehen mit Gott um«. Im Zentrum der religiösen Erfahrung stehen nicht mehr, wie bei den Sumerern und allen anderen archaischen Kulturen, entpersonalisierte Machenschaften und rituelle Vorschriften, sondern steht eine persönliche Beziehung zu Gott. Die neue Religion wurde von drei Generationen nomadischer Männer und Frauen geprägt, die ihr Haupt nicht mehr vor Götzenbildern, Königen oder anderen irdischen Bildnissen beugten. Sie haben nach und nach unter großen Mühen gelernt, diesem unergründlichen und Furcht erregenden Gott aus der Wildnis zu vertrauen – und niemandem sonst.

Doch niemand kann auf Dauer solch eine emotionale Gratwanderung durchhalten. Nachdem sich das Bewusstsein der Israeliten geändert hatte, musste sich das Alltagsleben wieder normalisieren. Niemand »geht« jetzt mit Gott »um«. Jahrhundertelang wird niemand sein Angesicht sehen oder seine Stimme hören.

III

Ägypten

Von der Sklaverei in die Freiheit

Trotz des radikalen Bruchs gibt es eine gewisse Kontinuität zwischen der alten Welt des Rads und Abrahams neuer Welt der Wanderung. Abraham wandelt sich nicht von heute auf morgen zu einem Wüstenmystiker, der mit großen Augen nur noch nach Gott sucht. Er ist auf der Suche danach, was alle Menschen suchen – Genuss und Sicherheit –, doch hofft er auf mehr, auf etwas Neues. Und die einzige Unsterblichkeit, die der vernünftige Abraham erwartet, ist die Frucht seiner Lenden. Das ist erheblich mehr als der allgemeine Fruchtbarkeitskult Sumers, bei dem heilige Prostituierte beiderlei Geschlechts ihre Tempelbereiche unsicher machten und Leichen den Euphrat hinabtrieben, wie es heute noch am Ganges üblich ist. Von nun an werden sich die Nachkommen Abrahams nicht mehr an sakrale Kopulationsriten, sondern an ihren Gott wenden, wollen sie sich ihrer Abstammungslinie und ihres Landes versichern.

Gott initiiert die Begegnungen: Er tritt auf sie zu, nicht sie auf ihn. Er beginnt den Dialog, und er führt ihn zu Ende. Dieser Gott ist von ihnen völlig verschieden, weder ihre Projektion, noch ihr Hausgötze, noch die übliche mythologische Kreatur, deren Absichten man aus Prophezeiungen ablesen oder deren Verhalten man durch Rituale kontrollieren kann. Dieser Gott gibt und nimmt jenseits menschlicher Vernunft oder menschlicher Rechtfertigungen. Gerade weil seine Motive nicht einsichtig und seine Gedanken und Handlungen nicht kalkulierbar sind, ist alles möglich. Viel Neues ist bereits aus dieser Beziehung entstanden, an erster Stelle der Glaube, für den es vor Abraham im religiösen Denken und Fühlen keinen Raum gab. Da alles möglich ist, ist auch Glaube möglich, ja sogar notwendig.

Abgesehen davon, dass Abraham in Mamre einen Altar baute, als er in Kanaan angekommen war, kann man in gewissem Sinne sagen, dass alle sakralen Orte und alle sakralen Symbole über Bord geworfen worden sind. Nun ist alles heilig, aber auch weltlich. Abraham und seine Nachkommen weihen nun weder besondere Statuen, noch folgen sie den Sternen von ihren glitzernden Tempeln aus. Sie hören auf eine Stimme und ziehen weiter. Glaube tritt an die Stelle der

Vorhersehbarkeit der archaischen Welt. Sowohl große Erfolge als auch große Misserfolge, wahres Glück und wahre Tragödien werden möglich – eine richtige Reise, deren Ziel man nicht kennt. Abrahams Geschichte wird zur unwiderrufbaren Historie, sie ist nicht mehr die Dramatisierung eines himmlischen Vorbilds. »Abraham zog weg«, ja, das tat er wirklich. Zyklische Religionen kennen keinen Bestimmungsort, denn sie kennen den Begriff Zukunft nicht, so wie wir ihn heute verstehen; es gibt nur den nächsten Umlauf des Rades.

Da die Zeit sich nicht mehr im Kreis dreht, sondern linear verläuft, gibt es von nun an persönliche Geschichte und gewinnt das Leben eines Individuums an Bedeutung. Dieses neue Wertesystem verstehen die Menschen zunächst nicht ganz, doch schon in den frühesten Berichten von Abraham und seiner Familie finden wir sorgfältig erstellte Stammbäume ganz gewöhnlicher Menschen. Dies wäre den Sumerern nie in den Sinn gekommen, da sie der Lebensgeschichte des einzelnen keine Bedeutung zumaßen. Für sie zählte nur das überpersönliche Weiterleben etwa des Königshauses oder die erfolgreiche Ernte. Das Individuum, das Ungewöhnliche, das Einzigartige, das Bizarre – Menschen oder Ereignisse, die keinem vorgegebenen Muster entsprachen – waren bedeutungslos. Weder Geschichte noch lineare Zeitlichkeit sind jedoch denkbar ohne das Individuum. Und der Gott Abrahams, Isaaks und Jakobs ist keine typisch archaische Gottheit, kein archetypischer Gebärdenmacher mehr. Er ist eine reale Persönlichkeit, die in reale Geschichte eingegriffen, ihren Verlauf geändert und sie ihrer Vorhersehbarkeit beraubt hat.

Und er wird auch weiterhin eingreifen. Diese Eingriffe werden nach und nach enorme Veränderungen in den Herzen und im Denken der Nachkommen Abrahams bewirken, auf die es in den Patriarchenberichten nur vage Hinweise gibt. Um nur ein Beispiel zu nennen: Jakob, von Schuldgefühlen gegenüber seinem Bruder Esau getrieben, ist davon überzeugt, dass sein Bruder ihn umbringen wird, sollten sie sich je wieder sehen, doch er versöhnt sich schließlich mit ihm. Im Augenblick dieses guten Endes spricht Jakob, der Gottes ansichtig geworden war und weiterleben durfte, folgende bedeutungsschwangere Worte: »Denn dafür habe ich dein Angesicht gesehen, wie man das Angesicht Gottes sieht, und du bist mir wohlwollend begegnet« (Gen. 33,10b). Der Erzähler gibt auch hier keinerlei Hinweise, wie diese rätselhafte Äußerung zu verstehen sei. Doch wir wissen, dass in der archaischen Welt jemandem »ins Angesicht sehen« so viel bedeutete wie jemanden zu kennen, seinen Charakter einschätzen zu können und seine Individualität zu begreifen. Da Jakob das Angesicht Gottes geschaut hat und ihm erlaubt war, Gott, wenigstens ansatzweise, kennen zu lernen, kann er auch einen Menschen so sehen, wie er wirklich ist; irgendwie gleicht diese Erfahrung der Erfahrung Gottes. Was dies für die Zukunft bedeuten mag, wird sich noch zeigen, doch die Vorstellung vom Menschen als Schachfigur (Sara, Lots Töchter, Isaak) wird stillschweigend und bedächtig durch ein erhabeneres Menschenbild ersetzt. An dieser Stelle der Erzählung können wir diese Entwicklung höchstens erahnen. Doch bei unserer Wanderung durch die Jahrhunderte gemeinsam mit Abrahams Nachkommen werden wir Zeuge vieler solcher Entwicklungen werden. Wir werden dabei im Grunde zu Zeugen der langsamen Entwicklung unseres eigenen Wertesystems.

Die Patriarchengeschichte endet nicht mit der Geschichte Jakobs/Israels. Israel hat schließlich von zwei Ehefrauen und zwei Konkubinen zwölf Söhne, die zu den Ahnherren der zwölf Stämme Israels ausersehen sind.[1] Seine Lieblingsfrau Rahel gebiert ihm seinen Lieblingssohn Josef, der letzte der Patriarchen. Durch ihn werden Ereignisse in Gang gesetzt, die dazu führen, dass die Israeliten im Gelobten Land nicht sesshaft werden, sondern in anscheinend immer währende ägyptische Sklaverei fallen.

---

1 Die Namen der Urväter der zwölf Stämme (und damit die Namen der zwölf Stämme selbst) werden in der *Genesis* so verzeichnet: Ruben, Simeon, Levi, Juda, Issachar, Sebulon (von Jakobs Frau Lea), Josef, Benjamin, der jüngste Sohn Israels (von Jakobs Frau Rahel), Dan, Naftali (von der Konkubine Bilha), Gad und Ascher (von der Konkubine Silpa). In späteren Auflistungen geht der Stamm Simeon meist in dem Gebiet auf, das vom Stamm Juda kontrolliert wird; der Priesterstamm Levi, der kein Land besaß, wird manchmal ausgelassen, und der Stamm Josef wird aufgeteilt in die Stämme seiner Söhne Efraim und Manasse.

Josefs Brüder, die wegen der Zuneigung ihres Vaters zu ihrem jüngsten Bruder maßlos eifersüchtig sind, ersinnen einen Plan: Josef wird an Sklavenhändler verkauft, die mit ihrer Karawane durch Kanaan ziehen und ihn nach Ägypten verschleppen, wo er dem Hofbeamten Potifar übergeben wird. Als er sich den sexuellen Annäherungsversuchen von Potifars Frau widersetzt, landet Josef im Gefängnis. Bei den Mitgefangenen, unter ihnen der Mundschenk des Pharaos, macht er sich bald einen Namen als Traumdeuter. Als der Mundschenk begnadigt wird und seine vormalige Stellung im Hause des Pharaos wieder einnimmt, empfiehlt er seinem unter unruhigem Schlaf leidenden Herrn Josef als unfehlbaren Traumdeuter. Josefs Deutungen – etwa, dass Ägypten sieben Jahre Überfluss und sieben Jahre Hungersnot bevorstehen – beeindrucken den Pharao derartig, dass er Josef die außergewöhnlich hohe Würde eines Wesirs und quasi Vizepharaos von ganz Ägypten verleiht.

In seinem neuen Amt bereitet Josef das Reich des Pharaos auf die bevorstehende Hungersnot vor. Während der sieben Jahre des Überflusses wird ein Teil des geernteten Getreides gespeichert. Als die Hungersnot das Land heimsucht, genießt Josef beim Pharao und in ganz Ägypten hohes Ansehen. Zu diesem Zeitpunkt treffen Josefs Brüder ein, genötigt von der mittlerweile überall grassierenden Not. Die Josefsgeschichte – eine großartige Kurzgeschichte, besonders für jene Leser, die einmal unter geschwisterlicher Rivalität zu leiden hatten – endet mit einer schönen ironischen Wendung: Josef und seine Brüder versöhnen sich, doch zunächst werden sie erniedrigt und müssen einsehen, dass Josef ihnen in allen Belangen überlegen ist. Vater Jakob lässt sich mit seiner Familie in Ägypten nieder, wo er, von einer Schar Enkelkinder umgeben, glücklich und zufrieden stirbt, nachdem er die in Ägypten geborenen Kinder Josefs besonders gesegnet hat.

Anders als seine Vorfahren, die ersten drei Patriarchen, hört Josef kein einziges Mal die Stimme Gottes. Doch wie bei der Erzählung von den Betrügereien Rebekkas wird uns zu verstehen gegeben, dass alles nach Gottes Willen geschieht. Isaaks seelische Qualen, er könnte dem »falschen« Sohn seinen Segen gegeben haben, waren ein notwendiges Leiden – es stellte Gottes Pläne für Abrahams Geschlecht sicher, die die Menschen sonst wohl vereitelt hätten. Auch die von seinen Brüdern herbeigeführten Leiden und die daraus resultierende Versklavung Josefs waren notwendig – sie gewährleisteten, dass die Kinder Abrahams die Hungersnot überlebten. »Denn um Leben zu erhalten, hat mich Gott vor euch hergeschickt« (Gen. 45,5b). Dieser Gott macht sich die Menschen zunutze, ob sie seinem Willen folgen wollen oder nicht.

Die Bibel verstummt nun, was das Schicksal der folgenden, von Abraham abstammenden Generationen anbelangt. Das zweite Buch, *Exodus*, setzt Jahrhunderte später wieder ein.[2] »Aber die Söhne Israels waren fruchtbar, so dass das Land von ihnen wimmelte. Sie vermehrten sich und wurden überaus stark; sie bevölkerten das Land« (Ex. 1,7). Und dann kam in Ägypten »ein neuer König an die Macht, der Josef nicht gekannt hatte« (Ex. 1,8), der dritte Pharao der biblischen Geschichte.

Der erste Pharao, jener sture Gottkönig, den Abraham an der Nase herumgeführt hatte, war ein Narr. Der zweite, Josefs Pharao, bekommt für einen Pharao recht gute Noten: Immerhin war er schlau genug, Josef Verantwortung zu übertragen. Höchstwahrscheinlich war dieser Pharao ein semitischer Eindringling, einer der Hyksos, die Ägypten vom achtzehnten vorchristlichen Jahrhundert, dem Zeitalter des babylonischen Königs Hammurapi, bis zur Mitte des vierzehnten Jahrhunderts regierten, als das alte ägyptische Königshaus wieder an die Macht kam. Einer dieser auf die Hyksos folgenden Pharaonen war Echnaton, der anordnete, dass in Ägypten nur ein Gott, nämlich Aton (»Sonnenscheibe«), öffentlich angebetet werden durfte, eine Anordnung, die nur kurze Gültigkeit besaß. Denn diese einmalige Reform stieß auf den Widerstand der Priester und Anhänger aller anderen Götter und wurde bald von einem nachfolgenden Pharao, dem mächtigen Tut-Ench-Amun, wieder rückgängig gemacht und vom Volk schnell vergessen. Der Pharao, »der Josef

2 Wie viele Jahrhunderte genau vergangen sind, ist eine offene Frage. Eine ungefähre Chronologie der wichtigsten Ereignisse findet sich im Anhang. Eine kommentierte Inhaltsangabe der hebräischen Bibel, »Die Bücher der hebräischen Bibel«, findet sich ebenfalls im Anhang.

nicht gekannt hatte«, war sehr wahrscheinlich Sethos I., der vierunddreißig Jahre nach Tut-Ench-Amun und mehr als ein halbes Jahrhundert nach Echnaton den ägyptischen Thron bestieg.

Dieser Pharao, der in der Bibel namenlos bleibt, wird in einem Maße von Wahnvorstellungen heimgesucht, die wir heute Paranoia nennen würden: Er befürchtet, dass es inzwischen so viele »Kinder Israels« gebe, dass das Volk der Israeliten »größer und stärker [sei] als wir« – ein klares Zeichen von Paranoia, denn so zahlreich können die Israeliten zu diesem Zeitpunkt kaum gewesen sein. »Wenn ein Krieg ausbricht, könnten sie sich unseren Feinden anschließen, gegen uns kämpfen und sich des Landes bemächtigen« (Ex. 1,9b-10). Doch er sieht einen Ausweg: Die Israeliten sollen dazu gezwungen werden, für den Pharao die Städte Pitom und Ramses als Vorratslager zu bauen.

Da der Pharao die Israeliten immer noch fürchtet, versucht er vergeblich, ihre Hebammen zum Völkermord anzustiften – der erste, doch nicht der letzte Versuch eines Genozids, den die Kinder Israels über sich haben ergehen lassen müssen. Er lässt zwei Frauen, »hebräische Hebammen« (Ex. 1,15), zu sich rufen. Im Gegensatz zu dem namenlosen Pharao, dem Gottkönig von ganz Ägypten, lässt der Erzähler uns die Namen dieser sozial unterprivilegierten Frauen wissen: Schifra und Pua. Ihre Namen scheinen einer anderen Zeit anzugehören, und wir können uns gut vorstellen, wie die beiden vor dem tobenden Pharao stehen und ihm zuhören müssen: die eine jung und schön, mit einem jungen und schönen Namen; die andere alt und einfach, mit einem alten und einfachen Namen:

> Wenn ihr den Hebräerinnen Geburtshilfe leistet, dann achtet auf das Geschlecht! Ist es ein Knabe, so lasst ihn sterben! Ist es ein Mädchen, dann kann es am Leben bleiben!
>
> (Ex. 1,16)

Es ist behauptet worden, dass diese Szene keinesfalls historisch sei: Wolle man ein Volk vernichten, müsse man die Frauen, die Gebärmaschinen, töten, nicht die Männer. Was der Pharao hier verlangt, ist auf zweierlei Weise irrational: Er ist im Begriff, sich seiner eigenen Arbeitskräfte zu berauben, und geht dabei wenig effektiv vor. Außerdem hätten zwei Hebammen das Vorhaben wohl kaum ausführen können, wären die Israeliten wirklich so zahlreich gewesen.

Und was ist von den »zwei Steinen« zu halten?[3] Es könnte sich dabei, wie einige Bibelkommentatoren meinen, um so etwas wie mittelalterliche Geburtsschemel gehandelt haben, doch warum gibt es dann mehr als einen? Die Bibel bezieht sich oft euphemistisch auf (besonders männliche) Sexualorgane. Mir scheint die Bedeutung dieser Stelle klar: Wenn die Hebamme sieht, dass das neugeborene Kind Hoden hat, soll sie es ersticken.

Und warum sollten wir uns den Pharao als einen rationalen Menschen vorstellen? Wir wissen bereits, dass er irrational ist, denn er glaubt, dass die Kinder Israels »größer und stärker« seien als die Ägypter. Vielleicht steht der Pharao allein mit seiner Meinung, dass es von Israeliten nur so »wimmelt«, als ob es sich um Insektenschwärme handelt. Haben wir es hier mit einem schwachen, von Wahnvorstellungen verfolgten Gottkönig zu tun, der sich vor der Stärke der Israeliten fürchtet, so wie entnervte Plantagenbesitzer in den Südstaaten der USA die Stärke ihrer schwarzen Sklaven fürchteten, besonders derjenigen, die »zwei Steine« besaßen? Sollte der Anschlag der Nazis auf die Kinder Israels rationaler sein als dieser weniger effektive Versuch, sie zu vernichten? Ich bin davon überzeugt, dass wir es hier mit einem verunsicherten ägyptischen Verrückten zu tun haben, einem allmächtigen Gottkönig, der Angst davor hat, dass jemand mächtiger werden könnte als er.

»Die Hebammen aber«, fährt der Erzähler fort, »fürchteten Gott und taten nicht, was ihnen der König von Ägypten gesagt hatte, sondern ließen die Kinder am Leben.« (Ex. 1,17) Welch schöne, einfache Worte. Weil sie die tatsächliche Macht fürchteten, waren sie nicht versucht, der leeren Macht Folge zu leisten, und taten das Richtige. Es ist nicht ganz klar, ob diese »hebräischen Hebammen« zum auserwählten Volk gehörten. Vielleicht waren sie Heiden, die den wahren Gott in ihrem Herzen trugen, vielleicht waren sie wie

3 Die zuletzt zitierte Bibelstelle spricht im Original davon, dass die beiden Hebammen auf »zwei Steine« achten sollen, was in der deutschen Übersetzung einfach als »Geschlecht« wiedergegeben wird. (A.d.Ü.)

Hagar Ägypterinnen, die die Wahrheit erkannt hatten. Jedenfalls weisen sie sich durch ihre feine moralische Urteilskraft (sie »ließen die Kinder am Leben«) als Menschen von Format aus, als wirkliche Individuen, die zu Recht, und im Gegensatz zum Gottkönig, einen Namen haben. Auch sollte nicht außer Acht gelassen werden, dass sie *Frauen* waren, die durch ihren scharfsichtigen Einblick in die tiefe Wahrheit der Dinge einen großen Schritt nach vorne gingen, wenn wir sie mit der Schachfigur Sara oder mit Abraham vergleichen, der gewillt war, seine Frau zu opfern, um seinen Hals aus der Schlinge zu ziehen.

Die folgende Wendung der Handlung ist noch befriedigender: Als der Pharao erfährt, dass die Hebammen ihm nicht Folge geleistet haben, ruft er sie wieder zu sich und fragt gereizt:

> Warum tut ihr das und lasst die Kinder am Leben? Die Hebammen antworteten dem Pharao: Bei den hebräischen Frauen ist es nicht wie bei den Ägypterinnen, sondern wie bei den Tieren: Wenn die Hebamme zu ihnen kommt, haben sie schon geboren.
>
> (Ex. 1,18b-19)

Wieder fühlen wir uns an eine amerikanische Südstaatenplantage erinnert, auf der wohlerzogene »Damen« Arzneimittelchen und ärztlichen Beistand benötigen, um an einem heißen Tag nicht in Ohnmacht zu fallen, während die weiblichen Sklaven so voller Vitalität sind, dass sie ihren Nachwuchs wie das Stallvieh ohne viel Aufwand einfach auswerfen: So untergraben die Unterdrückten mit scheinbarer Arglosigkeit die Macht ihrer Herren.

Der erzürnte Gottkönig reagiert noch irrationaler und befiehlt, alle neugeborenen hebräischen Knaben sollten in den Nil geworfen werden. Darauf begegnet uns eine hebräische Mutter, eine Frau, die schwanger wurde und einen Sohn gebar:

> Weil sie sah, dass es ein schönes Kind war, verbarg sie es drei Monate lang. Als sie es nicht mehr verborgen halten konnte, nahm sie ein Binsenkästchen, dichtete es mit Pech und Teer ab, legte den Knaben hinein und setzte ihn am Nilufer im Schilf

aus. Seine Schwester blieb in der Nähe stehen, um zu sehen, was mit ihm geschehen würde.

(Ex. 2,2-4)

Diese reizende und sorgfältig durchkomponierte Passage – nur selten gestattet es sich der Erzähler, bei so nebensächlichen Details wie Pech und Teer zu verweilen – führt uns eine liebende Mutter und eine liebende Schwester vor Augen, die außerdem über jenen charakteristischen Einfallsreichtum verfügen, den wir mittlerweile von den Kindern Israels erwarten. Der weitere Verlauf dieser Geschichte ist allgemein bekannt, so dass ich mich hier auf eine kurze Zusammenfassung beschränken kann: Die Tochter des Pharaos, eine der vielen »sehenden« biblischen Figuren, erspäht beim Baden im Nil das Binsenkästchen im Schilf, findet das Kind und erbarmt sich seiner, obwohl sie genau weiß, dass es sich um ein »Hebräerkind« handelt. Da taucht die Schwester des Säuglings auf und bietet der Prinzessin an, unter »den Hebräerinnen« eine Amme zu finden. Diese Amme ist die Mutter des Kindes. So wird der Knabe durch eine wortlose Verschwörung von Frauen, die sich für das Leben entschieden haben, vor dem sicheren Tod gerettet und kann als ägyptischer Prinz, der insgeheim eine jüdische Mutter[4] hat, aufwachsen. Er wird zum Mann, der einerseits die Welt der Macht und der Beziehungen kennt, der andererseits an der Mutterbrust Güte und Liebe empfangen hat – das Beste aus beiden Welten. Die Prinzessin gibt ihm den Namen Mose, »der, der aus dem Wasser gezogen wurde«.

Mehr erfahren wir nicht über die Kindheit Moses. Im nächsten Abschnitt begegnen wir ihm bereits als Erwachsenem, der sich genauso verhält, wie wir es von ihm erwarten: »Eines Tages ging er zu seinen Brüdern hinaus und schaute ihnen bei der Fronarbeit zu« (Ex. 2,11b). Der liebevoll erzogene ägyptische Prinz identifiziert sich mit den Unterdrückten. Als er sieht, dass ein Ägypter einen seiner Stammes-

---

4 Ich gebrauche den Begriff »jüdisch« hier bewusst anachronistisch. Angehörige des Volkes, das später zu den »Juden« werden sollte, waren zu dieser Zeit als Hebräer oder (vielleicht) als »Hapiru« bekannt, was so viel wie die »Staubigen« aus den Bergen oder aus der Wüste bedeutet. Sie selber sahen sich als die »Kinder Israels«.

brüder mehrfach schlägt, tötet er ihn und begräbt ihn im Sand. Am nächsten Tag, da er versucht, einen Streit zwischen zwei Hebräern zu schlichten – eine Szene, die auf Moses spätere Qualen vorausweist, nämlich den verbissenen Widerstand, mit dem ihm sein eigenes widerspenstiges Volk entgegentritt –, antwortet ihm der Schuldige höhnisch:

> Wer hat dich zum Aufseher und Schiedsrichter über uns bestellt? Meinst du, du könntest mich umbringen, wie du den Ägypter umgebracht hast?
>
> (Ex. 2,14b)

»Die Sache ist also bekannt geworden« (Ex. 2,14b), und kurz darauf dringen die Gerüchte auch bis zum Pharao, der Mose für sein Vergehen bestrafen will. Ihm bleibt nur die Flucht.

Mose flüchtet in das Land Midian, wo er bei einem gewissen Jitro Unterschlupf und eine Beschäftigung als Hirte findet sowie dessen Tochter Zippora heiratet. Seinem erstgeborenen Sohn gibt Mose den passenden Namen Gerschom (»Ödgast«), denn, so sagt er, »Gast bin ich in einem fremden Land« (Ex. 2,22b). Und diesem Fremden steht in diesem fremden Land ein höchst merkwürdiges Erlebnis bevor.

Eines Tages, als Mose Jitros Herde weidet, führt er die Schafe »über die Steppe hinaus und kam zum Gottesberg Horeb« (Ex. 3,1b), ein anderer Name für den Berg Sinai. Die Bezeichnung »Gottesberg« weist den Leser bereits darauf hin, dass hier etwas Außerordentliches geschehen wird, doch nichts lässt darauf schließen, dass Mose etwas anderes als einen anstrengenden Tag mit der Schafherde erwartet. Mose sieht aus den Augenwinkeln eine »Flamme, die aus einem Dornbusch emporschlug« (Ex. 3,2). Er betrachtet diesen ungewöhnlichen Vorgang näher, zumal in der Wüste jede Bewegung Aufsehen erregt, und bemerkt, dass »der Dornbusch [brannte] und doch nicht [verbrannte]« (Ex. 3,2b). Obwohl die nomadischen Hirten in der Wüstenhitze jede unnötige Anstrengung tunlichst vermeiden, will Mose »dorthin gehen und [sich] die außergewöhnliche Erscheinung ansehen. Warum verbrennt denn der Dornbusch nicht?« (Ex. 3,3)

Als Mose sich dem Dornbusch nähert, ruft Gott zweimal »aus dem Dornbusch« (Ex. 3,4) seinen Namen, genauso wie er einst zweimal Abrahams Namen auf dem Jahwe-Jire-Berg gerufen hatte:

> Mose! Mose! Er antwortete: Hier bin ich. (Ex. 3,4b)

Dies ist die gleiche Antwort, wie sie Abraham gegeben hatte.

> Der Herr sagte: Komm nicht näher heran! Leg deine Schuhe ab [wie es Araber heute noch tun, wenn sie sich auf geheiligtem Boden die Schuhe ausziehen]; denn der Ort, wo du stehst, ist heiliger Boden. Dann fuhr er fort: Ich bin der Gott deines Vaters, der Gott Abrahams, der Gott Isaaks und der Gott Jakobs.
>
> (Ex. 3,5-6)

Auf dieses unerwartete Zeichen der Kontinuität nach jahrhundertelangem Schweigen reagiert der ägyptische Prinz, der auf ein solches Ereignis nun gar nicht vorbereitet war, mit Entsetzen, was wir von den Patriarchen überhaupt nicht kennen:

> Da verhüllte Mose sein Gesicht; denn er fürchtete sich, Gott anzuschauen.
>
> (Ex. 3,6b)

Doch dann offenbart Gott, dass er in der Vergangenheit keinesweges abwesend gewesen ist:

> Der Herr sprach: Ich habe das Elend meines Volkes in Ägypten gesehen, und ihre laute Klage über ihre Antreiber habe ich gehört. Ich kenne ihr Leid. Ich bin herabgestiegen, um sie der Hand der Ägypter zu entreißen und aus jenem Land hinaufzuführen in ein schönes, weites Land, in ein Land, in dem Milch und Honig fließen ... Und jetzt geh! Ich sende dich zum Pharao. Führe mein Volk, die Israeliten, aus Ägypten heraus!
>
> (Ex. 3,7-8 und 10)

Mose liegt, der durch den brennenden Dornbusch noch intensiveren Wüstenhitze ausgeliefert, am Boden und hört eine Stimme, die seit den Zeiten Jakobs niemand mehr gehört hat, eine Stimme, die ihn auf ein Himmelfahrtskommando zu genau denjenigen zurückschickt, vor denen er sich verbirgt. Wie Abraham zweifelt er nicht an dem, was er vor sich sieht, nicht daran, dass ihm dies alles wirklich zustößt. Er bezweifelt jedoch, ob Gott die Situation wohl realistisch beurteilt: »Wer bin ich, dass ich zum Pharao gehen und die Israeliten aus Ägypten herausführen könnte?« (Ex. 3,11b) Gott ignoriert die Selbsteinschätzung Moses völlig, denn diese Mission hängt nicht von den Fähigkeiten Moses, sondern von denjenigen Gottes ab:

> Gott aber sagte: Ich bin mit dir; ich habe dich gesandt, und als Zeichen dafür soll ich dir dienen: Wenn du das Volk aus Ägypten herausgeführt hast, werdet ihr Gott an diesem Berg verehren.
>
> (Ex. 3,12)

Mose äußert daraufhin eine ganze Reihe Einwände in der eitlen Hoffnung, Gott umstimmen zu können. Er malt sich aus, dass er vor die Kinder Israels tritt und ihnen die Botschaft bringt, »[d]er Gott eurer Väter [hat] mich zu euch gesandt«, worauf diese ihn mit berechtigter Skepsis fragen würden: »Wie heißt er?« (Ex. 3,13b) Mose, das glattrasierte Mündel des Pharaos, der wie ein Ägypter auftritt, würde in den Augen der staubigen Sklaven wohl kaum ein glaubwürdiger Bote Gottes sein. Sie würden ihn ausfragen und irgendwann sein Spiel durchschauen.

Die Antwort Gottes ist das wohl größte Mysterium der Bibel. Er nennt Mose seinen Namen:

> »JHWH«

Was bedeutet dieser Name? Das Althebräische kannte keine Vokale. Als man im Spätmittelalter den Konsonanten Zeichen für die Vokale hinzufügte, war der Name Gottes inzwischen so heilig, dass er niemals ausgesprochen wurde. Selbst in biblischen Zeiten, etwa in der

Epoche des Zweiten Tempels, durften nur die Hohepriester den Namen Gottes aussprechen, und das auch nur einmal im Jahr während des Jom Kippur. Nachdem der Tempel im Jahre 70 v. Chr. zerstört worden war, durfte kein Jude mehr Gott beim Namen nennen. Bis heute vermeiden die Strenggläubigen dieses Wort im Text der Bibel und sagen »Adonai« (»Herr«), wenn sie das Wort JHWH lesen. Viele orthodoxe Juden gehen noch einen Schritt weiter und weigern sich, selbst das Wort »Adonai« auszusprechen, und sagen stattdessen »ha-Shem« (»der Name«). Wir wissen heute nicht mehr genau, wie das von dieser Konsonantengruppe repräsentierte Wort auszusprechen ist. Daher können wir auch nicht mehr viel über seine Bedeutung sagen, denn im Hebräischen hängt die genaue Bedeutung eines Wortes, besonders bei Verben, von der Aussprache der Vokale ab, und JHWH ist mit Sicherheit ein von einem Verb abgeleiteter Begriff.

Wir können also beruhigt davon ausgehen, dass Gott ein Verb und kein Substantiv oder Adjektiv ist. Seine Selbstbeschreibung ist somit nicht passivisch, sondern aktivisch, was zu dem Gott der Wanderungen passt. JHWH ist eine archaische Form des Verbs »sein«, und unter Zuhilfenahme der vielen Kommentare zu diesem Thema lassen sich drei Bedeutungen unterscheiden, die sich nicht ausschließen müssen. Erstens: JHWH könnte »Ich bin der, der ist« bedeuten. So heißt es in der Septuaginta, der altgriechischen Übersetzung der hebräischen Bibel, der wegen ihres Alters und ihrer Verbindung zur antiken Welt große Autorität zugemessen werden muss. Noch im 13. Jahrhundert stützte sich Thomas von Aquin auf diese Übersetzung, als er sein theologisches Prinzip formulierte, Gott sei das einzige Wesen, dessen Essenz auch seine Existenz sei, und alle anderen Wesen seien von Gott, dem Sein selbst, abhängig. Diese Vorstellung könnte genauer mit folgender Übersetzung wiedergegeben werden: »Ich bin der, der das Sein der Dinge bewirkt«, also »Ich bin der Schöpfer«. Zweitens: »Ich bin der, der ich bin«, mit anderen Worten: »Es geht dich nichts an, wer ich bin«, oder »Du hast über mich keine Kontrolle, indem du meinen Namen (und damit meine Essenz) aussprichst, wie es bei deinen Hausgötzen der Fall war«. Drittens: »Ich werde bei dir sein«. Diese von Martin Buber und Franz Rosenzweig vorgeschlagene Übersetzung betont Gottes dauernde Gegenwärtigkeit in seiner Schöpfung, sein Bei-uns-Sein.

Wie sollte der Name ausgesprochen werden, wenn wir ihn lesen? Natürlich kann man JHWH durch »Herr« ersetzen. Andere werden kühn versuchen, das Wort auszusprechen, Englischsprechende als »Yahweh«, Deutsche und Franzosen als »Jahwe«, oder sogar als »Jehovah« (eine gänzlich falsche Aussprache, die sich oft in protestantischen Hymnen findet und auf einem unzureichenden Verständnis der Konventionen mittelalterlicher Manuskripte beruht). Wenn ich versuche, die Konsonanten ohne Zuhilfenahme von Vokalen auszusprechen, dann wird dies zu einem deutlichen Ein- und wieder Ausatmen, bei dem Gott selbst zum Odem des Lebens wird. Dieser Gott der Väter, der sich jetzt als JHWH in dem brennenden und doch nicht verbrennenden Dornbusch offenbart hat, ist Ehrfurcht einflößender als in all seinen früheren Manifestationen – nicht nur wegen des Feuers, sondern mehr noch wegen des Symbolwertes dieser Erscheinung, die anzeigt, dass dieser Gott, so gefahrvoll, härtend und reinigend wie Feuer, in uns brennen kann, ohne uns zu vernichten.

Gott erklärt Mose, wie der Pharao reagieren wird: Er werde die Israeliten »nicht ziehen« lassen, es sei denn, dass Gott Ägypten »niederschlage mit all [seinen] Wundern« (Ex. 3,20). Nachdem er Mose einige Wunderzeichen gelehrt hat, mit denen dieser die Menge begeistern und von sich überzeugen können wird, bringt Mose sein stärkstes Gegenargument vor:

> Aber bitte, Herr, ich bin keiner, der gut reden kann ... Mein Mund und meine Zunge sind nämlich schwerfällig. Der Herr entgegnete ihm: Wer hat dem Menschen den Mund gegeben ...? Geh also! Ich bin mit deinem Mund und weise dich an, was du reden sollst.
>
> (Ex. 4,10b-12)

Mose zögert immer noch, und »[da] entbrannte der Zorn des Herrn« (Ex. 4,14), was nicht zum letzten Mal geschehen sollte. Schließlich bietet Gott dem maulfaulen Hirten-Prinzen seinen Bruder Aaron als Sprachrohr an: »Er wird für dich der Mund sein, und du wirst für ihn Gott sein« (Ex. 4,16b). In der jahrhundertelangen Abfolge der Abgesandten Gottes wird die auf Abraham zurückgehende Verhaltensweise fortgeführt: Zunächst wehren sie sich heftig, doch nach langem Hin und Her machen sie sich auf den Weg. Sie bleiben Gläubige – Menschen voller Glauben.

Doch Mose ist immer noch der ungeschliffene ägyptische Prinz, noch kein in den Bund aufgenommener Sohn Israels. Deshalb »trat der Herr« auf der Wanderung zurück nach Ägypten »dem Mose entgegen und wollte ihn töten« (Ex. 4,24b). Zippora, wie so viele biblische Frauen praktisch veranlagt, ahnt sofort, dass etwas nicht in Ordnung ist: »Zippora ergriff einen Feuerstein und schnitt ihrem Sohn [Gershom] die Vorhaut ab« (Ex. 4,25). Damit berührt sie Moses »Beine«, wie wir dieses Wort übersetzen würden. Doch sei noch einmal darauf hingewiesen, dass die althebräische Literatur sehr zurückhaltend ist, wenn es um die Benennung besonders der männlichen Geschlechtsorgane geht. Zippora berührt also Moses Penis mit der Vorhaut ihres Sohnes und ruft: »Blutbräutigam« (Ex. 4,26b).

Das muss eine merkwürdige Szene gewesen sein: Der kleine »Ödgast« Gerschom heult stark blutend in einer Ecke; Blut läuft an den Unterarmen Zipporas hinunter, die es auf Moses Vorhaut schmiert; darauf folgt Zipporas unkontrollierter Triumphschrei; und schließlich zeigt sich Gott besänftigt. An dieser Geschichte lässt sich wieder einmal ablesen, dass es sich bei einem Blutsbund selbst für jemanden, der die Sitten und Gebräuche einer ihm fremden Gesellschaft angenommen hat, um eine äußerst ernst zu nehmende Sache handelt. Und in diesem archaischen religiösen Milieu, das auf alte Vorstellungen von Übereinstimmungen und von der Macht des Blutes zurückgeht, kann die Tatsache, dass die eigene Vorhaut mit dem Blut der Vorhaut des Sohnes eingerieben wird, nur als eine Beschneidung verstanden werden.

Dieser Gott ist bestimmt kein Anhänger irgendeines »Zwölf-Punkte-Programms«. Er ist alles anderes als »verständnisvoll« und »alle mit einbeziehend«, um es im Jargon unserer Zeit auszudrücken; auch verhätschelt er ganz sicher niemanden. Vielleicht haben wir es mit einem Gott zu tun, der nicht in unsere Zeit, sondern in eine robustere Epoche gehört, wie etwa das jakobinische Zeitalter, in dem die Dinge nicht so beschönigt wurden. »Zerschlage mein Herz«, betet John Donne zu diesem fremdartigen Gott in seinem Geistlichen Sonett »Gebet um Überwältigung durch Liebe« und fährt dann fort:

Damit ich aufsteh, wirf mich nieder, spann
Den Arm: spreng, brenn, zerschlag und mach mich neu!

... Nimm mich, schlag mich in deinen Bann, denn ich

Werd niemals frei, außer in Knechtsgestalt,
Noch jemals keusch, tust du mir nicht Gewalt.[5]

Nach diesem blutigen Zwischenspiel gelingt es dem nun selbstbewussteren Mose gemeinsam mit seinem Wortführer Aaron, das Vertrauen »alle[r] Ältesten der Israeliten« (Ex. 4,29b) zu gewinnen. Dann erst wird er bei dem gefürchteten Pharao vorstellig, mittlerweile einem neuen Pharao, vermutlich Sethos' Sohn Ramses II. Denn die Bibel lässt uns wissen, dass der Pharao, der die Israeliten versklavt hatte, schon gestorben war, als Mose den brennenden Dornbusch gesehen hat.

> Der Pharao erwiderte: Wer ist Jahwe, dass ich auf ihn hören und Israel ziehen lassen sollte? Ich kenne Jahwe nicht und denke auch nicht daran, Israel ziehen zu lassen.
>
> (Ex. 5,2b)

Dies sind die ersten Worte, die der neue Gottkönig im *Buch Exodus* spricht. Die Frage nach Jahwe offenbart wie das musikalische Leitmotiv in einer Oper die wichtigsten Charakterzüge dieses Pharaos. Mit dieser Frage gestattet uns der Pharao einen Einblick in seine Seele. Doch zieht sich diese Frage nicht nur leitmotivisch durch das *Buch Exodus*. Sie markiert die zentrale Frage, um die viele der Bücher der Bibliothek kreisen, die wir die Bibel nennen.

Wer ist JHWH? Was auch immer wir uns unter diesem Namen vorstellen, der Name Gottes bedeutet letztendlich höchste Gewalt, »der, von dem es kein Entkommen gibt«. Diese Vorstellung muss schon in die ältesten Berichte über die Einmischung des israelitischen Gottes in die Angelegenheiten der Menschen eingegangen sein. Die Israeliten haben sich nach und nach – zu verschiedenen Zeiten auf unter-

---

5 John Donne: *Alchimie der Liebe. Gedichte.* Ausgewählt und übertragen von Werner von Koppenfels, Berlin 1986.

schiedliche Art und Weise – an diese Vorstellung gewöhnt. Schon für die ersten Zuhörer dieser Geschichte wird die Frage des Pharaos einen ironischen, wenn nicht sogar einen ausgesprochen komischen Klang gehabt haben, und die Ironie mag noch dadurch verstärkt worden sein, dass sie der arroganten Nervensäge, dem Pharao, verborgen blieb. Wer ist JHWH? Der Pharao wird es bald erfahren. Ihm wird kurze Zeit später eine Lektion erteilt, von der er jetzt noch nichts ahnt. Für die ersten Zuhörer dieser Geschichte dürfte die Frage »Wer ist JHWH?« ein Vorbote seines bevorstehenden Untergangs gewesen sein, so wie die berühmten fünf Noten in Bizets *Carmen* den gewaltsamen Tod der Titelheldin ankündigen.

Die Geschichte von den zehn Plagen, die die Ägypter ereilen, weil der Pharao sich dickköpfig weigert, JHWHs Gebot zu akzeptieren und die Israeliten aus seinem Reich ziehen zu lassen, ist allgemein bekannt und braucht hier nicht im Einzelnen nacherzählt zu werden. Jedes Mal, wenn Mose und sein Bruder Aaron vor den Pharao treten und ihm JHWHs Forderung überbringen, weigert dieser sich nachzugeben. Obwohl er nach einiger Zeit kleine, doch unannehmbare Zugeständnisse macht, wird Ägypten von einer Plage nach der anderen heimgesucht: der Nil füllt sich mit Blut; Froschschwärme sterben und liegen »in riesigen Haufen« umher, so dass »das ganze Land« stinkt; Stechmücken, »die sich auf Vieh und Menschen« setzen; Ungeziefer; eine Seuche, die alle Haustiere tötet; Geschwüre; Hagel; Heuschrecken; »eine Finsternis über Ägypten«; und schließlich die letzte Plage, die den Widerstandswillen des Pharaos endlich bricht, der Tod aller Erstgeborenen in Ägypten vom »Erstgeborenen des Pharaos« über die Erstgeborenen jeder ägyptischen Familie bis zu den »Erstlingen unter dem Vieh« (vgl. Ex. 7-11).

Warum ist der Pharao so widerspenstig? Gott hatte es vorausgesagt, »[d]enn von starker Hand gezwungen, wird er sie ziehen lassen« (Ex. 6,1b), und sogar die Verantwortung für das Verhalten des Pharaos übernommen: »Ich will sein Herz verhärten, so dass er das Volk nicht ziehen lässt« (Ex. 4,21b). Müssen wir deshalb davon ausgehen, dass der Pharao eine weitere Schachfigur ohne eigenen Willen ist? Ich glaube eher, der Pharao verhält sich so, wie man es von einem mächtigen, sich auf eine göttliche Macht berufenden Monarchen erwarten darf.

In Altägypten war der Pharao ein Gott auf Erden, die sichtbare Manifestation von Ra, der höchsten ägyptischen Gottheit. *Ra'a* bedeutet im Hebräischen »böse«, und wenn der Pharao wirklich Ramses II. war, dann bedeutete für die Israeliten sein Name – eine Zusammensetzung aus *ra* und *mose* – »der, der Böses bringt«, also der böse Gegenspieler Moses. Im Sprachgebrauch der antiken Welt wird die Formulierung »die Hand des Gottes X« sehr häufig gebraucht, um eine Seuche zu beschreiben. Deshalb können wir die Formulierung »die Hand JHWHs«, die sich mehrfach in der Erzählung von den ägyptischen Plagen findet, als Verweis auf diesen idiomatischen Gebrauch verstehen. Wenn Seuchen in der ägyptischen Gesellschaft tatsächlich als von Gott gesandt galten, dann handelt es sich hier um das Tauziehen zweier Gottheiten, Ra und JHWH, das die beiden von ihnen auserwählten Stellvertreter, der Pharao und Mose, auf der Erde austragen. So verstanden kommt der Prophezeiung Gottes, »du [Mose] wirst für [den Pharao] Gott sein« (Ex. 4,16b), eine noch tiefere Bedeutung zu, als zunächst angenommen werden konnte.

Der Pharao jedenfalls, der unter anderem den Beinamen »Sohn Ras« und »Guter Gott« trug, verstand sich als die Verkörperung des Sonnengottes. Weil er sein gesamtes Weltbild gefährdet sah, ist seine Hartnäckigkeit nur zu verständlich. Wenn er diesem Emporkömmling JHWHs nachgäbe, würde dies unvorstellbare, fürchterliche Konsequenzen haben; er würde die Kontrolle über die Ordnung der Dinge aufgeben. Als Sohn Ras ist der Pharao für die Funktionstüchtigkeit des Nils und die Fruchtbarkeit des Landes verantwortlich. In der antiken Welt fürchtete man sich vor jeder Unordnung, besonders in der Natur, vor allem auch vor Unfruchtbarkeit. Damals hatte man viel größere Angst als wir heute, da wir durch die moderne Technologie vor solchem Chaos viel besser geschützt sind. Wenn Gott zu Mose sagt, er werde den Pharao »verhärten«, bezieht er sich dabei auf die natürliche Ordnung: So ist es, und es kann nicht anders sein. Gott kennt wie kein zweiter die Natur der Dinge (und des einzelnen Menschen), denn er hat sie erschaffen, was er immer wieder betont, wenn er seinen Geschöpfen begegnet.

> Wer hat dem Menschen den Mund gegeben, und wer macht taub oder stumm, sehend oder blind? Doch wohl ich, der Herr!
>
> (Ex. 4,11)

Gott kennt den Pharao und sieht seine Widerspenstigkeit voraus.

Doch es geht in dieser Geschichte um ein tieferes menschliches und theologisches Problem als nur um die Hartnäckigkeit des Pharaos. Der Schöpfergott besitzt die letzte Gewalt über das von ihm Geschaffene; den Menschen ist irdische Macht bloß stellvertretend gegeben und nur insoweit sie ihre Handlungen dem Willen Gottes unterstellen. Der Pharao muss scheitern, weil er sich dem widersetzt. Sein Gott ist gegenüber JHWH machtlos; er ist ein Nichts, er tritt in der Erzählung kein einziges Mal selbst auf: Was von seiner Gegenwart noch vorhanden ist, ist wie ein kaum wahrnehmbarer Geruch, den man nur durch das Studium linguistischer Wurzeln noch aufspüren kann.

Die Komik dieser Geschichte liegt in ironischen Gegenüberstellungen: Der vermeintlich allmächtige Pharao versteht gar nichts. Man könnte diese Erzählung dahingehend verstehen, dass Macht, also der Versuch, sich den Machtbereich Gottes anzueignen, verblödet und den Blick auf die Situation, in der man sich befindet, verstellt: absolute Macht verblödet absolut. Das aus einfachen, halbnomadischen Hirten bestehende Publikum, dem diese Geschichte zuerst erzählt wurde, wusste genau, dass es weiser als der Pharao war: es hätte, im Gegensatz zu dem mal von Fröschen besprungenen, mal von Stechmücken verfolgten großen Ramses, keine *zehn* Plagen gebraucht, um seinen Irrtum einzusehen! Und dieses Publikum hätte auch das Paradox zu würdigen gewusst, dass es mächtiger als der Pharao war, weil Gott auf der Seite des kleinen Mannes steht, auf der Seite derjenigen, die auf der Welt machtlos sind. Dieses Wissen wird im Verlauf der Geschichte Israels immer wieder zur Sprache kommen.

Die Geschichte von den ägyptischen Plagen bezieht ihre satirische Wirkung, den spöttischen Subtext des *Exodus,* aus dem Anspruch des Pharaos auf einen Machtbereich, der ihm nicht zusteht; diese Anmaßung motiviert den Handlungsverlauf. Die Lektion ist so geschickt in das dramatische Geschehen eingewebt – zehn unterschiedliche Plagen, jede einzelne hätte die meisten Normalsterblichen zum Aufgeben bewegt –, dass sie sich wie ein Brandzeichen in die Erinnerung eingräbt: jeder Mensch, der sich die Rolle Gottes anmaßt, muss jämmerlich scheitern.

Die Konsequenzen aus dieser Lektion waren für die damalige Zeit weitreichend, denn es gab kein politisches Gefüge, das sich nicht darauf berief, von einem Gott begründet worden zu sein. Mit einem Rundumschlag entzieht diese subversive Erzählung allen politischen Strukturen, die sich auf einen Gott als Gründungsvater berufen, die Legitimation. Sie spricht im Grunde allen politischen Strukturen der Antike die Legitimation ab. Und der Pharao, der JHWH nicht zu kennen vorgab, kennt ihn nur allzu gut: »[G]roßes Wehgeschrei erhob sich bei den Ägyptern; denn es gab kein Haus, in dem nicht ein Toter war« (Ex. 12,30b).

Wie Abraham verlassen die Kinder Israels Ägypten mit mehr Hab und Gut, als sie mitgebracht hatten. Sie nehmen, ihnen von den Ägyptern aufgedrängt, damit sie das Land verlassen, »Geräte aus Silber und Gold und auch Gewänder« (Ex. 12,35b) mit. »Auf diese Weise«, fasst der Erzähler kurz und bündig zusammen, »plünderten sie die Ägypter aus« (Ex. 12,36b). Außerdem führen sie die »Gebeine Josefs« (Ex. 13,19) mit, die Mumie ihres Ahnen. Sie nehmen nicht den direkten Weg nach Kanaan, denn an der Küste leben jetzt die kriegerischen Philister und, so befürchtet Gott, »die Leute könnten …, wenn sie Krieg erleben, bereuen und nach Ägypten zurückkehren wollen« (Ex. 13,17b). Gott befürchtet wohl, dass das von ihm auserwählte Volk über wenig Durchhaltevermögen verfügt und schon das kleinste Problem zum Anlass nehmen könnte, sich wieder in die Sicherheit der gerade entkommenen Knechtschaft zu flüchten.

Die genaue Reiseroute am unwirtlichen Schilfmeer (und nicht, wie oft falsch übersetzt wird, am »Roten Meer«) entlang kann heute nicht mehr rekonstruiert werden und bleibt ein beliebter Zankapfel für unzählige gelehrte Auseinandersetzungen. Doch wir müssen uns dieses »Meer« wohl eher als einen Sumpf denn als eine geschlossene große Wasserfläche vorstellen. Als der Pharao seine Meinung ändert und den Israeliten mit Kämpfern und Streitwagen nachjagt, sollten wir uns das Wunder, das, wie wir wissen, nun folgt, nicht ganz so heroisch denken, wie es uns die vielen bekannten Darstellungen glauben machen wollen.

Als sich die ägyptischen Streitkräfte den Kindern Israels nähern, wenden sie sich schon bald Hilfe suchend an Mose und fragen ihn weinerlich:

> Gab es denn keine Gräber in Ägypten, dass du uns zum Sterben in die Wüste holst? Was hast du uns da angetan? Warum hast du uns aus Ägypten herausgeführt? Haben wir dir in Ägypten nicht gleich gesagt: Lass uns in Ruhe! Wir wollen Sklaven der Ägypter bleiben; denn es ist für uns immer noch besser, Sklaven der Ägypter zu sein, als in der Wüste zu sterben.
>
> (Ex. 14,11-12)

So belohnen sie kurzerhand Moses Standhaftigkeit in seinem langwierigen Kampf mit dem Gottkönig und seinen Mut, die eigenen Unzulänglichkeiten zu überwinden. Doch Mose lässt sich nicht beirren und antwortet ihnen mit einem der Befehle Gottes:

> Fürchtet euch nicht! Bleibt stehen und schaut zu, wie der Herr euch heute rettet. Wie ihr die Ägypter heute seht, so seht ihr sie niemals wieder.
>
> (Ex. 14,13)

Mose erweist sich als der wahre Führer und führt die Kinder Israels der Weisung Gottes folgend durch das »Meer«, wahrscheinlich ein Sumpf, in dem gerade Ebbe ist. Als der Pharao und seine Streitkräfte folgen, werden sie von der steigenden Flut aufgehalten, ihre Räder bleiben im Morast stecken, und sie laufen Gefahr zu ertrinken. Dies sollte von späteren Generationen als ein wundersamer Sieg gefeiert werden:

> Die Israeliten aber waren auf trockenem Boden mitten durch das Meer gezogen, während rechts und links von ihnen das Wasser wie eine Mauer stand. So rettete der Herr an jenem Tag Israel aus der Hand der Ägypter. Israel sah die Ägypter tot am Strand liegen. Als Israel sah, dass der Herr mit mächtiger

> Hand an den Ägyptern gehandelt hatte, fürchtete das Volk den Herrn. Sie glaubten an den Herrn und an Mose, seinen Knecht.
>
> (Ex. 14, 29-31)

Es gibt wohl kaum einen Zweifel daran, dass hier etwas Außerordentliches geschehen ist, was bei allen einen dauerhaften Eindruck hinterlassen hat. Israel, ein verlumpter Haufen flüchtender Sklaven, hat unter der Führung eines zungenlahmen Prinzen über das große und mächtige Ägypten triumphiert. Doch wie viele Israeliten es wirklich waren, wie viele starben und wie viele gerettet wurden, und welches Ereignis ihren unerwarteten Sieg bewirkte, über all dies wird man sich immer streiten können.

In der Bibel folgt nun ein langes, angeblich von Mose und den Kindern Israels gesungenes Lied, das wie ein Wechselgesang aus einer archaischen Liturgie wirkt. JHWH wird darin als Kriegergott und als der größte aller Götter besungen (»Wer ist wie du unter den Göttern, o Herr?« [Ex. 15,11]), Israel wird beschrieben als »das Volk, das du erlöst hast«, das »[d]u lenktest in deiner Güte« (Ex. 15,13). Dieser überraschende Sieg, der errungen wurde gegen die erwartete Katastrophe, die erwartete totale Niederlage, hat die Vorstellungswelt eines ganzen Volkes, das nicht mehr nur Nachkomme Abrahams, sondern das Volks JHWHs ist, nachhaltig geprägt. Keine der bisherigen Begegnungen zwischen Gott und seinen auserwählten Gesprächspartnern hat solch dauerhaften Einfluss ausgeübt wie der Auszug aus Ägypten. Dies war *ihr* Gott, der Gott, der immer für eine Überraschung gut ist, sie waren *sein* Volk.

Es gibt noch ein zweites, kürzeres Lied, mit dem diese triumphale Geschichte endet. Am Ufer, das die geschlagenen Ägypter nun nicht mehr erreichen können, beginnt eine barfüßige Frau, eine Pauke in der Hand, zu tanzen, und alle Frauen »zogen mit Paukenschlag und Tanz hinter ihr her« (Ex. 15,20). Die barfüßige Frau ist Mirjam, das junge Mädchen von einst, das durch das Schilf lugte, um zu sehen, was mit ihrem Brüderchen geschehen würde. Jetzt ist sie zur Frau gereift und wird von ihrem Volk die Prophetin Mirjam genannt. Ihr Lied ist einfach und direkt, ihr Hebräisch so archaisch, dass es von jenem Ufer, an dem sie tanzte, auf uns gekommen zu sein scheint. Es ist die Quelle, aus der Moses Lied und die Erzählung, in die es eingebettet ist, eines Tages gespeist werden sollten:

> Singt dem Herrn ein Lied,
> denn er ist hoch und erhaben!
> Rosse und Wagen warf er ins Meer.
>
> (Ex. 15,21b)

Diese Befreiungsgeschichte ist das zentrale Ereignis der hebräischen Bibel. In der Rückschau wird deutlich, dass die Wanderungen der Ahninnen und Ahnen sowie ihre wachsende Nähe zu Gott auf diesen Augenblick hinführen, und wenn wir von diesem Ufer aus den Blick auf die folgenden Ereignisse richten, können wir sehen, dass alles, was von nun an geschehen wird, auf diesen Moment unverhofften Triumphs zurückweist. Im nächsten Kapitel werden wir das vertrackte Problem der Geschichtlichkeit der Bibel, ihrer Zuverlässigkeit als historisches Dokument, behandeln. Zunächst aber soll noch einmal festgehalten werden, dass die Nachkommen Abrahams, dieser zerlumpte und verstaubte Haufen, in diesem Augenblick ihre Identität erlangen, die sie bis zum heutigen Tag wahren. Und zu erinnern ist an diese barfüßige Frau, deren dunkles Haar nicht zu bändigen ist und die an einem fernen Ufer mit vorhistorischer Ausgelassenheit singt und tanzt.

IV

Sinai

Vom Tod zum Leben

Die Geschichte des Exodus – die Flucht Israels aus Ägypten – ist im Lauf der Zeit oft literarisch verarbeitet, besungen und künstlerisch gestaltet worden. Wir vergessen daher leicht, dass diese Erzählung nicht zur verbürgten Menschheitsgeschichte gehört, sondern zur vorgeschichtlichen Überlieferung eines unbedeutenden semitischen Stammes, der noch keine Schrift kannte. Dieser Stamm war so unbedeutend, dass er in der zeitgenössischen Geschichtsschreibung seiner mächtigen und alphabetisierten Nachbarn so gut wie nicht vorkommt. In der recht umfangreich überlieferten mesopotamischen und ägyptischen Literatur findet sich kein deutlicher Hinweis auf die Israeliten. Sollten die Kinder Israels wirklich, wie die Forschung, allerdings ohne letzte Gültigkeit, geschlossen hat, um die Mitte des dreizehnten Jahrhunderts v. Chr. zur Regierungszeit Ramses II. aus Ägypten geflüchtet sein, dann stellt sich die Frage, warum sich in ägyptischen Texten und Inschriften keine Belege für diese erstaunliche Niederlage finden lassen. Möglicherweise war diese Niederlage für Ägypten so peinlich, dass die wahrheitsgetreue Wiedergabe des Geschehenen, wie von vielen Großmächten, unterdrückt wurde. Vielleicht aber wurde die Geschichte vom Ertrinken der Streitmacht des Pharaos durch die hebräische mündliche Überlieferung nach und nach aufgebauscht und sind die historischen Tatsachen des aus Sicht der Ägypter unbedeutenden Gemetzels nicht mehr erkennbar (wir wissen etwa, dass Ramses II. nicht im feuchten Grab, sondern friedlich im Bett starb). Die wohl radikalste Erklärung wäre, dass es den Exodus gar nicht gegeben hat, dass er vielmehr, wie das *Gilgamesch-Epos*, eine Erfindung nomadischer Hirten ist, die eine gute Abendunterhaltung brauchten.

Diese letzte, auf den ersten Blick einleuchtende Hypothese ließe sich nur aufrechterhalten, wenn man einige unbestreitbare Tatsachen im biblischen Text ignorierte. Das *Gilgamesch-Epos* und der *Exodus*, auch das *Epos* und die *Genesis*, unterscheiden sich nicht nur in literarischer und stilistischer Hinsicht, sondern vor allem auch in der Substanz und in der Herangehensweise an das Material. Die anonymen

Verfasser des *Epos* erzählen einen Mythos. Es gibt keinerlei Versuche, den Leser davon zu überzeugen, dass irgendetwas von dem, was hier passiert, in geschichtlicher Zeit vorgefallen sei. Ganz im Gegenteil werden wir immer wieder darauf hingewiesen, dass die Handlung »vor langer, langer Zeit« geschehen ist, während jenes unverdorbenen Zeitalters, das außerhalb der unbedeutenden menschlichen Zeitrechnung liegt. Die Geschichte Gilgameschs und der Götter selbst gehört in den kosmischen Bereich. Für die Zuhörer, die glaubten, dass sich alles Wichtige und Archetypische jenseits des sinnlosen irdischen Bereichs zuträgt, zutrug, zugetragen hatte – diesen Zusammenhang kann man unmöglich an einem bestimmten grammatischen Tempus festmachen, weil er sich der irdischen Zeitrechnung entzieht –, besaß diese Geschichte modellhaften Charakter. Unser heutiger Zeitbegriff war für alle archaischen Völker (außer für die Israeliten, das Volk, das das jüdische werden sollte) irreal. Das Reale war das Himmlische und das Archetypische. Für uns, die Erben der jüdischen Auffassung, trifft das genaue Gegenteil zu: Die irdische Zeit ist die reale Zeit; die Ewigkeit, falls wir uns überhaupt über sie Gedanken machen, markiert das Ende der Welt oder einfach eine Illusion.

In der Bibel gibt es zahlreiche Anzeichen dafür, dass die Verfasser versuchten, so etwas wie Geschichtsschreibung zu betreiben. Natürlich ist die Patriarchengeschichte in der *Genesis* oder die Geschichte von der Flucht aus Ägypten im *Exodus* hinsichtlich ihrer Präzision mit einer Darstellung über die Präsidentschaft von Franklin D. Roosevelt nicht vergleichbar. Den Menschen, die den Handlungsverlauf der biblischen Geschichte konstruierten, standen, wie etwa der Präsidentenhistorikerin Doris Kearns Goodwin, weder der Katalog der Kongressbibliothek noch das Internet zur Verfügung. Sie hatten die Geschichten, die sie aufschrieben, *gehört,* mitunter sogar in zwei oder drei verschiedenen Versionen. Die Erzählungen waren Bestandteil einer mündlichen Überlieferungskultur, die so viele Varianten hervorbrachte, wie wir es von Erzählungen erwarten müssen, die über viele Jahrhunderte an zahllosen Karawanenlagern weitergegeben worden sind. Die Verfasser bemühten sich, den Überlieferungen, so gut sie konnten, treu zu bleiben, auch wenn diese sich manchmal gegenseitig ausschlossen. Doch geben die Geschichten durchaus Genauigkeit zu erkennen, etwa Liebe zum Detail und das Bemühen, die Dinge wahrheitsgetreu darzustellen. Die Verfasser, und davon sind wir überzeugt, zweifelten nicht daran, dass die Begebenheiten, die im Mittelpunkt ihrer Erzählungen stehen, sich tatsächlich so zugetragen haben. Es scheint gerade darum zu gehen, *dass* die Dinge wirklich geschehen sind – dass Gott zu Abraham sprach und ihn aufforderte, Sumer für ein unbekanntes Ziel zu verlassen; dass er Mose befahl, die Israeliten aus Ägypten zu führen. Hier geht es nicht wie im *Gilgamesch-Epos* um archetypische Märchen mit einem moralischen Ende: Es gibt kaum Gemeinsamkeiten mit anderen archaischen Mythen von Gilgamesch über Äsop bis zu den Märchen der Brüder Grimm. Es spielt keine Rolle, ob die Geschichten von Cupid und Psyche oder von Schneewittchen wirklich geschehen sind. Doch wenn Abraham und Mose niemals gelebt und somit von Gott keine Aufträge erhalten hätten, wären die Geschichten über sie bedeutungslos – desgleichen die menschliche Gemeinschaft der Juden sowie der Christen und Muslime, die sich ebenfalls zu den Erben Abrahams zählen.

Wir haben hier einen der großen Wendepunkte in der Geschichte der Menschheit vor uns, eine gewaltige Veränderung des gesamten Wertesystems. Die Sumerer (und alle anderen Völker außer den Juden) glaubten, die Ewigkeit sei die Wirklichkeit. Doch für die Juden und schließlich auch für uns wurde das Hier und Jetzt sowie das Dann und Damals zur Wirklichkeit. Die Frage, die wir beständig stellen, nämlich: »Ist das *wirklich* passiert?«, war für die archaischen Gesellschaften kaum von Belang. Dem archaischen Menschen begegnete, von der einen oder anderen Gräueltat abgesehen, selten etwas wirklich Neues. Das Leben auf der Erde richtete sich nach dem Lauf der Himmelskörper. Was einmal geschehen war, würde sich nach einer entsprechenden Zeitspanne wiederholen. Das, was seltsam oder einzigartig war, wie etwa Ödipus' Vereinigung mit seiner Mutter, erschien zwangsläufig als monströs. Überraschungen sollten tunlichst vermieden werden, der weise Mann verließ sich auf das Voraussehbare, das sich Wiederholende, das Archetypische, das Unveränderliche. Zu innerem Frieden kam, wer sich mit dem Rad abgefunden hatte.

In den zwei großen Erzählsträngen der beiden ersten Bücher der Bibel prägt Israel nicht nur den Begriff der Geschichte, sondern auch das Neuartige als einen positiven Wert. Es mag ein wenig trivial erscheinen, wenn ich darauf hinweise, dass wir uns ohne die Juden nicht einmal Werbekampagnen, in denen beständig »neue« und »revolutionäre« Verbesserungen angepriesen werden, vorstellen könnten. Wenn die alten Völker bereits Werbespots gekannt hätten, wäre in ihnen sicher nicht marktschreierisch das »Neue« am jeweiligen Produkt herausgestellt worden; das sumerische Bier war gut, weil es das schon immer gewesen und an eine Erzgöttin gebunden war, die sich um solche Sachen kümmerte. Wenn der Bierbrauer sein Produkt als neu, einzigartig und bislang unbekannt gepriesen hätte, wäre das geschäftlichem Selbstmord gleichgekommen, denn niemand hätte sein Bier getrunken. Die Israeliten waren das erste Volk, das die linear verlaufende Zeit verinnerlicht hat und den Wert des Neuen und Überraschenden anerkannte. Damit unterwanderte es auf radikale Weise das Weltbild aller frühen Gesellschaften.

Die Vergangenheit ist nun nicht mehr von Bedeutung, weil sie Musterbeispiele abgibt, sondern weil sie uns die Gegenwart eröffnet hat: Sie ist der Beginn der Reise, die Reise unserer Vorfahren. Wenn wir ihre Geschichte erzählen, haben wir die große Verpflichtung, nichts Falsches zu berichten. Es geht hier nicht um Literatur. Wir erzählen die Geschichte von Menschen, die es wirklich gegeben und deren Lebensgeschichte uns zu dem gemacht hat, was wir heute sind.

Aus diesem Grunde waren die Israeliten so sorgfältig, wenn es um Stammbäume ging. Verzeichnet wurde etwa, wer wessen Sohn war, sogar die Namen ansonsten so unwichtiger Personen wie Ehefrauen fanden Aufnahme. Die literarischen Autoren der *Genesis* und des *Exodus*, die die Fülle des mündlich überlieferten Materials mehrere Jahrhunderte später schließlich schriftlich festhielten, waren alles andere als wissenschaftlich ausgebildete Historiker, welche die Verlässlichkeit ihrer Fakten an den noch vorhandenen Zeugnissen aus der jeweiligen Zeit überprüften. Dennoch dürfen wir keine Zweifel daran hegen, dass sie die Absicht hatten, eine mehr oder weniger auf Fakten beruhende Chronik tatsächlicher Ereignisse zu verfassen.

Das sprachgeschichtliche und dokumentarische Material, das uns heute zur Verfügung steht, würde die Verfasser der Bibel in Erstaunen versetzt haben. Dieses Material ermöglicht es uns, viele sachliche Fehler aufzudecken. Wir wissen zum Beispiel, dass der Name Mose, den die Autoren des *Exodus* für einen hebräischen Namen hielten, eigentlich ägyptischen Ursprungs war. Doch dokumentiert dies durchaus die Tatsachentreue der Autoren. Obwohl sie fälschlicherweise davon ausgingen, dass dieser Name hebräisch sei, haben sie uns unbewusst einen Beweis dafür geliefert, dass der Mann, über den sie schreiben, als ägyptischer Prinz aufwuchs und seinen Namen wahrscheinlich von der Tochter des Pharaos erhielt. Somit geben sie uns hier ein Indiz, dass die Geschichte Moses auf Tatsachen beruht, die Person Mose nicht erfunden ist. Denn wie hätte ein solcher indirekter Beweis, den die Verfasser gar nicht im Sinn hatten, seinen Weg in die Bibel finden können? Ebenso hätte jeder Verfasser, dem es um eine konsistente Charakterisierung gegangen wäre, den merkwürdigen Vorfall um den »Blutbräutigam« ausgelassen, wo Gott, der eigentliche Held der biblischen Geschichte, in einem so eigentümlichen Licht erscheint. Dieses Ereignis wurde nur deshalb mit aufgenommen, weil es nun einmal zu der mündlichen Überlieferungstradition gehörte. Diese Tradition – gleichgültig, wie gegenläufig sie zu dem Bild vom allwissenden und allgegenwärtigen, stets seinen Willen durchsetzenden Gott, um das es den Autoren offensichtlich ging, auch gewesen sein mag – konnten und wollten die Verfasser nicht aufgeben, auch wenn sie dazu oft alle Veranlassung in sich spürten.

Vergleicht man die zahlreichen Überlieferungsstränge miteinander, werden die vielen Unvereinbarkeiten natürlich deutlich – unangenehme Widersprüche und offensichtliche Fehler, die wir mit unserem überlegenen textanalytischen Rüstzeug heute klarer erfassen können als in früheren Epochen. Doch sollte uns die Fähigkeit, nachzuvollziehen, wie der Teppich dieser Erzählung im Laufe der Zeit gewebt worden ist, nicht den Blick auf die vollbrachte großartige Leistung verstellen: Es ist der erste Versuch der Menschheit, die eigene Geschichte schriftlich festzuhalten, und zwar eine Geschichte, die Sinn ergibt, weil die eigene Identität aufs Engste mit ihr verbunden ist.

Für die archaischen Völker war die Zukunft immer eine Wiederholung der Vergangenheit, die Vergangenheit eine irdische Reproduktion des himmlischen Dramas: »Die Geschichte wiederholt sich«, das heißt »falsche« Geschichte, Geschichte, die keine Geschichte, sondern Mythos ist. Auch für die Juden wird Geschichte Lehren enthalten. Doch wird nicht davon die Rede sein, dass Geschichte sich wiederholt, sondern dass sie sich immer wieder neu gestaltet: als ein Prozess, der sich in der Zeit entfaltet und dessen Ziel und Ende wir nicht kennen, es sei denn, dass Gott uns einen Hinweis darauf gibt, was kommen wird. Zukunft wird nie das sein, was schon einmal geschehen ist; nein, Zukunft definiert sich geradezu als das Bevorstehende. Sie kann nicht vorausgesagt, und was werden wird, kann nicht durch Prophezeiungen offenbart werden, die man in den Sternen liest oder in Eingeweiden findet. Die Zukunft entzieht sich unserer Kontrolle, in einem tieferen Sinn kontrolliert nicht einmal Gott die Zukunft, denn sie ist die gemeinsame Aufgabe derjenigen, die die Zukunft durch ihr Handeln in der Gegenwart hervorbringen. Daher steht der Begriff der Zukunft nun zum ersten Mal auch für ein Versprechen und nicht mehr nur für die Wiederholung von längst Bekanntem. Wir sind nicht dem Untergang geweiht und einem vorherbestimmten Schicksal ausgeliefert, sondern frei. Wenn alles geschehen kann, dann sind wir im wahrsten Sinne des Wortes befreit, so befreit, wie es die Israeliten waren, nachdem sie das Schilfmeer durchquert hatten.

Dieser großartige neue Zeitbegriff brach nicht von heute auf morgen über die Israeliten herein. Was mit der Aufforderung an Abraham begann, seine Heimat zu verlassen und sich auf eine ungewisse Reise zu begeben, reifte zu der Berufung Moses, sein versklavtes Volk aus dem von Gott heimgesuchten Ägypten herauszuführen, wo in einem ewigen Kreislauf alles, was geschah, schon einmal geschehen und bereits in Stein gemeißelt war wie die unbeweglichen Statuen der Pharaonen. In diesen beiden Unternehmungen haben wir den Weg vom Privaten (die Bestimmung Abrahams) zum Allgemeinen (die Bestimmung des israelitischen Volkes) zurückgelegt. Wir haben uns von einem Haus- und Schutzgott, den man mit sich herumträgt, damit er einem Glück bringt, zu JHWH bewegt, dem Gott aller Götter, der alle irdische Macht überragt. Diese beiden Fluchtbewegungen führen uns zu völlig neuen Begriffen von der Zukunft und von der Vergangenheit: die Vergangenheit wird zum bestimmenden Element der Gegenwart, die Zukunft ist das Unbekannte.

Doch wie steht es um die Gegenwart? Ist sie nur ein Augenblick, der zwischen Vergangenheit und Zukunft kurz aufleuchtet und um den man sich kaum Gedanken zu machen braucht? Keinesfalls, denn die Gegenwart ist der pulsierende weiß glühende Mittelpunkt aller folgenden Erzählungen, die eigenartige Schnittstelle von Zeitlichkeit und Ewigkeit, der Moment, in dem Gott immer gefunden werden kann. Dieser Schlussstein des jüdischen religiösen Weltbildes wird die Standhaftigkeit und die Intelligenz sämtlicher Priester, Propheten und Könige in der weiteren Geschichte Israels herausfordern. Das jüdische Volk wird in seiner Geschichte all seine Fähigkeiten und all seine Hingabe benötigen, um seine Vergangenheit zu verehren, ohne sie anzubeten, um sich vor dem undurchdringlichen Geheimnis der Zukunft zu verbeugen, ohne vor ihr jene nur Gott zukommende Furcht zu hegen, und schließlich um mit beiden Beinen in der Gegenwart zu stehen und sich nicht in seiner ruhmreichen Vergangenheit oder einer imaginierten (oder gefürchteten) Zukunft zu verlaufen.

Dieser zusammengewürfelte bunte Haufen entlaufener Sklaven, der seine fernen Vorfahren verehrt, die ebenfalls durch die Wüste gezogen sind, richtet sich nun, nach der gelungenen Flucht am Schilfmeer, auf die rauen Gegebenheiten eines Lebens in der Wüste ein. Es handelt sich dabei um die Wüste Sinai, die keilförmige Halbinsel zwischen Ägypten und Kanaan, einer der trostlosesten Orte auf dieser Welt. Es gibt wohl kaum einen Landstrich, wo man dem Tod so nahe ist, der Tod an jeder Ecke lauert. Hier gibt es keinen Komfort, weder Pflanzen noch Tiere. Man kann stundenlang umherwandern, ohne auch nur einen Streifen Grün zu erblicken, es ist so trocken, dass der Fremde in kürzester Zeit umzukommen droht. Im Gegensatz dazu wirkt die judäische Wüste Johannes des Täufers wie eine Oase.

Doch in dieser Wüste begegnet den Israeliten nicht der Tod, sondern die aufregendste, kräfteraubendste und erschreckendste Epiphanie der gesamten biblischen Geschichte. Als die Kinder Israels durch die erbärmlich öde Wildnis von Sin ziehen, murren sie beständig. Mal können sie kein Trinkwasser finden, mal gehen die Speisevorräte zur Neige, mal haben sie gar kein Wasser mehr. Auf jede dieser Beschwerden gibt Gott eine zufriedenstellende Antwort: Er verwandelt das untrinkbare Wasser in süßes Wasser, gibt ihnen Wachteln und eine Speise, die sie »Manna«[1] nennen; und er weist Mose an, mit seinem Stab auf einen Felsen zu schlagen, der daraufhin ein Springquell wird. Obwohl Gott mit diesen Wundern auf ihr unaufhörliches Gejammer antwortet, wünschen sich die Kinder Israels immer wieder den Tod in ägyptischer Gefangenschaft und sehnen sich nach den »Fleischtöpfen Ägyptens«, wie es in der Bibel heißt.

Mose ist auf Gottes Eingebungen angewiesen, denn er selbst verfügt über nur sehr wenig politischen Scharfsinn. Sogar Moses Schwiegervater Jitro, der plötzlich wieder auftaucht, ist über Moses mangelndes Organisationstalent verärgert, als er sieht, dass Mose jede Streitigkeit allein schlichtet, während »die vielen Leute vom Morgen bis zum Abend bei [ihm] anstehen [müssen]« (Ex. 18,14b). Mose erklärt ihm, es sei seine Aufgabe, den Frieden zu erhalten und »dann ihren Fall« zu entscheiden (Ex. 18,16b). Doch Jitro erwidert:

> Es ist nicht richtig, wie du das machst. So richtest du dich selbst zugrunde und auch das Volks, das bei dir ist. Das ist zu schwer für dich; allein kannst du es nicht bewältigen.
>
> (Ex. 18,17b-18)

Jitro, der erste Unternehmensberater der Weltgeschichte, rät Mose, einige Aufgaben an ein mittleres Managementteam zu delegieren, damit er sich auf die wichtigen Dinge konzentrieren könne.

> Alle wichtigen Fälle sollen sie vor dich bringen, die leichteren sollen sie selbst entscheiden.
>
> (Ex. 18,22b)

1 »Mahn-hu« oder »Wie heißt das?«, was meist als »Manna« (oder »Götterspeise«) übersetzt wird, war wahrscheinlich weißes, essbares Insektensekret, das man an den Ästen einer der wenigen Sinai-Pflanzen finden konnte.

Selbst dieser kurze Auftritt Jitros erweist sich als göttliche Fügung, denn die israelitische Karawane nähert sich in diesem Augenblick dem Berg, von dem aus Gott das erste Mal zu Mose gesprochen und ihm zugesichert hat, es wieder zu tun. Man kann sich denken, in welchem Zustand Mose sein mürrisches Volk nach dieser erneuten Begegnung, für die er sich auf den Berg zurückzieht, vorgefunden hätte, hätte er keine »Manager« ernannt. Und wie wir sehen werden, wird sich das Volk dennoch nicht von seiner besten Seite zeigen.

Bevor Mose den Furcht einflößenden Berg hinaufsteigt, übermittelt Gott ihm folgende beruhigende Botschaften für sein wankelmütiges Volk:

> Ihr habt gesehen, was ich den Ägyptern angetan habe, wie ich euch auf Adlerflügeln getragen und hierher zu mir gebracht habe. Jetzt aber, wenn ihr auf meine Stimme hört und meinen Bund haltet, werdet ihr unter allen Völkern mein besonderes Eigentum sein. Mir gehört die ganze Erde, ihr aber sollt mir als ein Reich von Priestern und als ein heiliges Volk gehören.
>
> (Ex. 19,4-6)

Wie die ersten Rabbiner in ihrer *Midrasch* (»Schriftauslegung«) bemerken werden, spielt der großartige Gott JHWH hier die Rolle eines Verführers, der um eine wählerische Frau wirbt und ihr geduldig erklärt, warum er so viel von ihr hält und wie wunderbar er sich ein zukünftiges gemeinsames Leben vorstellt. Das Volk wird hier auf etwas vorbereitet, das über alles bislang Erfahrene hinausgeht. Mose weiß, dass er den Berg allein besteigen muss, doch Gott versichert ihm, dass sein Volk ihn hören und er »in einer dichten Wolke« (Ex. 19,9b) erscheinen werde.

Nachdem alle Vorbereitungen getroffen worden sind und das Volk geläutert und angewiesen worden ist, sich dem Berg nicht zu nähern, wird der bebende Berg wie bei einem Vulkanausbruch von Feuer und Rauch umhüllt. Mose, der einzige Mensch, der es wert ist, JHWH gegenüberzutreten, muss nun diese Feuer speiende und pulsierende Erscheinung erklimmen. Als er in die aufflammenden Nebelschwaden steigt, brechen plötzlich die folgenden Worte aus dem

Nichts hervor, Worte einer großen Theophanie, die nicht nur den Berg hinunter ans Ohr des versammelten auserwählten Volks dringen, sondern im Verlauf der Zeit in den Ohren von Milliarden Männern und Frauen nachhallen werden:

> Ich bin Jahwe, dein Gott, der dich aus Ägypten geführt hat; aus dem Sklavenhaus. Du sollst neben mir keine anderen Götter haben. Du sollst dir kein Gottesbild machen und keine Darstellung von irgendetwas am Himmel droben, auf der Erde unten oder im Wasser unter der Erde. Du sollst dich nicht vor anderen Göttern niederwerfen und dich nicht verpflichten, ihnen zu dienen. Denn ich, der Herr, dein Gott, bin ein eifersüchtiger Gott: Bei denen, die mir Feind sind, verfolge ich die Schuld der Väter an den Söhnen, an der dritten und vierten Generation; bei denen, die mich lieben und meine Gebote achten, erweise ich Tausenden meine Huld.
> Du sollst den Namen des Herrn, deines Gottes, nicht missbrauchen; denn der Herr lässt den nicht ungestraft, der seinen Namen missbraucht.
> Gedenke des Sabbats: Halte ihn heilig! Sechs Tage darfst du schaffen und jede Arbeit tun. Der siebte Tag ist ein Ruhetag, dem Herrn, deinem Gott, geweiht. An ihm darfst du keine Arbeit tun: du, dein Sohn und deine Tochter, dein Sklave und deine Sklavin, dein Vieh und der Fremde, der in deinen Stadtbereichen Wohnrecht hat. Denn in sechs Tagen hat der Herr Himmel, Erde und Meer gemacht und alles, was dazugehört; am siebten Tag ruhte er. Darum hat der Herr den Sabbattag gesegnet und ihn für heilig erklärt.
> Ehre deinen Vater und deine Mutter, damit du lange lebst in dem Land, das der Herr, dein Gott, dir gibt.
> Du sollst nicht morden.
> Du sollst nicht die Ehe brechen.
> Du sollst nicht stehlen.
> Du sollst nicht falsch gegen deinen Nächsten aussagen.
> Du sollst nicht nach dem Haus deines Nächsten verlangen.
> Du sollst nicht nach der Frau deines Nächsten verlangen, nach

seinem Sklaven oder seiner Sklavin, seinem Rind oder seinem Esel oder nach irgendetwas, das deinem Nächsten gehört.

Das ganze Volk erlebte, wie es donnerte und blitzte, wie Hörner erklangen und der Berg rauchte. Da bekam das Volk Angst, es zitterte und hielt sich in der Ferne.

Dann ruft das Volk zu Mose:

Rede du mit uns, dann wollen wir hören. Gott soll nicht mit uns reden, sonst sterben wir.

Mose antwortet dem Volk:

Fürchtet euch nicht! Gott ist gekommen, um euch auf die Probe zu stellen. Die Furcht vor ihm soll über euch kommen, damit ihr nicht sündigt.

(Ex. 20,2-20)

Und die Menschen halten Distanz, als Mose auf dem Berg von der dunklen Wolke umhüllt wird.

Die Zehn Gebote werden hier das erste Mal aufgeführt. Da sie im *Buch Deuteronomium* (Dtn. 5,6-22) noch einmal wiedergegeben werden, können wir das obige Zitat als Versuch werten, die Worte Gottes so festzuhalten, wie er sie tatsächlich gesprochen hat. Nach sorgfältigen linguistischen Analysen und Vergleichen mit der zweiten Version, die sich von der ersten nicht wesentlich unterscheidet, gehen die meisten Wissenschaftler davon aus, dass die ursprünglichen Formulierungen sehr kurz gewesen sind – wie etwa das Gebot »Du sollst nicht morden« – und vielleicht nur aus einem einzigen Wort bestanden haben, nämlich aus einem Imperativ, dem ein negatives Präfix oder eine negative Silbe vorangestellt worden ist. Somit waren die Zehn Gebote ursprünglich wohl nicht mehr als zehn Worte, ausgesprochen archaische, urtümliche Ausrufe wie »Nicht-töten«, »Nicht-stehlen« oder »Nicht-lügen«. Diese zehn *Worte* (auch in der Bibel werden sie »Worte« und nicht »Gebote« genannt) konnte sich selbst der einfachste Nomade leicht merken, wobei ihm seine zehn Finger als Gedächtnisstütze an die Bedeutung dieser zehn Worte für sein Leben erinnerten. Und die zeitgenössischen Leser, die Gottes Rachgier, die auch noch Kinder und Kindeskinder einbezieht, abstoßend fanden, konnten solche Warnungen als Hinzufügungen späterer Schreiber werten.

Schon immer hat die genaue Zählung der Gebote Probleme bereitet. In der jüdisch-mittelalterlichen Tradition wurden sie meist in fünf Gottesgebote (Gebote, die Gott beim Namen nennen) und fünf Menschengebote unterteilt. Der Heilige Augustinus teilte sie im fünften nachchristlichen Jahrhundert auf in drei Gottesgebote, wobei er den ersten Satz, der ja eigentlich kein Gebot ist, mit dem Verbot der Anbetung fremder Götter verband, und in sieben Menschengebote, indem er das letzte Gebot in zwei aufteilte, und zwar eines für die »Frau deines Nächsten« und eines für »etwas, das deinem Nächsten gehört«. Die Zählweise des Augustinus wurde von den römischen, lutherischen und anglikanischen Kirchen übernommen. Die griechische und andere östliche orthodoxe Kirchen haben im Verlauf der Zeit die wohl vernünftigste Zählung eingeführt: vier Gottesgebote, das Sabbatgebot eingeschlossen, und sechs Menschengebote. In Amerika wird man fast ausschließlich dieser Zählweise begegnen, da sie auch von den reformierten Kirchen übernommen worden ist, während man in Deutschland meist der augustinischen folgt.

Doch wenn wir uns zu weit auf solche Einzelheiten (Welche Worte hat Gott wirklich gesprochen? Wie sollte der Text gegliedert werden, damit wir von zehn Geboten sprechen können?) einlassen, werden wir, wie so oft bei allzu akademischen Fragestellungen, vom Kern der Sache abgelenkt. In der gesamten Weltliteratur lässt sich kein Dokument finden, das mit den Zehn Geboten vergleichbar wäre. Natürlich gibt es ethische Richtlinien auch in anderen Kulturen, doch werden diese meist entweder in einem juristischen Rahmen (»Wenn du dies tust, dann wird jenes die Konsequenz sein«) oder als weltgewandte Ratschläge (»Willst du ein glückliches Leben haben, musst du auf jeden Fall dies tun und jenes vermeiden«) offeriert. Mit den Zehn Geboten wird der Menschheit zum ersten und, meiner Meinung nach, letzten Mal ein Verhaltenskodex ohne jegliche Rechtfertigung dargeboten. Da es sich um Gottes Kodex handelt, bedarf er, abgesehen von den wenigen editorischen Hinweisen, keiner Rechtfertigung. Wer außer Gott kann zehn Worte (»Du sollst« und »Du sollst nicht«) mit einer solchen, für sich selbst sprechenden Autorität äußern?

Es gibt eine Geschichte von Gilbert Keith Chesterton, die in diesen Zusammenhang passt. Sie handelt von einem Juwelendieb, dem ein Priester auf der Spur ist. Der Juwelendieb, Flambeau, ist sehr selbstbewusst; der Priester, Pater Brown, ist ein verständiger Mensch, der die Sündhaftigkeit seines eigenen Herzens kennt. Gegen Ende der Erzählung finden wir Pater Brown in der Heidelandschaft von Hampstead, wo er in der Dämmerung neben Flambeau sitzt und bewundernd gen Himmel blickt. Flambeau trägt ebenfalls die Kleidung eines Priesters, da er ein religiöses Artefakt, »Das blaue Kreuz«, so der Titel der Geschichte, stehlen will. Er weiß nicht, dass der bescheidene Gottesmann neben ihm sein Verfolger ist, und schimpft mit vorgeblich priesterlicher Frömmigkeit über das Verhalten moderner Ungläubiger, die sich nur auf ihre Vernunft verlassen. In den mittlerweile sternenklaren Nachthimmel blickend, fährt er fort: »Doch wer könnte auf die Millionen Welten über uns blicken, ohne zu fürchten, dass es dort sehr wohl manch wunderbares Universum geben kann, in welchem Vernunft etwas völlig Unvernünftiges ist?«

»Vernunft und Gerechtigkeit«, entgegnet Pater Brown wenig später, »beherrschen noch das fernste und einsamste Gestirn. Blicken Sie nur auf diese Sterne. Sehen sie nicht aus, als wäre jeder einzelne ein Diamant oder Saphir? Gut. Sie können sich die irrsinnigste Botanik oder Geologie vorstellen, die Ihnen beliebt. Denken Sie meinetwegen an diamantene Wälder mit Blättern aus Brillanten. Denken Sie, der Mond sei ein blauer Mond, ein einziger riesenhafter Saphir. Aber geben Sie sich nicht der Täuschung hin, dass all diese tolle Astronomie auch nur im Geringsten die Vernunft und Rechtlichkeit unseres Handelns ändern könnte. Auf Plateaus von Opal, unter Klippen, aus Perlen geschnitten, würden Sie immer noch eine Tafel finden mit den Worten: Du sollst nicht stehlen.«[2]

---

2 G. K. Chesterton, »Das blaue Kreuz«, in: ders., *Pater Brown und das blaue Kreuz*, Zürich 1980, S. 7-37, hier 30 f.

Pater Brown spielt hier natürlich auf die berühmte Unbedingtheit der Zehn Gebote an. Sie müssen weder gerechtfertigt, noch können sie wegdiskutiert werden. Sie sind nicht von den jeweiligen Umständen abhängig und lassen sich nicht unter bestimmten Voraussetzungen außer Kraft setzen. Es handelt sich weder um Diskussionsvorschläge noch um Anregungen. Sie sind nicht einmal, wie uns der Titel eines jüngst erschienen Buches im Jargon unserer Zeit weismachen will, »zehn Herausforderungen«. Sie sind genau das, was sie zu sein scheinen, man kann ihnen nicht aus dem Weg gehen oder, um topographisch im Bilde zu bleiben, unter ihnen hervorkriechen. Doch das einzig wirklich Neue an ihnen ist, dass sie hier unter den Furcht einflößenden Feuern des Sinai erstmals ausgesprochen werden. Milliarden haben sie als vernünftig, notwendig, ja unabänderlich angesehen, da sie in die Herzen der Menschen eingeschrieben sind und es immer waren. Sie sind seit alters im Zentrum des Menschen verankert, in jener tiefen Sprachlosigkeit, die jeder von uns in sich birgt. Sie mussten nur laut ausgesprochen werden.

Das Zeitalter, in dem diese zehn Worte zum ersten Mal erklangen, war ein gewalttätiges, ein Zeitalter voller gehässiger Göttinnen und grausamer Gott-Könige. Die Menschen, die diese Worte zum ersten Mal hörten, waren staubig, unkultiviert und einfach. Sie zogen, aller Annehmlichkeiten des Lebens beraubt, durch die Mondlandschaft des Sinai und litten unter der wahnsinnigen Hitze und dem grellen Licht. Dieses Zeitalter und diese Menschen verstanden nur die einfachsten Wahrheiten. Es sollte uns nicht überraschen, dass diese Worte nicht zu den Mächtigen, den Wohleingerichteten und den Gebildeten gesprochen wurden. Dies war die Zeit und der Ort, dies waren die Menschen, die diese Worte empfangen und ihre unwiderlegbare Wahrheit weitertragen mussten.

Diejenigen Leser, die nicht an Gott glauben, werden mittlerweile wohl mit ihrer Geduld am Ende sein. Zumindest die ersten, Gott betreffenden Gebote werden ihnen wohl kaum als unwiderlegbare Wahrheiten, sondern vielmehr als bedeutungslose Nichtigkeiten vorkommen. Deshalb sollte sich der Ungläubige besser auf die Menschengebote konzentrieren und sich fragen, welche er auslassen und was er hinzufügen würde. An dieser Stelle, so glaube ich, würden sich der Gläubige wie der Ungläubige gleichermaßen den Kopf zerbrechen, denn es gibt hier wirklich nichts hinzuzufügen und nichts zu tilgen. Ja, man könnte vielleicht etwas über den Umweltschutz, über den Rassismus, den Sexismus, oder, sollte jemandem der Sinn danach stehen, über die Unverletzlichkeit des freien Marktes oder die Solidarität der Menschen untereinander hinzufügen – alles Belange der jüngsten Zeit. Doch wenn es uns gelingt, uns den historischen Schleier von den Augen zu reißen und in diese schmutzigen, ehrlichen Gesichter zu blicken, die angespannt den fürchterlichen Berg Sinai hinaufschauen, wenn es uns gelingt, uns die große Menge einfacher Menschen vorzustellen, die durch die Geschichte der Menschheit stapft – all die einfachen Menschen, die im Verlauf der Zeit einen moralischen Wegweiser für die ganz verschiedenartigen Situationen und Kulturen brauchten, die unser Planet kennt –, dann muss man wohl zugestehen, dass der uns überlieferte Dekalog schwerlich verbessert werden könnte. Die Sünden, die er benennt, sind die großen Sünden, und diejenigen, die er nicht explizit erwähnt – etwa die Verweigerung von Almosen für die Bedürftigen –, können von ihm abgeleitet werden, womit die Israeliten bald begannen, indem sie beispielsweise die gesellschaftliche Isolation von Witwen als »Mord« einstuften. Selbst an Orten wie Hampstead um die Jahrhundertwende oder dem New Yorker Central Park um die Jahrtausendwende gibt es wohl nur wenige, die nicht davon überzeugt wären, dass unsere Welt, hielte man die Zehn Gebote ein, ganz anders aussehen würde. Dies zu sagen, erscheint beinahe banal, doch ist es uns bislang nicht gelungen, es auch zu tun.

Neben der Neuerung, das bis dahin nicht ausgesprochene moralische Gesetz zum ersten Mal laut auszusprechen, sollte auch die etwas unbedeutendere, gleichwohl wichtige, Einführung des Wochenendes bedacht werden, das seinen Ursprung im jüdischen Sabbat (»Ruhetag«) hat. Keine archaische Gesellschaft vor den Israeliten kannte einen solchen Ruhetag. Der Gott, der das Weltall erschaffen und sich anschließend ausgeruht hat, ermuntert uns dazu, es ihm gleich zu tun, und fordert uns auf, wöchentlich einen Tag dem Gebet, dem Studium und der Erholung (der »Neuschöpfung«) zu widmen. Dieses Selbststudium (oder *Talmud*) markiert den Anfang dessen, was Nahum Sarna die universale Verpflichtung zur ständigen Weiterbildung genannt hat. Israel wird zur ersten menschlichen Gesellschaft, in der Bildung ein solch hohes Ansehen genießt, Bildung als allumfassende Unternehmung gilt – als demokratisierender Auftrag an die Mächtigen, sie für diejenigen, die sich ihr widmen, zu sichern. Der Zusammenhang zu Freiheit und Kreativität liegt diesem Gebot unmittelbar zu Grunde: Muße ist einem freien Volk angemessen, und dieses erst jüngst befreite Volk führt diese stille allwöchentliche Feier ihrer Freiheit bald ein; Kreativität setzt Muße voraus, und einem freien Volk steht es zu, Gottes Kreativität nachzuahmen. Das Sabbatgebot ist sicherlich eine der einfachsten und gesündesten Empfehlungen, die ein Gott seinem Volk je gegeben hat. Diejenigen, die nicht alle sieben Tage ruhen, führen ein unerfüllteres und weniger kreatives Leben.

Die Patriarchen sind am Sinai zugegen, denn diese Gebote stellen die Kodifizierung des Blutbundes Abrahams dar. Beschneidung war das äußerliche Zeichen dieses Bundes, die Zehn Gebote sind das unsichtbare Mal, die Beschneidung des Herzens. Gott wird ihr Gott sein, die Israeliten werden sein Volk, sein Priesterkönigreich, sein heiliges Volk sein, wenn es diese Gebote nur einhält. Diese Beziehung ist monogam und schließt das Sich-Einlassen mit anderen Göttern aus. Sie gleicht einer Ehe, wie die mittelalterlichen Rabbis festgestellt haben. Moderne Schriftgelehrte meinen, dass dieser Bund den Hoheitspakten zweier Vertragspartner im Mittleren Osten gleicht, etwa dem Pakt zwischen Abraham und den kanaanitischen Königen; der Unterschied ist freilich, dass hier der König Gott selbst ist.

Keine der vielen Neuerungen, die mit dem Sinai verbunden sind – die Kodifizierung des Abrahamschen Henotheismus (das heißt die Verehrung eines Gottes, ohne die Existenz anderer Götter zu leugnen), die Artikulation des »Es soll so sein« (was Kant später den kategorischen Imperativ nennen wird) oder die Einführung des Sabbat –, ist so provozierend wie die Art und Weise, auf die diese Theophanie das neue israelitische Verhältnis zur Zeitlichkeit krönt. Die Wanderung Abrahams und die von Mose errungene Befreiung hat die menschlichen Begriffe von Vergangenheit und Zukunft grundlegend verändert: die Vergangenheit setzt sich zusammen aus den Taten meiner Vorfahren und meiner selbst, die mich an diesen Ort zu diesem Augenblick geführt haben; die Zukunft ist das, was noch kommen wird. Während die Vergangenheit unwiderruflich ist, ist die Zukunft ein unbeschriebenes Blatt. Erstere ist unveränderlich, letztere unbekannt. Der Vergangenheit kann ich nur mit Bedauern gegenübertreten, vor der Zukunft muss ich mich fürchten. Tatsächlich in der Zeit, in der Geschichte zu leben, kann eine schreckliche Erfahrung sein, und es darf uns kaum erstaunen, dass die archaischen Völker alles daran gesetzt haben, dieser Qual zu entgehen, indem sie einen zyklischen Zeitbegriff und das immer wiederkehrende Rad erfanden, was in den ewigen Frieden des Todes führen musste.

Doch das Geschenk der Zehn Gebote erlaubt es uns, in der Gegenwart, im Hier und Jetzt zu leben. Mein Verhalten in der Vergangenheit kann ich nicht korrigieren; Sorgen um die Zukunft machen keinen Sinn, da ich sowieso nicht voraussehen kann, was als Nächstes geschehen wird. Den gegenwärtigen – und keinen anderen – Augenblick jedoch kann ich kontrollieren; in diesem Moment habe ich die Wahl, mit dem Messer zuzustechen, den Schatz an mich zu reißen, mein Lügennetz auszuwerfen. Im Augenblick kann die Vergangenheit überwunden und die Zukunft zum Leuchten gebracht werden. Und die Einsicht in diese Tatsache braucht uns weder mit Reue noch mit Angst zu erfüllen. Sie wird uns eine friedvolle Existenz ermöglichen, wenn wir die Zehn Gebote befolgen. Doch ist dies nicht mehr der Friede des Todes oder der Friede des sich ewig drehenden Rades. Indem ich wähle, was richtig ist, bin ich lebendiger als je zuvor.

Der Maßstab der Zehn Gebote verleiht der weiteren israelitischen Geschichte nach und nach eine verlässliche und konsistente Form, nach der wir in anderen archaischen Kulturen vergeblich suchen. In allen uns überlieferten alten Epen erweisen sich die Wohnstätten der Götter – das himmlische Reich eigentlicher Wirklichkeit – als wandelbar und vergänglich. Zeus wird von seiner unstillbaren Lust, Ischtar von ihrem abgrundtiefen bösartigen Temperament getrieben. Wir armen Erdenbewohner hingegen sind den unbegreiflichen göttlichen Launen ausgeliefert. Selbst die unglücklichen erdgebundenen Wanderer, die Israeliten, gehörten zur archaischen Welt und versahen ihren

Gott JHWH oft mit menschlichen Charakterzügen: Seine Eifersucht etwa rückte ihn in die Nähe der Götter fremder Pantheone. Doch wird sich die Kluft, die sich zwischen der Weltanschauung Israels und der aller anderen archaischen Gesellschaften aufgetan hat, mit der Zeit vertiefen.

An dieser Stelle sollte nicht nur die Schlichtheit der Zehn Gebote – ihre fast an Höhlenmenschen erinnerende Unbeholfenheit –, sondern auch ihre großartige Anpassungsfähigkeit hervorgehoben werden. Die Zehn Gebote sagen, wie eine wohlformulierte Erklärung oder eine funktionstüchtige Verfassung, nicht viel. Daher können sie in späteren Zeitaltern auch auf Situationen angewandt werden, die am Fuße des Berges Sinai unvorstellbar waren. Wir haben bereits darauf hingewiesen, dass die Israeliten das Tötungsgebot so auslegten, dass es auch zu Gerechtigkeit gegenüber Besitzlosen verpflichtete. Kein anderes Gebot wird im Lauf der Geschichte größere Beachtung finden und umstrittener sein als dieses. Noch heutzutage wird es von Rechts- und Linksextremisten, Pazifisten und Abtreibungsgegnern, Befürwortern und Gegnern der Todesstrafe zur Rechtfertigung ihrer Position herangezogen. Weder der Oberbefehlshaber der Streitkräfte noch der Sprecher einer Pazifistengruppe, kein Anhänger einer Anti-Abtreibungsorganisation oder der Organisation NARAL, von Jesse Helms oder Helen Prejean[3] würde die Abschaffung oder Aufhebung dieses Gebotes verlangen.

Ein weiterer Aspekt dieser geradlinigen Theophanie ist – darüber sollten diejenigen, die an ein Leben nach dem Tode glauben, nachdenken –, dass nahezu keine Belohnungen in Aussicht gestellt werden. Wer sich um seine Eltern kümmert, dem wird ein langes Leben, doch kein *ewiges* Leben versprochen. An letzteres dachte zu dieser Zeit überhaupt noch niemand, außer als phantastisches und unerreichbares Ziel wie im *Gilgamesch-Epos,* wo es heißt:

---

3 *NARAL (»National Abortion Rights Action League«)* ist eine Organisation, die das Recht auf Abtreibung verteidigt. Jesse Helms ist ein erzkonservativer Senator der republikanischen Partei aus dem Bundesstaat North Carolina, Helen Prejean eine katholische Nonne, die durch ihr mit Susan Sarandon und Sean Penn verfilmtes Buch *Dead Man Walking,* in dem sie sich vehement gegen die Todesstrafe einsetzt, bekannt geworden ist.

… als die Götter [einst] die Menschen schufen,
Da teilten sie den Tod der Menschheit zu,
Das Leben aber nahmen sie für sich!

Selbst die Verheißung eines langen Lebens ist sicher eine späte Hinzufügung. Wie noch nie zuvor und wie in solcher Klarheit auch nie mehr danach, so ist Tugendhaftigkeit der einzige Lohn. Diese Gebote müssen eingehalten werden, weil sie nun einmal eingehalten werden müssen.

Etwas im Menschen sträubt sich gegen all dies und möchte Gott trotzig entgegenhalten: »Na und? Das könnte dir so passen, Herr.« John Henry Newman hat einmal geschrieben, uns missfalle die Religion an sich, nicht nur ihre Auswüchse. Die Natur halte sich an die Erde, Gott sei im Himmel. Und nichts übt wohl so wenig Anziehungskraft aus wie diese Religion mit ihren abstoßenden Geboten. Nichts weckt das Verlangen, sündigen zu wollen, mehr als eine langatmige erbauliche Rede über die Tugend. Daher sollten uns die nächsten Ereignisse nicht überraschen.

Die Kinder Israels vergeuden keine Zeit und übertreten so viele Gebote, wie sie nur können. Verärgert über Moses langen Aufenthalt auf dem Berg, machen sie einen Schritt rückwärts. Sie bedrängen Aaron, er solle doch irgendetwas unternehmen. Dieser macht den Vorschlag, zu der Bequemlichkeit der alten Weltsicht zurückzukehren: Er sammelt die Schmuckstücke ein, mit denen die Israeliten sich davongemacht haben, schmilzt sie ein und gießt einen Götzen, den das furchtsame Volk anbeten kann. Im *Exodus* heißt dieses Götzenbild das »goldene Kalb«, doch soll das Symbol mit diesem Namen in erster Linie verunglimpft werden. In Wahrheit handelte es sich um einen wahrscheinlich wilden und brünstigen Stier, das usprüngliche Symbol der Potenz. Aaron ruft aus:

> Das sind deine Götter, Israel, die dich aus Ägypten heraufgeführt haben.
>
> (Ex. 32,4b)

Es folgt eine wahre Orgie von Unterwerfungen, Tieropfern, Festivitäten, Besäufnissen und anderen »Vergnügungen«, wie sich die Bibel diskret ausdrückt, das heißt Beischlaf in Form heidnischer Liturgie. Der Stier war, wie wir bereits gesehen haben, ein in Mesopotamien und auch in Ägypten verbreiteter Fruchtbarkeitsgott. Obwohl wir nicht wissen, ob die Israeliten wirklich glaubten, dass sie einen Stier-Gott anbeteten (vielleicht waren sie der Meinung, dass sie sich vor JHWH niederwarfen, der den Stier als eine Art Fußschemel nutzte), handelt es sich hier in jedem Falle um ein verbotenes »Gottesbild« und eine »Darstellung von irgendetwas«. Sie haben JHWH mit seiner Schöpfung verwechselt und damit die ersten beiden Gebote übertreten. Außerdem haben sie das Andenken an ihre Vorfahren, an die Patriarchen und deren Frauen, entehrt, die so lange keinen Götzendienst betrieben hatten. Und schließlich dürfen wir davon ausgehen, dass sie im Verlauf ihrer »Vergnügungen« Ehebruch begingen und ihr sexuelles Verlangen kaum gezügelt haben werden. Mit ein bisschen Phantasie könnten wir uns sogar vorstellen, dass sie alle Zehn Gebote übertraten – doch schon fünf von zehn in solch kurzer Zeit wäre keine schlechte Leistung.

Mittlerweile erfährt Mose, der nun die Zehn Gebote in schriftlicher Form als »zwei Tafeln der Bundesurkunde in der Hand« (Ex. 32,15b)[4] hält, von Gott, »dein Volk, das du aus Ägypten heraufgeführt

---

4 Die Erwähnung von zwei Tafeln hat spätere Bibelexegeten dazu veranlasst, von einer Zweiteilung der Zehn Gebote in Gottes- und Menschengebote zu sprechen. Doch lässt sich die Existenz von zwei Tafeln wahrscheinlich auf die schon im archaischen Mittleren Osten gebräuchliche, heute noch bei Vertragsabschlüssen gängige Konvention zurückführen, bei Bündnissen eine Kopie für jede der beiden Vertragsparteien anzufertigen. Die Frage, wie die Zehn Gebote verschriftlicht wurden und wer in der Lage war, sie zu lesen, lässt sich heute nicht mehr beantworten. Das Alphabet ist eine semitische Erfindung und wurde von phönizischen Schreibern im Levant entwickelt. Der gewaltige Vorteil des Alphabets gegenüber den früheren sumerischen und ägyptischen Systemen, die die Kenntnis von Tausenden von Symbolen erforderten, liegt in seiner Einfachheit, die es jedem und nicht nur denen, die über genügend Bildung und Muße verfügten, erlaubte, es zu erlernen. Aus diesem Grund markiert es einen großen Schritt in Richtung Demokratisierung. Daher wurde es in den folgenden Jahrhunderten auch von den Griechen und Römern übernommen. Mose kannte wohl die Hieroglyphenschrift, von der die semitischen Schreiber Anregungen für ihr neues System entlehnten. Doch ob er ein solches, zur angenommenen Zeit des Exodus bereits bestehendes alphabetisches System kannte, lässt sich heute nicht mehr feststellen.

hast, läuft ins Verderben« (Ex. 32,7b). Der Bund ist bereits wenige Minuten, nachdem er geschlossen worden ist, gebrochen. Die Menschen gehören schon nicht mehr Gott, sondern Mose. Gott nennt sie »störrisch«, und er fordert Mose auf, ihn zu verlassen, damit »mein Zorn gegen sie entbrennt und sie verzehrt«. Mose allein will Gott nun wie Noah nach der Sintflut »zu einem großen Volk machen« (Ex. 32,10b).

Gottes auserwählter Stellvertreter widerspricht ihm nun zum ersten, aber nicht zum letzten Mal:

> Warum, Herr, ist dein Zorn gegen dein Volk entbrannt? Du hast es doch mit großer Macht und starker Hand aus Ägypten herausgeführt. Sollen etwa die Ägypter sagen können: In böser Absicht hat er sie herausgeführt, um sie im Gebirge umzubringen und sie vom Erdboden verschwinden zu lassen? Lass ab von deinem glühenden Zorn, und lass dich das Böse reuen, das du deinem Volk antun wolltest. Denk an deine Knechte, an Abraham, Isaak und Israel, denen du mit einem Eid bei deinem eigenen Namen zugesichert und gesagt hast: Ich will eure Nachkommen zahlreich machen wie die Sterne am Himmel, und: Dieses ganze Land, von dem ich gesprochen habe, will ich euren Nachkommen geben, und sie sollen es für immer besitzen. Da ließ sich der Herr das Böse reuen, das er seinem Volk angedroht hatte.
>
> (Ex. 32,11b-16)

Um der Wahrheit die Ehre zu geben: Gott ist einem Stier durchaus ähnlich, und er sollte sich nicht wundern, dass sein Volk ihn so darstellt. Zu dieser Zeit, da dieser merkwürdige kleine semitische Stamm vom Poly- zum Monotheismus wechselt, schreiben die Israeliten ihrem Gott selbstverständlich Eigenschaften anderer wichtiger Götter des Mittleren Ostens zu: Er ist ein Windgott, der in himmlischem Feuer und Nebel erscheint und dessen Wutausbrüche so plötzlich und zerstörerisch, so schnaubend und vulkanartig wie sein Donnerschlag sind. Wie wir noch sehen werden, sollten diese Beschreibungen göttlichen Zorns von einem reineren Gottesverständnis abgelöst werden. Doch hier haben wir es mit einer

Momentaufnahme des Monotheismus in seinem Kaulquappenstadium zu tun.

Es sollte noch erwähnt werden, dass die Charakterisierung der Israeliten als »störrisch« in späteren christlichen Karikaturen der Juden wieder auftauchen wird. Shylocks »störrisches« und buchstäbliches Festhalten an einem Moralbegriff, der auf dem Vergeltungsgedanken basiert, wird es Shakespeare ermöglichen, ihn in einem so unvorteilhaften Licht erscheinen zu lassen. Unterstellt wird dabei, dass die Juden, überzeugt von ihrer Moralvision eines erbarmungslosen Gottes, selbst nicht vergeben wollen, sondern wie Shylock im *Kaufmann von Venedig* immer auf ihrem »Pfund Fleisch« bestehen. Diese angeblich »jüdische« Eigenschaft diente als grundlegende Rechtfertigung für den Antisemitismus, von dem das gesamte Mittelalter angesteckt werden sollte. Das Argument spielte auch in der Moderne noch eine Rolle, als neue Theorien von rassischer Minderwertigkeit dazu herangezogen wurden, den mittelalterlichen Antihebräismus (der im Grunde so etwas wie Rufmord war) durch die grauenvoll effektiveren Mittel eines »wissenschaftlichen« Antisemitismus zu ersetzen.

Was am christlichen Judenbild, das sich bis auf die elegant bösartigen Predigten des Johannes Chrysostymos im vierten Jahrhundert zurückführen lässt, auf makabere Weise fasziniert, ist Folgendes: Den Menschen, über die hier vernichtende Urteile abgegeben werden, wird nachgesagt, sie hätten dieselben unbeugsamen Eigenschaften wie Gott, jener Gott, den die Christen vorgeben anzubeten und dessen Heilige Schriften sie verehren. Es kann mit gutem Grund behauptet werden, dass sowohl der mittelalterliche Antihebräismus als auch sein moderner Abkömmling, der Antisemitismus, nichts anderes als Hass auf Gott sind, der sich als selbstherrliche Intoleranz maskiert. Der Hass der Christen auf die Juden mag in letzter Instanz Hass auf Gott sein, und zwar ein Hass, den der Hassende vor sich selbst unter allen Umständen geheim halten muss. Aber warum sollte man Gott hassen? Um diese Frage zu beantworten, braucht man wahrscheinlich nur auf die unbeugsamen Zehn Gebote zu schauen.

Fast unmittelbar auf die Verkündigung der Zehn Gebote folgt eine nicht enden wollende Reihe von Vorschriften, die den größten Teil der weiteren Schriften der *Thora*[5] füllen und die von gläubigen Juden bis auf den heutigen Tag als das Herzstück der *Thora* angesehen werden. Diese Vorschriften wurden nicht auf dem Berg Sinai verkündet, obwohl uns die letzten Bearbeiter der Bibel im fünften vorchristlichen Jahrhundert, also sechs Jahrhunderte nach der Theophanie in der Wüste, dies glauben machen wollen. Sie wurden vielmehr nachträglich in den Text hineingezwängt und unterbrechen wenig elegant den Erzählfluss mit Einfügungen, die die Handlungen von Menschen regulieren sollen, die seit langem auf ihrem Grund und Boden beheimatet sind und nichts mehr mit den Wanderern der Wüste Sinai zu tun haben. Ihre Sprache ist die Sprache von Anwälten und Priestern, nicht von Geschichtenerzählern. Eine dieser Vorschriften, das so genannte *lex talionis,* also das Vergeltungsrecht (»Auge für Auge, Zahn für Zahn, Hand für Hand, Fuß für Fuß«), wird oft dazu herangezogen, die Strenge der »alt«-testamentarischen Moral und ihre Gemeinsamkeiten mit den sumerischen Gesetzen zu demonstrieren. In der Tat erscheint das *lex talionis* viele Jahrhunderte vor seinem erneuten Auftreten im Kodex Hammurapis.

Zugegebenermaßen lassen uns viele Gesetze der *Thora* heute erschauern: Die Anweisung »Eine Hexe sollst du nicht am Leben lassen« (Ex. 22,17) ist im Verlauf der Geschichte des Abendlandes

---

5 *Thora* (die »Lehre«, manchmal auch unpassend als »Gesetze« übersetzt) ist der jüdische Name für die ersten fünf Bücher der Bibel. (Zusätzliche Informationen finden sich unter »Die Bücher der Bibel« im Anhang.) Die *Thora* kann mit einem großen Mosaik verglichen werden, und obwohl das ihr zugrunde liegende Muster *einem* Künstler (einer späteren Tradition zufolge Mose selbst) zugeschrieben werden kann, sind seine miteinander verschlungenen Einzelteile und sein kompliziertes Gewebe das Werk zahlreicher Hände. Trotz des meiner Meinung nach auf historischen Tatsachen beruhenden Erzählmaterials werden in ihm doch viele Einzelinteressen verfolgt. In die Erzählung von der ägyptischen Gefangenschaft zum Beispiel sind Ritualvorschriften eingefügt, die auf eine Zeit zurückgehen, da die Israeliten sich längst in Kanaan niedergelassen und die Priester genug Muße hatten, komplexe Kategorien zu entwickeln. Auf diese Weise wurde das Pessachlamm und die sich auf das Mazza-Brot (ungesäuertes Brot für das Pessachseder) beziehenden Vorschriften, die ursprünglich aus Frühjahrsfesten auf dem Lande stammen, dem ursprünglichen Text zu einem viel späteren Zeitpunkt hinzugefügt, da die Priester die großartige Geschichte von der Befreiung zur Rechtfertigung dieser Rituale benutzen wollten.

mehrfach dazu benutzt worden, um, wie zum Beispiel bei den Hexenprozessen in Salem im amerikanischen Bundesstaat Massachusetts, unliebsame alte Frauen loszuwerden. Genauso wenig werden die Vorschriften im *Buch Levitikus,* Homosexuelle hinzurichten und beide an einem Inzest Beteiligten bei lebendigem Leibe zu verbrennen, heute auf allzu großes Verständnis stoßen. Doch all diese unterschiedlichen Vorschriften stellen zusammengenommen eine Milderung und Humanisierung des Gewohnheitsrechts, das im archaischen Mittleren Osten galt, dar. Es sühnte nur zu oft nicht eine Hand, sondern den Diebstahl eines Laibes Brot oder das Ohrfeigen eines sozial Höhergestellten mit einer Hand. Außerdem gestand es der Nobilität alle und den einfachen Menschen so gut wie keine Rechte zu. Die Grausamkeit anderer archaischer Kodizes – das Abschneiden von Nase, Ohren, Zunge, Unterlippe (für das Küssen der Frau eines anderen), Brüsten und Hoden – findet sich in der *Thora* nur gelegentlich. Die Gesetze der *Thora* folgen vielmehr durchgängig dem Prinzip, dass alle Menschen, sogar Sklaven, als Menschen gelten und dass das menschliche Leben heilig ist. Die Waagschale neigt sich oft zugunsten der Besitzlosen und ihrer Armut anstatt zugunsten der Reichen und ihrem Besitz; und an vielen Stellen wird zur Anteilnahme aufgefordert:

> Einen Fremden sollst du nicht ausbeuten. Ihr wisst doch, wie es einem Fremden zumute ist; denn ihr selbst seid in Ägypten Fremde gewesen.
>
> (Ex. 23,9)

Diese Vorliebe für die Benachteiligten ist nicht nur in der archaischen Gesetzgebung, sondern in der gesamten Rechtsgeschichte einzigartig. Falls wir über einen wenn auch noch so schwachen Gerechtigkeitssinn verfügen, ist es ein jüdischer Gerechtigkeitssinn.

Nur wenig Verbindungen zwischen den wichtigsten westlichen Traditionen und den Traditionen des Judentums lassen sich erkennen, wenn wir die zahlreichen Anweisungen in der *Thora* beachten, die die Grundlage der *Halacha* bilden, der Sammlung jüdischer Gesetze, die jeden Aspekt des Alltagslebens regulieren sollen und seit der spätklassischen Zeit gewaltige Ausmaße angenommen haben. Auf einem einzigen Satz des *Exodus* etwa – »Das Junge einer Ziege sollst du nicht in der Milch seiner Mutter kochen« (Ex. 23,19b), wahrscheinlich eine Vorschrift, die Grausamkeiten gegen Tiere unterbinden soll – beruht ein Großteil der jüdischen Speisevorschriften, wie Fleisch und Geflügel von Milch und allen Milchprodukten zu trennen oder für jede Küche zwei vollständige Sets an Geschirr und Küchengeräten anzuschaffen. Solche aus den Vorschriften der *Thora* abgeleiteten Gesetze, die dann in der *Mischna,* dem frühen rabbinischen Gesetzeskodex des zweiten nachchristlichen Jahrhunderts, im *Talmud* des frühen Mittelalters und bis zum heutigen Tage in (oft obskuren) rabbinischen Kommentaren immer wieder erweitert und interpretiert wurden, sind über den vergleichsweise engen Kreis strenggläubiger Juden hinaus nie besonders einflussreich gewesen. Sie gehörten niemals zum inneren Kern des abendländischen Bewusstseins und Gedankenguts, womit sie über den für dieses Buch gesteckten Rahmen hinausweisen. Die endlosen, im Verlauf von Jahrhunderten von Rabbinern vorgenommenen Differenzierungen haben dem Begriff »taldmudisch« die Konnotation »spitzfindig bis an den Rand des Absurden« gegeben. Sie haben außerdem dazu geführt, dass die Juden untereinander zerstritten sind und noch heute ultraorthodoxe Juden gehässig meinen, flexiblere Formen des Judentums seien kein Judentum.

Doch selbst mit ihren bizarren Haarspaltereien legen diese Gesetze Zeugnis davon ab, dass die Juden das erste Volk waren, das eine umfassende Weltanschauung und daraus erwachsende Verpflichtungen formuliert hat. Anders als die Sumerer, Ägypter und Griechen gehen sie nicht von einer Trennung in den Bereich des Gesetzes und den Bereich der Weisheit aus, sondern glauben, dass alle Lebensbereiche, da sie vom Weltenschöpfer erschaffen sind, zusammengehören. Materielle und geistige sowie intellektuelle und moralische Belange stehen in Bezug zueinander:

> Höre, Israel! Jahwe, unser Gott, Jahwe ist einzig!
>
> (Deut. 6,4)

Diese großartige Formel spricht nicht nur von einem Gott, sondern davon, dass dieser Gott »einzig« ist. Dieses Verständnis wird nicht nur zu der vereinheitlichenden und universalen Tendenz der abendländischen Philosophie führen. Es wird die modernen Naturwissenschaften schlechthin begründen. Das Leben ist nun keine Folge zusammenhangloser Erfahrungen mehr, die von verschiedenen Mächten bestimmt werden. Wir leben nicht in einem fragmentierten Universum, das von wankelmütigen und sich gegenseitig bekämpfenden Göttern kontrolliert wird. Bob Dylan hat das in einem seiner Songs so besungen:

> Lass die Glocken läuten, süße Martha,
> für des armen Mannes Sohn.
> Lass die Glocken läuten, damit die Welt es wisse:
> Gott ist einzig.
>
> (Bob Dylan: *Ring them Bells*)

Gott und »des armen Mannes Sohn« gehören zusammen, weil Gott einzig und das Leben ein moralisches Kontinuum, die Wirklichkeit sinnvoll ist.

Auf die Betrugsorgie folgt Blutvergießen. Mose steigt, die Tafeln mit den Zehn Geboten in der Hand, vom Berg hinab. Er hört »Lärmen und Schreien« (Ex. 32,17b), die typischen Wechselgesänge der archaischen Liturgie, und sieht »das Kalb und den Tanz«, worauf

> sein Zorn [entbrannte]. Er schleuderte die Tafeln fort und zerschmetterte sie am Fuß des Bergs.
>
> (Ex. 32,19b)

Damit ist der Bund auch buchstäblich gebrochen. Mose schmilzt das Götzenbild ein, zermalmt es zu Staub, mischt es mit Wasser und gibt den Kindern Israels das widerwärtige Gebräu zu trinken. Dann wendet Mose sich an Aaron und fleht ihn regelrecht an, etwas zu seiner Entlastung zu sagen, was Aaron auch geschickt bewerkstelligt:

> Mein Herr möge sich doch nicht vom Zorn hinreißen lassen.
> Du weißt doch, wie böse das Volk ist. Sie haben zu mir gesagt:

Mach uns Götter, die uns vorangehen. Denn dieser Mose, der Mann, der uns aus Ägypten heraufgeführt hat – wir wissen nicht, was mit ihm geschehen ist. Da habe ich zu ihnen gesagt: Wer Goldschmuck trägt, soll ihn ablegen. Sie haben mir das Gold übergeben, ich habe es ins Feuer geworfen, und herausgekommen ist dieses Kalb. Mose sah, wie verwildert das Volk war. Denn Aaron hatte es verwildern lassen, zur Schadenfreude ihrer Widersacher. Mose trat an das Lagertor und sagte: Wer für den Herrn ist, her zu mir! Da sammelten sich alle Leviten um ihn. Er sagte zu ihnen: So spricht der Herr, der Gott Israels: Jeder lege sein Schwert an. Zieht durch das Lager von Tor zu Tor! Jeder erschlage seinen Bruder, seinen Freund, seinen Nächsten. Die Leviten taten, was Mose gesagt hatte. Vom Volk fielen an jenem Tag gegen dreitausend Mann.

(Ex. 32,22b-28)

Wie ist ein Gott zu begreifen, der gerade eben ein absolutes Tötungsverbot ausgesprochen hat und nun ein allgemeines Gemetzel befiehlt? Mose führte einen einfachen Wüstenstamm an, der eine offene Meuterei plante. Es gab weder Gerichte, an die man sich hätte wenden können, noch Gesetze, nur das Wort JHWHs und den Willen Moses, dieses Wort durchzusetzen. Hätte er sich nicht mit den kämpferischen Söhnen Levis verbündet, hätte die Geschichte des *Exodus* wohl hier ihr Ende gefunden. In dieser nachträglich eingefügten Geschichte gibt es bereits Anzeichen für die späteren Zwistigkeiten und Reibereien um die Vorherrschaft zwischen den levitischen Priestern im Norden und der aaronitischen Priesterkaste, die den Jerusalemer Tempel im Süden kontrollieren sollte. Das Blutbad wirkt in jedem Falle bedrückend auf den Leser. Wir können uns immer wieder einreden, dass es sich um ein primitives Volk handelt, mit dem hart umgegangen werden musste, oder dass diese Geschichte durch spätere gesellschaftliche Spannungen erklärt werden kann. Gleichwohl beschäftigt uns die Frage, warum Gott hier für alle Zeiten als jemand dargestellt wird, der das Abschlachten anderer Menschen verlangt. Vielleicht gibt es darauf keine Antwort, und wir müssen uns mit der des Heiligen Augustinus von Hippo zufrieden geben: »Wir haben es hier mit Gott zu tun. Welches seiner Wunder glaubst du denn verstehen zu können? Könntest du verstehen, wäre es nicht Gott.«

Doch gibt es eine Reihe von Rätseln im Text des *Exodus*, Rätsel, die im Text selbst angelegt sind. Moses Auf- und Abstiege lassen sich nur schwer verfolgen, und sein vierzigtägiges Verschwinden im rauchenden Gipfel des Berges bringt die Israeliten zur Verzweiflung und provoziert ihren Rückfall. Den modernen Leser verwirren die zahlreichen späteren Einschübe, die den Erzählfluss immer wieder unterbrechen – Erläuterungen zu den Zehn Geboten; Vorschriften für Bauern und Hirten; detaillierte Anweisungen zur Fertigung der Bundeslade, in der die beiden Tafeln aufbewahrt werden sollen (Mose wird schließlich eine zweite Kopie erhalten), und des »Offenbarungszeltes«, in dem die Lade untergebracht werden sollte, wenn Israel ein Lager aufschlägt.

Trotz ihrer geringeren Zahl bessern sich die Kinder Israels nicht. Das kleinste Hindernis nimmt ihnen den Mut, ihre Klagen nehmen kein Ende, und ihre Bereitschaft zur Revolte gefährdet das gesamte Unternehmen. Nachdem Gott sich ihr Gejammer ein paar Jahre lang angehört hat, beschließt er, sie ganze vierzig Jahre durch die Wüste ziehen zu lassen, bevor sie sich in Kanaan ansiedeln dürfen. So ist sichergestellt, dass die gesamte Generation der in Ägypten aufgewachsenen Jammerfritzen stirbt und durch eine widerstandsfähigere, von den Gefahren der Wildnis gehärtete Generation ersetzt wird. Anders als die sich ständig nach den ägyptischen Fleischtöpfen zurücksehnenden entwurzelten Städter wird die neue Generation als Nomaden geboren und deshalb ein unruhiges Leben erwarten.

Die Erzählungen der *Thora* weisen eine bemerkenswerte Eigenart auf, die sich in keinem anderen archaischen Literaturdenkmal finden lässt: eine ausgesprochene Sensibilität für den prägenden Einfluss der Umwelt auf das Bewusstsein und das Gewissen. Weder Sumer noch Ägypten werden jemals wirklich beschrieben; über Sumer erfahren wir in der Bibel so gut wie nichts, über Ägypten heißt es lediglich, dass der König ein Narr war, der glaubte, dem wahren Gott widerstehen zu können. Jedes gute Kunstmuseum kann uns diese archaischen Gesellschaften besser vor Augen führen als die Bibel, der die reichhaltigen Quellen dieser Kulturen zugrunde liegen. Wir können durch eine Ausstellung gehen und die goldenen Statuen der Pharaonen und die beflügelten babylonischen Götter bewundern, ohne die geringste Neigung zu verspüren, uns vor ihnen zu verbeugen oder vor ihnen niederzuknien. Doch die biblische Geschichte ist keine Kunst- oder Kulturgeschichte. Sie ist eine Geschichte, die sich an gläubige Menschen richtet und den Versuchungen der ägyptischen Fleischtöpfe und den Grausamkeiten der sumerischen Priester nur allzu nahe war. Ihre Verfasser sahen keine Veranlassung, sich in literarischen Beschreibungen kultivierten Luxus zu verlieren. Kultus und Luxus gehörten in der archaischen Welt so eng zusammen, dass die schwachen und launischen Israeliten durch jegliche Würdigung der kulturellen Werte Ägyptens und Sumers (und später Babyloniens) in Versuchung geraten wären, den schwierigen Weg zum lebendigen Gott zugunsten der bequemen Anbetung des Goldenen Kalbs aufzugeben.

Es ist daher kein Zufall, dass die großen Offenbarungen – Gottes Name und die Zehn Gebote – sich in einer Gebirgswüste ereignen, möglichst weit von jeglicher Zivilisation entfernt, an einem Ort, der mit den üppigen Bequemlichkeiten des Nil und des Euphrat überhaupt nicht zu vergleichen ist. Wollte Gott – der wahre Gott, der einzige Gott – zu den Menschen sprechen und sollten diese ihn erhören, konnte dies nur an einem Ort erfolgen, der keine kulturellen Bezugspunkte aufweist und an dem sogar die Natur (die erfüllt ist von widerborstigen, von Götzen kontrollierten Mächten) abwesend zu sein scheint. Nur inmitten von seelenlosem Gestein und Wüstenstaub konnten die hier versammelten fehlbaren Menschen die Vorstellungskraft aufbringen, auf neue Weise Mensch zu werden. Nur unter einer sengenden Sonne und auf einem Berg ohne Leben konnte der lebendige Gott den Kulturfilter durchbrechen, der uns sonst von ihm trennt. »Jahwe«, ruft er Mose, dem Mann auf dem Berg, zu:

> Jahwe ist ein barmherziger und gnädiger Gott,
> langmütig, reich an Huld und Treue: Er bewahrt
> Tausenden Huld, nimmt Schuld, Sünde und Frevel weg,
> lässt aber (den Sünder) nicht ungestraft; er verfolgt
> die Schuld der Väter an den Söhnen und Enkeln, an der
> dritten und vierten Generation.
>
> (Ex. 34,6b-7)

So beschreibt Gott sich selbst, an dieses Selbstbildnis sollen wir uns immer erinnern. Er ist der Gott der Gnade und der Vergebung, der Gott, der sein Volk nie im Stich lässt und der ihm bis ans Ende treu bleibt. Er erträgt geduldig all unsere Fehler, wie schwerwiegend sie auch sein mögen. Doch er lässt uns auch wissen, dass eine Familie bis in die dritte (und manchmal auch vierte) Generation den Sünden der vorhergehenden Generation, die notwendigerweise die Luft vergiften, nicht entkommen kann.

Mose, das Medium dieser Offenbarung, ist sowohl Gottes als auch seines Volkes Stellvertreter. Er spricht zu Gott im Namen des Volkes und zum Volk im Namen Gottes. Er hat eine wesentlich schwierigere Aufgabe als Abraham, der so etwas wie ein sumerischer Odysseus war und eine Mission erfüllte, doch mit seiner Gewitztheit allen Herausforderungen gewachsen schien. Mose scheint von sich selber nicht überzeugt und verlässt sich nie auf seine eigenen Fähigkeiten, sondern immer nur auf das Wort Gottes. Er war, wie es im *Buch Numeri* heißt, »demütiger als alle Menschen auf der Erde« (Num. 12,3), was in dieser Welt voller Prahlhänse eine außergewöhnliche Charakterisierung ist. Seine Demut macht ihn zu einem hohlen Schilfrohr, so dass weder Stolz noch irgendeine schlechte Angewohnheit Gottes Botschaft im Wege stehen. Somit wird er zu einem wahrhaften Medium, einem Kanal für diese Botschaft.

Die Verschiedenheit der beiden großen Figuren des Judentums beweist einmal mehr ihre im wesentlichen historische Authentizität. Beide Männer, darin ähneln sie sich, waren sesshaft und wohlhabend und wurden zu einem Leben als Nomaden berufen, zu vielen Jahren des Umherziehens, ohne zu wissen, wann sie sich endlich wieder niederlassen würden. Wenn ihre Geschichte nur Mythos einer mündlich überlieferten semitischen Kultur wäre, könnten wir sie nur schwer unterscheiden, denn sie haben eine sehr ähnliche Funktion. Wir wissen nicht, mit wie vielen sumerischen Geschäftsleuten Gott gesprochen hat, bevor Abram seine Stimme hörte. Ebenso wenig wissen wir, wie viele mit dem Bau einer ägyptischen Stadt wie Ramesseum beschäftigte Hebräer die beängstigende Stimme gehört und sie mit einer Handbewegung abgetan haben, um sich wieder ihren Backsteinen zuzuwenden. Mose hingegen, anknüpfend an die tradierten

Geschichten der Ahnen von einem Gott, der zu ihnen spricht, vermag dieser Offenbarung eine neuartige Bestimmung und Genauigkeit zu geben und einem Gott zu begegnen, der sein wanderndes Volk führt und sich weigert, es trotz all seiner ärgerlichen Beschränktheit zu verlassen.

Der Hausgötze Abrahams, der Schrecken Isaaks, der Engel, der eine ganze Nacht mit Israel kämpfte, hat sich zu einem Gott für ein *Volk*, für die Israeliten, gewandelt, über die er wie ein eifersüchtiger Ehemann wacht. Doch ist er mehr als nur der Gott Israels, denn er ist der allumfassende Gott, der Weltenschöpfer, der sich in seiner unermesslichen Gnade dazu herabgelassen hat, dieses Volk auszuwählen und zu seinem heiligen Volk zu erklären. Alles folgt aus dieser zweifachen Offenbarung auf dem Sinai, dem Bund der Zehn Gebote und der Enthüllung von Gottes Wesenheit: Der-der-ist, Der-der-sein-wird.

Das Feuer des Sinai, das in den Zehn Geboten und in der Enthüllung des Namens brennt, wird Israel nicht verlassen. Doch wird es sich allmählich von einem Symbol für den zornigen Sturmgott in das läuternde Feuer der Liebe Gottes verwandeln. T. S. Elliot schrieb einmal, wir lebten bloß einen Atemzug lang und würden entweder vom Feuer oder vom Feuer verzehrt – also verzehrt entweder vom Zorn des Sturmgottes oder von der Liebe des lebendigen Gottes. Das Leben und seine Leiden lassen sich nicht umgehen. Wir haben die Wahl, ob wir uns vom Feuer unserer eigenen unbedeutenden Ängste und Leidenschaften verzehren lassen oder ob wir Gott erlauben, uns in seinem Feuer zu veredeln und uns wie Mose zu einem Instrument seiner Offenbarung zu formen. Wir brauchen uns vor Gott nicht wie vor allen anderen verbrennenden, verstümmelnden und tötenden Leiden zu fürchten, denn das Feuer Gottes wird uns vervollkommnen, nicht zerstören, weil »der Dornbusch brannte und doch nicht verbrannte«.

Diese Wahrnehmung Gottes ist Erleuchtung nicht von dieser Welt. In diesem Licht werden alle folgenden großen Werke der abendländischen Literatur erstrahlen. Der Dornbusch wird brennen und doch nicht verbrennen in den Psalmen Davids und den Prophezeiungen des Jesaja, in den Visionen Dantes und den Träumen Dostojewskijs. Und Allen Ginsberg wird einmal schreiben, die einzige poetische Tradition sei die des brennenden Dornbuschs.

V

Kanaan

Vom Stamm zur Nation

Deuteronomium, das fünfte und letzte Buch der *Thora*, schließt mit einer elegischen Szene, die, wie es sich für ein richtiges Ende gehört, voller Melancholie ist. Mose steht auf dem Gipfel des Berges Nebo im Westjordanland und schaut über das Tote Meer und den Jordan nach Kanaan, das Gelobte Land, das er nie betreten wird. Er kann dieses gesamte Land der Verheißung von Dan im Norden, dem Mittelmeer im Westen bis zur Wüste Negeb im Süden überblicken. Auf der anderen Flussseite liegt Jericho, die Mondstadt und älteste Stadt der Welt, *Deuteronomium* nennt sie die »Palmenstadt«:

> Der Herr sagte zu ihm: Das ist das Land, das ich Abraham, Isaak und Jakob versprochen habe mit dem Schwur: Deinen Nachkommen werde ich es geben. Ich habe es dich mit deinen Augen schauen lassen. Hinüberziehen wirst du nicht. Danach starb Mose, der Knecht des Herrn, dort in Moab, wie es der Herr bestimmt hatte. Man begrub ihn im Tal, in Moab, gegenüber Bet-Pegor. Bis heute kennt niemand sein Grab.
> Mose war hundertzwanzig Jahre alt, als er starb. Sein Auge war noch nicht getrübt, seine Frische war noch nicht geschwunden. Die Israeliten beweinten Mose dreißig Tage lang in den Steppen von Moab. Danach war die Zeit des Weinens und der Klage um Mose beendet. Josua, der Sohn Nuns, war vom Geist der Weisheit erfüllt, denn Mose hatte ihm die Hände aufgelegt.[1] Die Israeliten hörten auf ihn und taten, was der Herr dem Mose aufgetragen hatte.
> Niemals wieder ist in Israel ein Prophet wie Mose aufgetreten. Ihn hat der Herr Auge in Auge berufen. Keiner ist ihm vergleichbar, wegen all der Zeichen und Wunder, die er in

1 Jemandem die Hand aufzulegen und seinen Kopf zu umarmen bedeutete, die Lebenskräfte von einer Person auf eine andere zu übertragen. Handelte es sich dabei um einen großen Führer, so wurde hiermit der Führungsanspruch an den Nachfolger weitergegeben.

> Ägypten im Auftrag des Herrn am Pharao, an seinem ganzen Hof und an seinem ganzen Land getan hat, wegen all der Beweise seiner starken Hand und wegen all der Furcht erregenden und großen Taten, die Mose vor den Augen von ganz Israel vollbracht hat.
>
> (Dtn. 34, 4-12)

Die Lebensgeschichte Moses und der Patriarchen vor ihm muss für uns fast so dunkel bleiben wie diejenige unserer entferntesten Vorfahren, der Hominiden der Vorgeschichte. Wir wissen, dass sie mit Erstaunen in den nächtlichen Himmel blickten, ohne bestimmtes Ziel rastlos umherwanderten und den Eingebungen einer inneren Stimme lauschten, die sie mit den furchteinflößenden Wundern der Natur in Verbindung brachten. Die rauen und besonderen Bedingungen ihrer Lebensumstände sind mit den unsrigen nicht vergleichbar. Wir modernen Menschen können unsere Ohren vor der permanenten Berieselung durch Werbeslogans kaum verschließen, hängen an der gewohnten Umgebung, und der rund um die Uhr von elektrischem Licht verdunkelte Nachthimmel bedeutet nur selten noch ein Wunder.

Doch in diesem Ende, diesem Tod Moses, spüren wir so etwas wie eine alle Menschen umfassende Gemeinschaft, die die großen Unterschiede aufhebt. Die Beschreibung des immer noch rüstigen alten Mannes muss uns an die klassische Größe der Mosefigur Michelangelos erinnern, die mit riesigen Armen, ungekrümmtem Rücken und Adleraugen auch nach den zahlreichen erschütternden Begegnungen mit Gott und nach den Enttäuschungen, die ihm sein Volk immer wieder bereitet hat, ohne mit der Wimper zu zucken dem Tod ins Angesicht schauen kann. Auch wir müssen sterben, ohne das Begonnene zum Abschluss bringen zu können. Jeder von uns hat in seinem Leben wenigstens einen Augenblick der Erkenntnis, ein Sinai-Erlebnis – ein unheimliches, jenseits alles Irdischen angesiedeltes, die Zeitlichkeit transzendierendes Erlebnis, dem es irgendwie gelingt, die schmutzige, laute Gegenwart zu durchbrechen, und das uns, lassen wir es zu, durch unser Leben zu begleiten vermag. Doch wie Mose und Martin Luther King betreten auch wir nicht das Gelobte Land, obwohl wir uns daran erinnern, dass wir »auf dem Berggipfel gestanden haben«. Wir erhaschen nur einen flüchtigen Blick von ihm. Nichts, was wert ist getan zu werden, hat Reinhold Niebuhr einmal geschrieben, könnten wir im Verlauf unseres Lebens erreichen, deshalb müssten wir durch die Hoffnung gerettet werden. Nichts, was wahr oder schön sei, könne im unmittelbaren Kontext der Geschichte vollständig begriffen werden, deshalb müssten wir durch den Glauben gerettet werden. Nichts, was wir tun, wie tugendhaft es auch sein möge, könne allein vollendet werden, deshalb müssten wir durch die Liebe gerettet werden. Dass diese Vollendung mehrerer Generationen bedarf, ist vielleicht die tiefste hebräische Einsicht.

Josua, Moses junger Feldherr, führt die Israeliten über den Jordan ins Gelobte Land. Vorweg wird die Bundeslade getragen, und Josua schickt zunächst seine Männer mit folgender Anweisung ins Lager:

> Wenn ihr die Bundeslade des Herrn, eures Gottes, seht, und die levitischen Priester, die sie tragen, dann sollt auch ihr von dort, wo ihr gerade seid, aufbrechen und ihr folgen ... So werdet ihr wissen, welchen Weg ihr gehen sollt; denn ihr seid den Weg ja früher noch nie gegangen.
>
> (Jos. 3, 3b-4)

Dies ist ein Augenblick voller Erwartung – ein Weg soll beschritten werden, der noch nie beschritten worden ist, doch wird man an seinem Ende wieder die Heimat erreichen:

> The ole ark's a-moverin', moverin', moverin',
> The ole ark's a-moverin',
> An' I'm goin' home!
>
> [Die alte Lade bewegt sich, bewegt sich, bewegt sich,
> Die alte Lade bewegt sich,
> und ich geh' nach Haus'!]

Und wie ein anderes mitreißendes afroamerikanisches Spiritual berichtet, ist Jericho bald eingenommen und stürzen seine Mauern unter dem Klang der Trompeten Josuas und seiner Männer zusammen.

Joshua fit the battle ob Jericho, Jericho, Jericho,
Joshua fit the battle ob Jericho,
And de walls come tumbelin' down.

[Josua hat die Schlacht um Jericho geschlagen, um Jericho, um Jericho,
Josua hat die Schlacht um Jericho geschlagen,
Und die Mauern sind zusammengestürzt.]

Vielleicht hat niemand die Geschichte von der Befreiung Israels mit solcher Tiefe, mit solchem Mitgefühl und mit solcher Freude nachempfunden wie die schwarzen Sklaven der U.S.-amerikanischen Südstaaten. Es gibt Indizien dafür, dass so etwas wie die Zerstörung Jerichos wirklich stattgefunden hat. Archäologen haben nachgewiesen, dass um das Jahr 1200 v. Chr. mehrere palästinensische Städte dem Erdboden gleichgemacht und dann von einer neuen, unter materiellen Gesichtspunkten weniger weit entwickelten Kultur wieder aufgebaut wurden; dabei kann es sich durchaus um die israelitische Besetzung zerstörter kanaanitischer Siedlungen gehandelt haben. Doch wurde Jericho mehrere Jahrhunderte vor der israelitischen Invasion Kanaans zerstört; möglicherweise veranlassten die zerstörten Stadtmauern die Israeliten in späterer Zeit zu der Vorstellung, sie hätten die Stadt erobert.

Die Einnahme Kanaans, die im Buch *Josua* beschrieben wird und die das Epos Israels – vom ersten Patriarchen bis zur endgültigen Sesshaftwerdung – abschließt, ist eine ziemlich grässliche Geschichte und führt uns erneut vor Augen, dass wir es hier mit einer primitiven Gesellschaft zu tun haben. Sämtliche Kanaaniter, »Männer und Frauen, Kinder und Greise, Rinder, Schafe und Esel« (Jos. 6,21b), fallen dem Schwert zum Opfer, ihre Häuser werden bis auf den Erdboden niedergebrannt, ihre Edelmetalle geraubt und JHWH »geweiht«, das heißt als priesterliche Kriegsbeute auf die Seite geschafft. Auch die Kanaaniter werden »geweiht«, also zur Ausrottung bestimmt. Selbst im vorhistorischen Schottland wurden Gott dargebotene Kriegsopfer und Kriegsgefangene »Geweihte« genannt. Hier geht es um Menschenopfer unter dem Vorwand eines heiligen

Krieges, und wir müssen wohl zugeben, dass das Bedürfnis, Sündenböcke zu finden und deren Blut zu vergießen, unauslöschlich in das menschliche Herz eingeschrieben ist.

Doch war diese legendäre »Eroberung«, im *Buch Josua* mit solch blutrünstiger Genugtuung als überwältigender Sieg nacherzählt, ein sehr langsamer Vorgang. Die Stämme, die Mose durch die Wüste geführt hatte, zogen vom Westjordanland in das Hügelland Zentralkanaans und übermannten, wenn möglich, seine eisenzeitlichen Bewohner. Sie mussten jedoch gelegentlich Bündnisse mit den kanaanitischen Bauern eingehen, sei es, um einen schrecklichen Tyrannen zu überwältigen, sei es, um sich gegenseitig Schutz zu gewähren. Die »Staubigen« aus Ägypten und Moses Jammerfritzen waren inzwischen durch widrige Umstände abgehärtet und führten sich nun als eindrucksvolle Krieger auf, mit denen sich friedliebende Bauern besser nicht auf Händel einließen. Durch eine Eroberungsswelle in einem kleinen Landstrich konnten diese Krieger neue Anhänger für den Gott, der ihnen diese Erfolge ermöglichte, gewinnen. Diese neuen Gläubigen verstanden sich nun selbst als Israeliten, dem Volk JHWHs zugehörig, dem Gott, der sogar Ägypten demütigen konnte.

Kultureller Austausch ist jedoch selten eine Einbahnstraße. Nachdem sie das zentrale Hügelland besiedelt und sich mit den ursprünglichen Einwohnern vermischt hatten, taten die Israeliten, »was dem Herrn missfiel, und dienten den Baalen« (Ri. 3,7). Baal war der kanaanitische Gott des Sturms, der für die einfältigen Israeliten wohl sehr viel Ähnlichkeit mit JHWH gehabt haben mag. Sie werden sich gesagt haben: »Was soll's schon?« »Den Baalen dienen« bedeutete, eine der vielen Baalabbildungen anzubeten: Stiere aus Metall und phallische Steinstatuen, die in ganz Kanaan in verschiedenen Heiligtümern aufgestellt waren. Baal wurde von Astarte begleitet, der kanaanitischen Entsprechung der mesopotamischen Fruchtbarkeitsgöttin Ischtar. Astarte (im Alten Testament Aschtoret) wurde manchmal auch Ascherah genannt, was wahrscheinlich »Begleiterin« bedeutet. Die unverfälschte Religion JHWHs wurde von dieser abergläubischen, von Pflanzen-, Tier- und Menschenkulten geprägten Naturreligion beeinflusst. Man hat Inschriften aus der Königszeit mehrere Jahrhunderte nach Josua entdeckt, die Gebete an »JHWH und seine

Ascherah« enthielten. Daraus haben viele Gelehrte geschlossen, dass JHWHs Wüstenreligion einer Art heidnischem Synkretismus gewichen sei, sobald sich die abgebrühten hebräischen Krieger niedergelassen und damit begonnen hatten, unter ihren kanaanitischen Nachbarn Ackerbau und Viehzucht zu betreiben.

Die Zeit unter Josua nach der Invasion wird die Richterzeit genannt. Bei diesen Richtern handelte es sich um örtliche Soldatenführer, die wie Moses Wüstenrichter Streitigkeiten zwischen den Israeliten schlichteten. Dem *Buch der Richter* zufolge scheint es eine Zeit der Besiedlung und Konsolidierung gewesen zu sein. Die israelitischen Krieger-Bauern breiteten sich in ganz Kanaan aus und hatten nach weniger als zweihundert Jahren den größten Teil des Gelobten Landes besetzt. In den Büchern *Josua* und *Richter* ist Israels Erfolg unwiderruflich an seine Treue zu JHWH, sein Misserfolg an die Liebesdienerei gegen andere Götter der sie umgebenden Völker gebunden.

Trotz der überwältigenden Siedlungserfolge hatten die Israeliten ständig Feinde. Besondere Gefahr ging von den seefahrenden Philistern aus, die nach dem Zusammenbruch Mykenes das Mittelmeer durchsegelten und sich zunächst in küstennahen Städten wie Gaza und später in Städten im Landesinnern, etwa Gat, niederließen. Ihr Vordringen brachte sie in empfindliche Nähe zu den Israeliten, die sich manchmal in Philisterstädten wieder fanden und unter deren Bevormundung und Rüpeleien sie leben mussten. Der Begriff »Philister« wurde bald zum Synonym für »ungehobelt und unzivilisiert« und zur etymologischen Wurzel für den Namen »Palästina«. (In dieser Zeit spielt die Geschichte des großartigen israelitischen Muskelprotzes Samson, der das Land der Philister verwüstete). Nach geraumer Zeit gelangen die Israeliten schließlich zu der Überzeugung, dass sie jemanden brauchen, der ein sichtbares Zeichen ihrer Einigkeit und in der Lage ist, ihr Zusammengehörigkeitsgefühl zu verstärken: einen König.

Doch ihr König ist JHWH. Seit den Tagen der *Kahal*, der Versammlung des pilgernden Volkes in der Wüste, verstand sich Israel politisch als Schar Gottes, die von Gottes auserwählten Stellvertretern angeführt werde und keinem irdischen König zu gehorchen brauche, also eine Art theokratische Demokratie. Gott gibt dem zögernden

Samuel, seinem Propheten und Priester, folgenden Rat, nachdem das Volk ihn um einen König gebeten hat:

> Hör auf die Stimme des Volkes in allem, was sie zu dir sagen. Denn nicht dich haben sie verworfen, sondern mich haben sie verworfen: Ich soll nicht mehr ihr König sein. Das entspricht ganz ihren Taten, die sie (immer wieder) getan haben, seitdem ich sie aus Ägypten herausgeführt habe, bis zum heutigen Tag; sie haben mich verlassen und anderen Göttern gedient. So machen sie es nun auch mit dir.
>
> (1. Sam. 8, 7b-8)

Gott hat nichts gegen eine Monarchie einzuwenden, solange das Volk sich darüber im Klaren ist, worauf es sich einlässt. Samuel übermittelt dem Volk Gottes warnende Worte:

> Das werden die Rechte des Königs sein, der über euch herrschen wird: Er wird eure Söhne holen und sie für sich bei seinen Wagen und seinen Pferden verwenden, und sie werden vor seinem Wagen herlaufen. Er wird sie zu Obersten über (Abteilungen von) Tausend und zu Führern über (Abteilungen von) Fünfzig machen. Sie müssen sein Ackerland pflügen und seine Ernte einbringen. Sie müssen seine Kriegsgeräte und die Ausrüstung seiner Streitwagen anfertigen. Eure Töchter wird er holen, damit sie ihm Salben zubereiten und kochen und backen. Eure besten Felder, Weinberge und Ölbäume wird er euch wegnehmen und seinen Beamten geben. Von euren Äckern und euren Weinbergen wird er den Zehnten erheben und ihn seinen Höflingen und Beamten geben. Eure Knechte und Mägde, eure besten jungen Leute und eure Esel wird er holen und für sich arbeiten lassen. Von euren Schafherden wird er den Zehnten erheben. Ihr selber werdet seine Sklaven sein. An jenem Tag werdet ihr wegen des Königs, den ihr euch gewählt habt, um Hilfe schreien, aber der Herr wird euch an jenem Tag nicht antworten.
>
> (1. Sam. 8, 11b-18)

Gottes realistische Warnungen – die unausbleiblichen Folgen, wenn die Menschen einen der ihrigen mit besonderer Macht ausstatten und sich selbst entmachten – stoßen beim Volk auf taube Ohren. Aus Furcht vor den Philistern und andern feindlichen Nachbarvölkern sind sie willens, ihre Regierungsform auf Dauer zu ändern: »Nein!«, rufen sie, »ein König soll über uns herrschen. Auch wir wollen wie alle anderen Völker sein. Unser König soll uns Recht sprechen, er soll vor uns herziehen und soll unsere Kriege führen« (1. Sam. 8, 19b-20).

JHWHs Wahl fällt auf Saul, »der jung und schön« war und dazu taugte, die Hoffnungen des Volkes symbolisch zu verkörpern: »Kein anderer unter den Israeliten war so schön wie er; er überragte alle um Haupteslänge« (1. Sam. 9, 2b). Samuel salbt Saul, der dann vom ganzen Volk als König bestätigt wird. Die Gottes Willen bezeugende Salbungs- oder Ernennungszeremonie, auf die eine öffentliche Bestätigung folgt, sollte das Modell für die israelitische Monarchie werden. Die Salbung durch einen Priester oder einen Propheten dokumentiert, dass der jeweilige Mann der Auserwählte Gottes ist, die Bestätigung durch das versammelte Volk, dass das Volk dieser Wahl zustimmt. Auf diese Weise behält Israels neuartige monarchische Gesellschaftsform einen gewissen demokratischen Zug, der an das mittelalterliche »Vox populi, vox Dei« (»Der Wille des Volkes ist der Wille Gottes«) erinnert. Dieses Prinzip wird im frühen Christentum bei der Wahl der Bischöfe nachgeahmt, aber da die Macht irgendwie an den Mächtigen zu kleben scheint, spielt eine Bestätigung durch das Volk heute kaum noch eine Rolle.

Saul erweist sich als hervorragender Feldherr. Er führt nicht nur gegen die Philister Krieg, sondern auch gegen Moab, die Ammoniter, Edom und die Amalekiter sowie sämtliche Feinde Israels in benachbarten Gebieten – »wohin er sich auch wandte, war er siegreich« (1. Sam. 14, 47b). Doch dann vergeht sich Saul an JHWH. Zunächst bringt er in Samuels Abwesenheit Opfer dar, dann verschont er den König der Amalekiter und weigert sich, sein Volk »dem Untergang zu [weihen]« (1. Sam. 15, 9b), also es völlig zu vernichten, einer der weniger schönen Befehle Gottes. Hintergrund der Handlung ist wahrscheinlich ein Kampf zwischen dem alten Propheten und dem jungen König um die absolute Macht. Schließlich verliert Saul die Gunst

Gottes, den es jetzt »reut, ... dass ich Saul zum König gemacht habe« (1. Sam. 15,11b).

Dann befiehlt JHWH Samuel: »Fülle dein Horn mit Öl, und mach dich auf den Weg! Ich schicke dich zu dem Betlehemiter Isai; denn ich habe mir einen von seinen Söhnen als König ausersehen« (1. Sam. 16, 1b). In Betlehem trifft Samuel sieben der Söhne Isais. Doch JHWH warnt ihn davor, nur auf ihr imponierendes Äußeres zu achten. Damit soll wohl angedeutet werden, dass sie alle würdige Nachfolger Sauls sein könnten: »Gott sieht nämlich nicht auf das, worauf der Mensch sieht. Der Mensch sieht, was vor den Augen ist, der Herr aber sieht das Herz« (1. Sam. 16,7b).

»Sind das alles deine Söhne?«, fragt Samuel nun Isai, der antwortet: »Der jüngste fehlt noch, aber der hütet gerade die Schafe.« – »Schick jemand hin, und lass ihn holen« (1. Sam. 16,11b).

Als der jüngste Sohn, der fast noch ein Kind ist, doch »schöne Augen und eine schöne Gestalt« hat (1. Sam. 16, 12b), erscheint, weiß Samuel, dass Gottes unwahrscheinliche Wahl auf diesen Schafhirten gefallen ist: »Samuel nahm das Horn mit dem Öl und salbte David mitten unter seinen Brüdern. Und der Geist des Herrn war über David von diesem Tag an« (1. Sam. 16,13).

Ruach JHWH – der Geist JHWHs, oder genauer, sein Wind, sein Atem sind so unberechenbar wie der Wind selbst. Es lässt sich nicht voraussagen, wen es treffen wird. Wie bei allen Auserwählten JHWHs – dem verschlagenen Abraham, dem sich nie etwas anmerken lassenden Jakob, dem mundfaulen Mose oder dem nörgelnden Volk selbst – bedeutet seine Wahl immer eine Überraschung. Doch eine noch größere Überraschung ist, was der vom Geist Beseelte zu sagen haben wird. Unser moderner Begriff *Charisma*, vom griechischen Wort für »Gnade« oder »von Gott verliehene Gaben« abgeleitet, beschreibt sehr genau, was die Israeliten von ihren Führern erwarteten: so etwas wie ein inneres Leuchten, wahrnehmbar im Verhalten des Mannes, das die Phantasie des Betrachtenden beflügelt und ihn zu einem Anhänger des jeweiligen Führers macht. Doch mehr noch als in seiner Erscheinung zeigt sich die göttliche Erleuchtung in seinen Worten. In der bisherigen Geschichte Israels bezogen sich diese Worte immer auf ein konkretes Bedürfnis, sie waren Verheißungen, die das

Volk auf den richtigen Weg leiteten. Nachdem sich die Nomaden niedergelassen und eine Monarchie errichtet haben, kann die Erleuchtung jetzt eine andere Form annehmen: Sie wird zur Dichtung.

Der verzweifelte Saul, der von dieser zweiten Salbung nichts weiß und Gottes Wohlgefallen verloren zu haben glaubt, wird langsam verrückt. Er lässt einen Musiker zu sich rufen, der seinen betrübten Sinn aufheitern soll – es ist David, der heimliche Hirten-König. »Sooft nun ein Geist Gottes Saul überfiel, nahm David die Zither und spielte darauf. Dann fühlte sich Saul erleichtert, es ging ihm wieder gut, und der böse Geist wich von ihm« (1. Sam. 16,23). Davids Musik ist nicht überliefert. Doch seine Gedichte sind im Buch der *Psalmen* gesammelt, wobei sich nicht mehr genau feststellen lässt, welche Psalmen von David selbst stammen und welche ihm im Verlauf der Jahrhunderte zugeschrieben worden sind.

Obwohl David zunächst als Harfenspieler und Dichter Berühmtheit erlangt – »Sänger Israels« werden ihn spätere Generationen nennen –, muss er sich bald auch auf dem Schlachtfeld bewähren. Als Sauls einstige Erfolge gegen die Philister von diesen umgekehrt werden, werden die drei ältesten Brüder Davids zum Militärdienst herangezogen und finden sich bald darauf im judäischen Terebinthental wieder, ihnen gegenüber die Gefechtslinien der Philister. Auf Drängen seines Vaters begibt sich David, beladen mit »zehn Broten« für seine kämpfenden Brüder und »zehn Käse« für deren Vorgesetzte (1. Sam. 17,17-18), auf die Reise und trifft genau in dem Augenblick im Kriegslager ein, als der stärkste Krieger der Philister die Israeliten gerade herausfordert. Der Hüne heißt Goliat und ist »sechs Ellen und eine Spanne« (1. Sam. 17,4b), also ungefähr 2,50 m, groß:

> Auf seinem Kopf hatte er einen Helm aus Bronze, und er trug einen Schuppenpanzer aus Bronze, der fünftausend Schekel [ca. 55 kg] wog. Er hatte bronzene Schienen an den Beinen, und zwischen seinen Schultern hing ein Sichelschwert aus Bronze. Der Schaft seines Speeres war (so dick) wie ein Weberbaum, und die eiserne Speerspitze wog sechshundert Schekel [ca. 6 kg].
>
> (1. Sam. 17, 5-7)

Er ruft den Israeliten auf der anderen Talseite entgegen:

> Heute habe ich die Reihen Israels verhöhnt (und gesagt): Schickt mir doch einen Mann, damit wir gegeneinander kämpfen können.
>
> (1. Sam. 17,10b)

Der Einzelkampf, auch aus der *Ilias* bekannt, wurde in der Frühzeit geführt, um das Blutvergießen einer großen Schlacht zu vermeiden und, wie Goliat tönt, zu entscheiden, wer wem Untertan zu sein hatte:

> Wenn er mich im Kampfe schlagen kann, wollen wir eure Knechte sein. Wenn ich ihm aber überlegen bin und ihn erschlage, dann sollt ihr unsere Knechte sein und uns dienen.
>
> (1. Sam. 17,9)

Saul und das gesamte Israel »erschraken und ... hatten große Angst« (1. Sam. 17,11b). Als David hört, dass derjenige, der Goliat erschlägt, Reichtümer, die Tochter des Königs zur Frau und Befreiung von allen Steuern (in genau dieser Reihenfolge) erhalten wird, tritt er vor und fragt: »Wer ist denn dieser unbeschnittene Philister, dass er die Schlachtreihen des lebendigen Gottes verhöhnen darf?« (1. Sam. 17,26b). Hier lernen wir zum ersten Mal Davids Charakter kennen: Er hat Mut, verlässt sich zwar auf Gottes Hilfe, behält jedoch immer den eigenen Vorteil im Auge.

Saul will einen Kampf mit solch ungleichen Waffen zunächst nicht zulassen. »Du kannst nicht zu diesem Philister hingehen, um mit ihm zu kämpfen; du bist jung, er aber ist ein Krieger seit seiner Jugend« (1. Sam. 17,33b). Doch als David ihm von seinem unbedingten Gottvertrauen berichtet, ihm erzählt, wie JHWH dem Schafhirten David geholfen hat, Löwen und Bären zu erschlagen, die seine Schafe angegriffen hatten, ist auch Saul beeindruckt. Und als David erklärt, dass »der Herr, der mich aus der Gewalt des Löwen und des Bären gerettet hat, ... mich auch aus der Gewalt dieses Philisters retten [wird]« (1. Sam. 17,37b), gibt Saul nach und legt David selbst die schwere königliche Rüstung an:

> David versuchte (in der Rüstung) zu gehen, aber er war es nicht gewohnt. Darum sagte er zu Saul: Ich kann in diesen Sachen nicht gehen, ich bin nicht daran gewöhnt.
>
> (1. Sam. 17,39)

Also wird David die Rüstung wieder abgenommen. Er macht sich, nur mit einer Schleuder und »fünf glatten Steine[n]« (1. Sam. 17,40b) bewaffnet, auf den Weg, an den wundersamen, kraftvollen Knaben in Michelangelos Skulptur erinnernd, dem man seine ruhige, jederzeit zum Kampf bereite Stärke ansieht.

Goliat verlacht David, als er ihn sieht, doch dieser erwidert:

> Du kommst zu mir mit Schwert, Speer und Sichelschwert, ich aber komme zu dir im Namen des Herrn der Heere, des Gottes der Schlachtreihen Israels, den du verhöhnt hast. Heute wird dich der Herr mir ausliefern. Ich werde dich erschlagen und dir den Kopf abhauen. Die Leichen des Heeres der Philister werde ich noch heute den Vögeln des Himmels und den wilden Tieren (zum Fraß) geben. Alle Welt soll erkennen, dass Israel einen Gott hat. Auch alle, die hier versammelt sind, sollen erkennen, dass der Herr nicht durch Schwert und Speer Rettung verschafft; denn es ist ein Krieg des Herrn, und er wird euch in unsere Gewalt geben.
>
> (1. Sam. 17,45b-47)

Diese wunderbare Rede – ein großartiger Augenblick in der Geschichte Israels und in der Geschichte der Menschheit – schreibt ein für alle Mal fest, dass Gott aufseiten der Schwachen und Ohnmächtigen, nicht aufseiten der Starken und Mächtigen steht. Diese Konfrontation ist Teil der menschlichen Vorstellungskraft geworden; wer weiß, wie vielen vermeintlich hoffnungslosen Anliegen sie Vertrauen und Trost gespendet hat. Es gibt genügend Gründe anzunehmen, dass David, Israels »Sänger«, durchaus dazu in der Lage war, diese Worte auszusprechen. Sie stehen im Einklang mit seinem Charakter, wie er sich im Verlauf der historischen Bücher *Samuel* und *Könige* entfalten wird. Er verfügt über mehr Gewieftheit als Abraham, mehr

Charme als Josef, so viel Glaube wie Mose und über ein ausgeprägtes Selbstvertrauen, was ihn zu einem geborenen Politiker macht, der dem Volk wohlgefällt und uns in den Bann schlägt wie keine andere Figur der hebräischen Bibel.

Natürlich gewinnt er den Kampf gegen Goliat. Ein wohlgezielter Steinwurf trifft Goliat an der Stirn, worauf die Philister panikartig fliehen und zur leichten Beute der sie verfolgenden Israeliten werden. David trägt Goliats riesiges Haupt vor sich her und kehrt im Triumphzug mit Saul zurück. Als sie nach Hause kommen,

> ... zogen die Frauen aus allen Städten Israels König Saul singend und tanzend mit Handpauken, Freudenrufen und Zimbeln entgegen. Die Frauen spielten und riefen voll Freude:
> Saul hat Tausend erschlagen,
> David aber Zehntausend.
>
> (1. Sam. 18,6-7)

Darüber ist Saul verärgert. Seine Antwort ist einem Shakespeareschen Monolog vergleichbar:

> David geben sie Zehntausend, mir aber geben sie nur Tausend. Jetzt fehlt ihm nur noch die Königswürde.
>
> (1. Sam. 18,8b)

»Von diesem Tag an«, fügt der Erzähler lakonisch hinzu, »war Saul gegen David voll Argwohn« (1. Sam. 18,9).

Saul bietet David seine Tochter Merab als Ehefrau an, verlangt jedoch, dass David sich »mir als tapfer erweist und die Kriege des Herrn« führt; insgeheim denkt sich Saul: »Ich will nicht meine Hand gegen ihn erheben; das sollen die Philister tun« (1. Sam. 18,17b). David zögert und gibt zu bedenken: »Wer bin ich denn ..., dass ich der Schwiegersohn des Königs werden sollte?« (1. Sam. 18, 18b). In der Tat braucht David, der dem im Süden des Landes lebenden Stamm Juda angehört, gute Beziehungen hier im Norden, wollte er die Staatsgeschäfte erfolgreich führen. Sauls benjaminitische Familie bietet ihm dafür eine ausgezeichnete Gelegenheit. Doch ehe David seine gewohnte Bescheidenheit ablegen kann, muss er sich noch von Saul demütigen lassen: »Als aber dann die Zeit kam, in der Sauls Tochter Merab David zur Frau gegeben werden sollte, wurde sie Adriël aus Mehola zur Frau gegeben« (1. Sam. 18,19).

Als Sauls zweitälteste Tochter Michal sich in David verliebt, ist dieser bereit, die Gelegenheit zu nutzen. Doch Saul verlangt von ihm eine ungewöhnliche Gegenleistung: »Der König möchte keine andere Brautgabe als die Vorhäute von hundert Philistern« (1. Sam. 18,25b). Dieses schwierige Unterfangen – Männern ihre Vorhäute ohne deren Zustimmung zu nehmen – sollte David in den Tod treiben. Doch er nimmt die Herausforderung an, denn »es war David recht, dass er so der Schwiegersohn des Königs werden sollte. Die gesetzte Frist war noch nicht um, als David sich auf den Weg machte« (1. Sam. 18,26b-27). In Kürze kehrt er mit *zweihundert* Philister-Vorhäuten zurück, um sie dem König vorzulegen. Mit dieser übermütigen und auch brutalen Großtat macht er sich bei den Israeliten noch beliebter als durch seinen Kampf gegen Goliat.

David, der den König demütigt, sein Spiel durchschaut und zum Lohn seine Tochter heiraten darf, hat sich in große Gefahr begeben.

> [Da] Saul immer deutlicher erkannte, dass der Herr mit David war und dass seine Tochter Michal ihn liebte, fürchtete er sich noch mehr vor David. So wurde Saul für alle Zeit zum Feind Davids.
> Die Fürsten der Philister zogen (immer wieder) in den Kampf; sooft sie aber ausrückten, hatte David mehr Erfolg als alle anderen Diener Sauls, so dass sein Name immer mehr galt.
> (1. Sam. 18,28-30)

Der allseits beliebte David ist sich des königlichen Grolls nicht bewusst. Doch einer seiner größten Bewunderer, Sauls Sohn Jonatan, der »[David] sehr gern [hatte]« (1. Sam. 19,1b), klärt ihn über die Vernichtungspläne des Königs auf. Auch Michal rettet ihm das Leben, indem sie die lebensgroße Abbildung eines Gottes in sein Bett legt, während er sich aus dem Staub macht. David, vor dem königlichen Zorn auf der Flucht, findet vorübergehend bei einem Philisterkönig

Unterschlupf, der ihm seine Verwegenheit jedoch bald übel nimmt. David gelingt es, der Eifersucht *dieses* Königs zu entgehen, indem er ihm eine an Hamlet erinnernde Geistesverwirrung vorspielt, bis der erzürnte König ihn mit folgenden Worten verjagt: »Gibt es bei mir nicht schon genug Verrückte, so dass ihr auch noch diesen Mann zu mir herbringt, damit er bei mir verrückt spielt?« (1. Sam. 21,16)

Der geächtete David zieht sich daraufhin ins judäische Hügelland zurück. Hier schart er eine ihm bis auf den Tod ergebene, mordlustige Söldnerbande um sich, die später die große, für die politischen Erfolge so entscheidende Leibgarde König Davids bilden wird. Inzwischen ist die Vernichtung Davids für Saul zur fixen Idee geworden. Er schickt immer wieder Männer los, die ihn aufspüren sollen, schließlich macht er sich selbst auf die Jagd. Auf einer dieser Treibjagden, bei der dreitausend von Sauls Männern die Wüste En-Gedi durchkämmen, betritt Saul eine Höhle, »um seine Notdurft zu verrichten« (1. Sam. 24,4b). Im hinteren Teil der Höhle halten sich gerade David und seine vergnügten Mannen auf. David schleicht sich an Saul heran, um ihn zu töten, hält seine Hand jedoch im letzten Moment im Zaum und schneidet »heimlich einen Zipfel von Sauls Mantel ab« (1. Sam. 24,5b), den dieser ausgezogen und an einen Felsenvorsprung gehängt hat. Nachdem Saul sein königliches Geschäft erledigt und die Höhle wieder verlassen hat, tritt auch David hinaus und ruft dem König nach: »Mein Herr und König!« (1. Sam. 24,9b) Saul dreht sich um, und zu seinem Erstaunen verneigt sich der von ihm Gejagte wie ein gehorsamer Untertan vor ihm.

Dann ruft David ihm aus der Entfernung zu:

> Warum hörst du auf die Worte von Leuten, die sagen: Gib Acht, David will dein Verderben. Doch heute kannst du mit eigenen Augen sehen, dass der Herr dich heute in der Höhle in meine Gewalt gegeben hat. Man hat mir gesagt, ich solle dich töten; aber ich habe dich geschont. Ich sagte: Ich will nicht die Hand an meinen Herrn legen, denn er ist der Gesalbte des Herrn. Sieh her, mein Vater! Hier, der Zipfel deines Mantels ist in meiner Hand. Wenn ich einen Zipfel deines Mantels abgeschnitten und dich nicht getötet habe, dann kannst du erken-

> nen und einsehen, dass ich weder Bosheit noch Aufruhr im Sinn habe und dass ich mich nicht gegen dich versündigt habe; du aber stellst mir nach, um mir das Leben zu nehmen. Der Herr soll zwischen dir und mir entscheiden. Der Herr soll mich an dir rächen; aber meine Hand wird dich nicht anrühren ...
>
> (1. Sam. 24,10b-14)

Auch dies eine gewandte Rede eines Sprachkünstlers, der – obwohl schlau genug, um vorauszusehen, dass seine Weigerung, Hand an den König zu legen, für den *nächsten* König nur von Vorteil sein kann – sich nicht vorzustellen vermag, dass irgendjemand ihn, den Wunderknaben David, nicht mögen könnte. Dieser junge Mann kannte schon lange vor seiner Salbung seine Ansprüche.

Das unvermittelte Erscheinen Davids sowie seine überraschende Ansprache bringen den bereits verstörten Saul vollends aus dem Gleichgewicht. Er spricht wirr, weint laut und nennt David seinen Sohn: »Du bist gerechter als ich ... Jetzt weiß ich, dass du König werden wirst und dass das Königtum in deiner Hand Bestand haben wird« (1. Sam. 24,18b u. 21). Er bittet David, ihn und seine Familie nicht zu töten, nach seinem Tod sein Geschlecht nicht auszurotten. Saul zieht nach Hause, »David aber und seine Männer stiegen wieder in die unzugänglichen Berge hinauf« (1. Sam. 24,23b).

In dieser Szene, die emotional aufgeladen ist, kommt es nicht zur Versöhnung. Und eindeutige Belege dafür, was nun geschieht, gibt es nicht. David verschont Sauls Leben ein zweites Mal, wobei es sich wahrscheinlich nur um eine zweite, gemäßigtere Variante der Höhlengeschichte handelt, die sich der gewissenhafte Erzähler nicht entschließen konnte auszulassen. David, der sich trotz Sauls hysterischer Beteuerung nicht sicher genug fühlt, nach Hause zu ziehen, verdingt sich als Soldatenführer bei den Philistern. Auf seinen Streifzügen bringt er es auch zu zwei weiteren Ehefrauen: Ahinoam aus dem Tal Jesreel (über die wir nichts weiter erfahren) und Abigajil, die »klug und von schöner Gestalt« ist (1. Sam. 25,3b). Mit ihrem außergewöhnlichen Schneid, ihrer Großzügigkeit und Weisheit rettet sie David und seine Männer vor dem Hungertod und gewinnt die Aufmerksamkeit des immer für weibliche Schönheit empfänglichen

Kriegsherrn. Doch bevor diese Ehe geschlossen werden kann, muss der störende Ehemann Abigajils, ein Geizhals namens Nabel (was auf Hebräisch so viel wie »brutaler Narr« bedeutet), beiseite geschafft werden – das erledigt sich von selbst, als er aus Angst vor David, der ihn nicht einmal anfasst, tot umfällt. An dieser Stelle erfahren wir dann, dass Michal, Davids erste Frau, vom rachsüchtigen Saul anderweitig verehelicht worden ist.

David befindet sich als Vasall der Feinde Israels, der Philister, in einer äußerst unangenehmen Lage, doch ist nur schwer vorstellbar, dass er ohne solchen Schutz hätte überleben können. Jedenfalls benutzt er seine Stellung dazu, die Stämme der Geschuriter, Geresiter und Amalekiter zu besiegen, die allesamt den Israeliten mindestens so viel Schaden zugefügt haben wie den Philistern. Als die Philister schließlich zu einer letzten Entscheidungsschlacht gegen das geschwächte Königreich Sauls rüsten, wendet der verzweifelte König sich an eine Totenbeschwörerin, um den Geist des kurz zuvor verstorbenen Samuels anzurufen. Dieser teilt Saul mit, dass seine Sache verloren sei und er »morgen ... samt [seinen] Söhnen bei [ihm] sein« werde (1. Sam. 28,19b). Zum Glück für David lehnen die Kriegsfürsten der Philister seine Beteiligung an diesem Kampf mit folgender Begründung ab: »Dann kann er sich in der Schlacht nicht gegen uns wenden. Womit könnte er sich die Gunst seines Herrn besser erwerben als mit den Köpfen unserer Leute hier?« (1. Sam. 29,4b)

David, der vorgegeben hat, er wolle israelitisches Blut vergießen, ist erleichtert. Er hätte niemals gegen seine Landsleute in den Kampf ziehen können.

Die Israeliten werden im Gebirge von Gilboa vernichtend geschlagen, und sowohl Saul als auch Jonatan, Davids lebenslanger Freund, fallen auf dem Schlachtfeld. Das zweite *Buch Samuel* beginnt mit der Totenklage Davids um Saul. Der Wortlaut dieser Klage ist mit großer Sicherheit authentisch: Er zeigt einen großmütigen Sieger, erweist dem König angemessenen Respekt und dokumentiert jene für die Krieger der Bronze- und Eisenzeit typische Kameradschaft, der Männerfreundschaft mehr galt als die Liebe einer Frau. Davids Beschreibung seiner Liebe für Saul ist nahezu ein Zitat der Klage Gilgameschs um Enkidu:

Israel, dein Stolz liegt erschlagen auf deinen Höhen. / Ach, die Helden sind gefallen.
Meldet es nicht in Gat, / verkündet es nicht auf Aschkelons Straßen, / damit die Töchter der Philister
sich nicht freuen, / damit die Töchter der Unbeschnittenen nicht jauchzen.
Ihr Berge in Gilboa, kein Tau und kein Regen / falle auf euch, ihr trügerisches Gefilde. / Denn dort wurde der Schild der Helden befleckt, / der Schild des Saul, als wäre er nicht mit Öl gesalbt.
Ohne das Blut von Erschlagenen, / ohne das Mark der Helden / kam der Bogen Jonatans nie zurück; / auch das Schwert Sauls / kehrte niemals erfolglos zurück.
Saul und Jonatan, die Geliebten und Teuren, / im Leben und Tod sind sie nicht getrennt. / Sie waren schneller als Adler, / waren stärker als Löwen.
Ihr Töchter Israels, um Saul müsst ihr weinen; / er hat euch in köstlichen Purpur gekleidet, / hat goldenen Schmuck auf eure Gewänder geheftet.
Ach, die Helden sind gefallen mitten im Kampf. / Jonatan liegt erschlagen auf deinen Höhen.
Weh ist mir um dich, mein Bruder Jonatan. / Du warst mir sehr lieb. / Wunderbarer war deine Liebe für mich / als die Liebe der Frauen.
Ach, die Helden sind gefallen, / die Waffen des Kampfes verloren.

(2. Sam. 1,19-27)

David wird öffentlich in Hebron zum König gekrönt, in jener Stadt also, in der Abraham und andere Vorfahren aus der Patriarchenzeit begraben liegen. Sie wird jetzt zur Hauptstadt des Südreiches, David zunächst nur von seinem eigenen Volk Juda anerkannt. Zwischen dem Nordreich und dem Südreich – zwischen dem Haus Saul und dem Haus David – bricht Krieg aus. Doch dauert es nicht lange, bis das Nordreich kapituliert und David erneut, dieses Mal in Anwesenheit der Kriegsfürsten aus dem Norden, in Hebron zum König

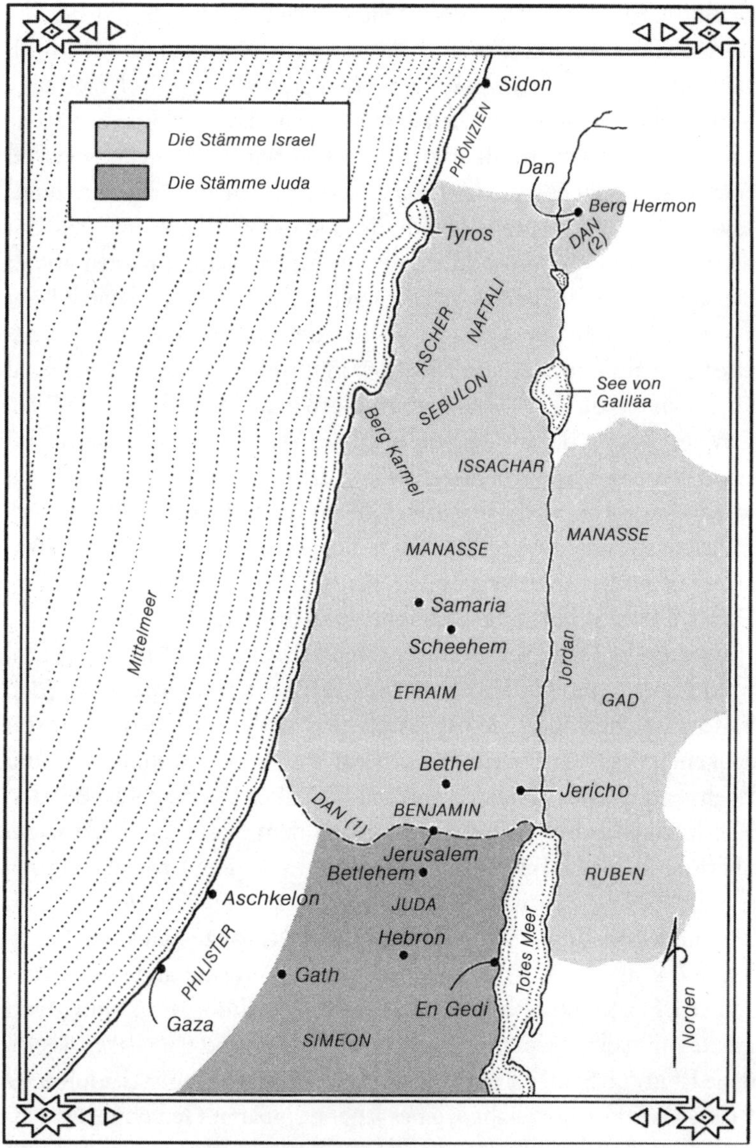

Das vereinigte Königreich Israel.
Die Karte zeigt die ungefähren Siedlungsgebiete der zwölf Stämme sowie die Grenzen zwischen den zehn Stämmen Israels und den beiden Stämmen Juda.

gesalbt wird. Der in politischen Dingen gewitzte, gerade erst dreißigjährige König erkennt schnell, dass das weit im Süden liegende Hebron auf Dauer nicht als Hauptstadt des vereinigten Königreichs Israel taugt. Er marschiert auf die zwischen dem Süden und dem Norden gelegene jesubitische Stadt Jerusalem zu, die genau seinen Vorstellungen von einer Hauptstadt entspricht. Er nimmt die auf einem Hügel errichtete, strategisch günstig liegende Stadt, die auch »Zitadelle Zions« genannt wird, ein; von nun an wird sie für alle Zeiten den Beinamen »Stadt Davids« tragen. Ein letztes Mal greifen die Philister an, und wieder gibt es einen schnellen Sieg. David ist nun der unumstrittene Herrscher über ganz Kanaan, das nun Israel genannt werden kann und sich bald im Süden bis zur Insel Sinai und im Norden bis in die Berge des Libanon, im Westen bis ans Mittelmeer (an dessen Küste die Philister auf einen schmalen Streifen eingeschränkt sind) und im Osten über den Jordan hinaus bis an die Grenzen Gileads erstrecken wird. Weiter südöstlich liegen die Königreiche Edom, Moab und Ammon, denen David Tributzahlungen abverlangt; im Nordosten das Königreich Aram, dem David vielleicht bis an den Euphrat dasselbe antat.

David bringt seine drei Frauen nach Jerusalem, nachdem ihm Michal wieder zuerkannt worden ist, und in seiner neuen Heimatstadt werden ihm zahlreiche Söhne geboren. Außerdem erweitert er den schon von Saul eingerichteten Harem und erwirbt immer neue Konkubinen und Ehefrauen. David, immer der gewiefte Politiker, lässt auch die Bundeslade in einer großartigen Prozession aus dem Süden nach Jerusalem überführen. Damit bekräftigt er seine Kontrolle über Israel auch durch physische Nähe zu seinem Gott, von dem man ja glaubte, dass er durch die Bundeslade anwesend sei: »David und das ganze Haus Israel tanzten und sangen vor dem Herrn mit ganzer Hingabe und spielten auf Zithern, Harfen und Pauken, mit Rasseln und Zimbeln ... Und David tanzte mit ganzer Hingabe vor dem Herrn her und trug dabei das leinene Efod« (2. Sam. 6,5 u. 14). Zur Musik wird wohl auch der folgende Psalm Davids gehört haben, eines jener populären Gedichte, die zum schnell wachsenden Ruhm des jungen Eroberers beitrugen:

> Ihr Völker alle, klatscht in die Hände; / jauchzt Gott zu mit lautem Jubel!

Denn furchtgebietend ist der Herr, der Höchste, / ein großer König über die ganze Erde.
Er unterwirft uns Völker / und zwingt Nationen unter unsere Füße.
Er wählt unser Erbland für uns aus, / den Stolz Jakobs, den er liebt. [Sela]
Gott stieg empor unter Jubel, / der Herr beim Schall der Hörner.
Singt unserm Gott, ja singt ihm! / Spielt unserm König, spielt ihm.
Denn Gott ist König der ganzen Erde. / Spielt ihm ein Psalmenlied!
Gott wurde König über alle Völker, / Gott sitzt auf seinem heiligen Thron.
Die Fürsten der Völker sind versammelt / als Volk des Gottes Abrahams.
Denn Gott gehören die Mächte der Erde; / er ist hoch erhaben.

(Ps. 47,2-10)

Der neue König, auf dem Höhepunkt seiner Lebenskraft, genießt seinen Triumph, was für sein Volk ein erregender Anblick gewesen sein muss, nicht jedoch für Michal, seine zweimal verschacherte Ehefrau, selbst eine Königstochter, nun aber zum ältesten Mitglied eines expandierenden Harems degradiert:

[A]ls [Michal] sah, wie der König David vor dem Herrn hüpfte und tanzte, verachtete sie ihn in ihrem Herzen. Man trug die Lade des Herrn in das Zelt, das David für sie aufgestellt hatte, und setzte sie an ihren Platz in der Mitte des Zeltes, und David brachte dem Herrn Brandopfer und Heilsopfer dar. Als David mit dem Darbringen der Brandopfer und Heilsopfer fertig war, segnete er das Volk im Namen des Herrn der Heere und ließ an das ganze Volk, an alle Israeliten, Männer und Frauen, je einen Laib Brot, einen Dattelkuchen und einen Traubenkuchen austeilen.

(2. Sam. 6,16b-19)

Als David zurückkehrt und sein eigenes Haus begrüßt, tritt Michal vor und sagt:

> Wie würdevoll hat sich heute der König von Israel benommen, als er sich vor den Augen der Mägde seiner Untertanen bloßgestellt hat, wie sich nur einer vom Gesindel bloßstellen kann. David erwiderte Michal: Vor dem Herrn, der mich statt deines Vaters und seines ganzen Hauses erwählt hat, um mich zum Fürsten über das Volk des Herrn, über Israel, zu bestellen, vor dem Herrn habe ich getanzt; für ihn will ich mich gern noch geringer machen als diesmal und in meinen eigenen Augen niedrig erscheinen. Bei den Mägden jedenfalls, von denen du gesprochen hast, stehe ich in Ehren.
>
> (2. Sam. 6,20b-22)

Dieser verbitterte Wortwechsel scheint mitten aus dem wirklichen Leben gegriffen. Davids ungebrochene Vitalität und vor allem seine Begeisterungsfähigkeit machen ihn beim einfachen Volk so beliebt. Er ist sich dessen bewusst, genießt die Bewunderung und begegnet dem Volk mit der gleichen Leidenschaft. Obwohl er selbstgefällig ist, bleibt er bescheiden und schreibt alles Gott zu. Doch wer das Bad in der Menge liebt, ist selten zu intimen Beziehungen in der Lage. Schaut man sich die Geschichte von Politik, Sport oder Unterhaltung an, so findet man immer wieder in der Öffentlichkeit triumphierende, doch im Privatleben tragisch scheiternde Gestalten.

David liebt seine Söhne abgöttisch. Sie sind verwöhnte Bengel und wachsen in ungeheurem Luxus auf, nicht gerade das Holz, aus dem Kriegerkönige geschnitzt werden. Einer von ihnen, Abschalom, trachtet nach der Krone. Er sucht den Adel des Nordens auf seine Seite zu ziehen und ihn für eine blutige Schlacht im Wald Efraim zwischen Davids starker Leibwache und einer leicht in die Flucht zu schlagenden Armee aus Bewohnern des Nordens zu gewinnen. Abschaloms unwürdiges Ende auf dem Schlachtfeld macht David zu einem gebrochenen Mann. Er sieht sich politischen Zwistigkeiten gegenüber, die die Zukunft des vereinigten Königreiches in Frage stellen. Der von unströstlichem Schmerz für den unwürdigen Sohn heimgesuchte David – das ist eine der ergreifendsten Szenen der gesamten Bibel: Der König irrt durch seinen Palast von Raum zu Raum und ruft immer wieder: »Mein Sohn Abschalom, mein Sohn, mein Sohn Abschalom! Wäre ich an deiner Stelle gestorben, Abschalom, mein Sohn, mein Sohn!« (2. Sam. 18,1b)

Geraume Zeit vor diesen Ereignissen hatte David sich schon einmal auf einen Kriegsausflug begeben, dessen Ergebnis kaum zum häuslichen Frieden beigetragen haben wird. Es war Frühling, »zu der Zeit«, wie uns der Chronist mitteilt, »in der die Könige in den Krieg ziehen« (2. Sam. 11,1b). Aus irgendeinem Grund – dringende Staatsangelegenheiten, Müdigkeit, Faulheit? – bleibt der König jedoch in Jerusalem, während seine Krieger ihrem Geschäft nachgehen, nämlich Ammoniter niederzumetzeln. Der ruhelose Monarch geht eines abends auf dem Dach seines Palastes auf und ab, als er eine badende Frau erblickt, die »sehr schön anzusehen« ist (2. Sam. 11,2b). Davids Nachforschungen ergeben, dass es sich um Batseba handelt, die Ehefrau des Hetiters Urija, der zur königlichen Garde gehört, die gerade gegen die Ammoniter im Feld liegt. David lässt Batseba zu sich bringen. Der Chronist berichtet uns den weiteren Verlauf der Dinge kurz und bündig:

> [S]ie kam zu ihm, und er schlief mit ihr – sie hatte sich gerade von ihrer Unreinheit gereinigt. Dann kehrte sie in ihr Haus zurück. Die Frau war aber schwanger geworden und schickte deshalb zu David und ließ ihm mitteilen: Ich bin schwanger.
> (2. Sam. 11,4b-5)

David verliert keine Zeit und veranlasst, dass Urija an die vorderste Kampflinie gestellt wird und die anderen Soldaten sich zurückziehen, damit er getötet wird. Sobald Batsebas Trauerzeit vorbei ist, lässt David sie wieder zu sich holen: »Sie wurde seine Frau und gebar ihm einen Sohn. Dem Herrn aber missfiel, was David getan hatte« (2. Sam. 11,27).

Deshalb kommt der Prophet Natan zu David und erzählt ihm folgende Geschichte:

In einer Stadt lebten einst zwei Männer; der eine war reich, der andere arm. Der Reiche besaß sehr viele Schafe und Rinder, der Arme aber besaß nichts außer einem einzigen kleinen Lamm, das er gekauft hatte. Er zog es auf, und es wurde bei ihm zusammen mit seinen Kindern groß. Es aß von seinem Stück Brot, und es trank aus seinem Becher, in seinem Schoß lag es und war für ihn wie eine Tochter. Da kam ein Besucher zu dem reichen Mann, und er brachte es nicht über sich, eines von seinen Schafen oder Rindern zu nehmen, um es für den zuzubereiten, der zu ihm gekommen war. Darum nahm er dem Armen das Lamm weg und bereitete es für den Mann zu, der zu ihm gekommen war.

(2. Sam. 12,1b-4)

Als David dies hört, gerät er in »heftigen Zorn« und möchte unbedingt wissen, wer der Mann war, der »das getan und kein Mitleid gehabt hat« (2. Sam. 12,5b u. 6b). Natan antwortet:

Du selbst bist der Mann. So spricht der Herr, der Gott Israels: Ich habe dich zum König von Israel gesalbt, und ich habe dich aus der Hand Sauls gerettet. Ich habe dir das Haus deines Herrn und die Frauen deines Herrn in den Schoß gegeben, und ich habe dir das Haus Israel und Juda gegeben, und wenn das zu wenig ist, gebe ich dir noch manches andere dazu. Aber warum hast du das Wort des Herrn verachtet und etwas getan, was ihm missfällt?

(2. Sam. 7b-9)

Angesichts solch gewaltiger Anschuldigungen kann man nur erschaudern, was David dann auch tut: »Ich habe gegen den Herrn gesündigt« (2. Sam. 12,13b), gibt er sofort zu. Selbst wenn David sich von seiner übelsten Seite zeigt, macht ihn seine ungeheuchelte Ehrlichkeit liebenswert. Wie man im Leben immer wieder feststellen muss, ist die Unfähigkeit der Menschen, für das, was sie angerichtet haben, einzustehen, sicherlich für viel menschliches Leid verantwortlich. Davids Schmerz wegen seiner Sünden ist jedoch so aufrichtig, wie man ihn in der langen Geschichte der reuevollen Selbstbezichtigungen nur finden kann:

Gott, sei mir gnädig nach deiner Huld, / tilge meine Frevel nach deinem reichen Erbarmen!
Wasch meine Schuld von mir ab, / und mach mich rein von meiner Sünde!
Denn ich erkenne meine bösen Taten, / meine Sünde steht mir immer vor Augen.
Gegen dich allein habe ich gesündigt, / ich habe getan, was dir missfällt.
So behältst du Recht mit deinem Urteil, / rein stehst du da als Richter.
Denn ich bin in Schuld geboren; / in Sünde hat mich meine Mutter empfangen.[2]
Lauterer Sinn im Verborgenen gefällt dir, / im Geheimen lehrst du mich Weisheit.
Entsündige mich mit Ysop, dann werde ich rein; / wasche mich, dann werde ich weißer als Schnee.
Sättige mich mit Entzücken und Freude! / Jubeln sollen die Glieder, die du zerschlagen hast.
Verbirg dein Gesicht vor meinen Sünden, / tilge all meine Frevel!
Erschaffe mir, Gott, ein reines Herz, / und gib mir einen neuen, beständigen Geist!
[...]
Mach mich wieder froh mit deinem Heil; / mit einem willigen Geist rüste mich aus!

2 Der Hl. Augustinus von Hippo hat diese Zeile als eine seiner Quellen für die Lehre von der Erbsünde benutzt, die Adam und Eva als erste im Garten Eden begangen haben und die durch Geschlechtsverkehr an alle folgenden Generationen weitergegeben wird. Bei aller Hochachtung vor Augustinus muss doch festgehalten werden, dass diese Zeile nicht bedeutet, dass Davids Mutter eine Sünde begangen hat, weil sie ihn durch Geschlechtsverkehr empfangen hat. Vielmehr handelt es sich hier um einen weiteren Beleg für die in der Frühzeit weit verbreitete Ansicht, dass der Mensch von Natur aus böse sei. Vgl. beispielsweise die Worte Utnapischtims und die Worte Jesu in der Bergpredigt (*Matthäus* 7,11).

> [...]
> Herr, öffne mir die Lippen, / und mein Mund wird deinen Ruhm verkünden.
> Schlachtopfer willst du nicht, ich würde sie dir geben; / an Brandopfern hast du kein Gefallen.
>
> Das Opfer, das Gott gefällt, ist ein zerknirschter Geist, / ein zerbrochenes und zerschlagenes Herz wirst du, Gott, nicht verschmähen. (Ps. 51,3-12,14 u. 17-19)

David ist kein Visionär. Wenn er sich mit Gott »berät«, hört er entweder auf die Propheten Samuel und Natan, oder er bedient sich einer an das Brettspiel *Ouija* erinnernden Methode, indem er in einem *Efod,* einem Priesterschurz, gesammelte Kieselsteine auswirft. Ungeachtet all seiner Salbungen ist er ein politischer und kein religiöser Führer, und von Davids Zeit an wird die Führerrolle, die bislang von einer einzigen Prophetenfigur wie Mose verkörpert worden ist, zwischen Propheten, also von Gott auserwählten und anerkannten Männern, und eher mit weltlichen Dingen befassten Königen aufgeteilt. Selbst Davids »Inspirationen«, die sich in seinen Psalmen ergießen, haben einen weltlicheren Klang als die Stimme, die zu Mose und Abraham gesprochen hat. David ist nicht mehr das Sprachrohr JHWHs, sondern ein Mann, der vor Gott auf die Knie fällt oder hingebungsvoll tanzend eine Prozession des Volkes anführt. David hat die Leser der Bibel schon immer fasziniert, weil seine Erfahrungen sich eher mit unseren vergleichen lassen als diejenigen der einsamen Patriarchen und Propheten. Er ist der Mannschaftskapitän, der verbindliche Unterhaltungskünstler, der charismatische Politiker.

Die Wanderung durch die Wildnis wird langsam zu einer Reise in die unbekannten stillen Winkel des Selbst – die »nach innen gewandten« Aspekte des Menschseins. Diese geistige Reise wird sich als ebenso ereignisreich und unvorhersehbar, voller Fußangeln und Überraschungen erweisen wie die Reise durch die Wüste. Gott vergibt David, doch muss der König die Konsequenzen seines Betragens in Kauf nehmen: Natan prophezeit, dass »das Schwert auf ewig nicht mehr von deinem Haus weichen« und dass Gott »vor deinen Augen deine Frauen wegnehmen und sie einem anderen geben« werde; »er wird am hellen Tage bei deinen Frauen liegen« (2. Sam. 12,10 u. 11b). Dieser »andere«, so stellt sich heraus, ist Abschalom, der während seines Aufstands seine königlichen Vorrechte in Anspruch nimmt.

Alle von uns bislang gesichteten biblischen Schriften gehen davon aus, dass diejenigen, die Gott gehorchen, mit Wohlstand und einem langen Leben belohnt werden, und dass diejenigen, die ihm nicht gehorchen, leiden oder mit ihrem Leben bezahlen müssen. Der Fall Saul zeigt dies beispielhaft. Da er die Königswürde verloren hatte, mussten nachfolgende Generationen ein Fehlverhalten ausfindig machen. Sein Versagen war nur damit erklärbar, dass Gott ihn verlassen hatte, was wiederum nur mit einem schweren königlichen Fehltritt begründet werden konnte. Man fand zwei vergleichsweise harmlose Vergehen, die eine ziemlich lahme Begründung für den Groll Gottes darstellen. Davids Sünden – Ehebruch, Diebstahl der Frau eines anderen sowie der niederträchtige Mord an einem seiner Untertanen – sollten eigentlich wesentlich härter bestraft werden. Doch David starb in hohem Alter eines natürlichen Todes, und die einzig wichtige *politische* Konsequenz seiner Vergehen, die man entdecken konnte, war Abschaloms Aufstand. Diese schroffe Auffassung, dass Erfolg und Wohlstand auf Erden sichere Anzeichen für die Gunst Gottes seien – eine Auffassung, die oft erst mit dem Calvinismus in Verbindung gebracht wird –, muss einen schalen Beigeschmack in Herz und Verstand zurückgelassen haben. Sie sollte langsam revidiert werden, als sich die biblische Reise Schritt für Schritt von einem realen zu einem spirituellen Abenteuer wandelte. Als die Israeliten sich intensiver ihrer »Innerlichkeit« zuwenden, wird ihnen die Ungeschliffenheit dieser »Wie du mir, so ich dir«-Moral mehr und mehr bewusst.

Diese Reise ins Innere beginnt mit David. Eine Vorstellung davon, was wir das Selbst nennen, vermitteln die archaischen Literaturen nicht. Das »Ich«, wie wir unser Inneres meist nennen, findet sich kaum vor den großen Autobiographien des frühneuzeitlichen Humanismus (wie etwa die *Autobiographie* Benvenuto Cellinis). Wir kennen nur eine Hand voll solcher Werke aus älteren Literaturen: Die *Bekenntnisse* des Augustinus von Hippo aus dem fünften Jahrhundert n. Chr., einige Sappho zugeschriebene Fragmente aus dem sechsten vorchristlichen Jahrhundert, und das älteste Zeugnis autobiographischen Schreibens, die *Psalmen,* in denen das Wort »Ich« ungewöhnlich präsent ist: das *Ich* der Buße, das *Ich* des Zorns und der Rache, das *Ich* des Selbstmitleids und des Selbstzweifels, das *Ich* der Verzweiflung, das *Ich* der Freude und das *Ich* der Ekstase. Die *Psalmen* – einige sind mit Sicherheit im zehnten Jahrhundert v. Chr. von David selbst verfasst worden – sind eine wahre Fundgrube privater Emotionen, aufgeschrieben von Dichtern, die mit ihrem Inneren äußerst vertraut waren, verfasst von frühzeitlichen Harfenspielern, die sehr genau wussten, dass ihr Geist *den* Geist anrief und dass ihr Schmerz und ihre Freude nur im Schöpfer aller Dinge zur Ruhe kommen konnten:

> Seh' ich den Himmel, das Werk deiner Finger, / Mond und Sterne, die du befestigst. (Ps. 8,4)
> Behüte mich wie den Augapfel, den Stern des Auges, / birg mich im Schatten deiner Flügel. (Ps. 17,8)
> Kostet und seht, wie gütig der Herr ist. (Ps. 34.9)
> Denn meine Lenden sind voller Brand, / nichts blieb gesund an meinem Leib. (Ps. 38,8)
> Mein Gott, mein Gott, warum hast du mich verlassen, / bist fern meinem Schreien, den Worten meiner Klage. (Ps. 22,2)
> Denn ich bin nur ein Gast bei dir, / ein Fremdling wie all meine Väter. (Ps. 39,13)
> Wie der Hirsch lechzt nach frischem Wasser, / so lechzt meine Seele, Gott, nach dir. (Ps. 42,2)
> »Lasst ab und erkennt, dass ich Gott bin …« (Ps. 46,11)

In dieser überschäumenden Quelle der Selbstbesinnung, dieser unvergleichlichen Sammlung von Gebeten, auf die im Verlauf der Jahrtausende Juden und Christen gleichermaßen immer wieder zurückgegriffen haben, gibt es wohl kein Gedicht, das inniger verehrt wird, als der Psalm vom Guten Hirten, dem Lieblingsgebet der Menschheit:

Der Herr ist mein Hirte, / nichts wird mir fehlen.
Er lässt mich lagern auf grünen Auen / und führt mich zum Ruheplatz am Wasser.
Er stillt mein Verlangen; / er leitet mich auf rechten Pfaden, treu seinem Namen.
Muss ich auch wandern in finsterer Schlucht, / ich fürchte kein Unheil;
denn du bist bei mir, / dein Stock und dein Stab geben mir Zuversicht.
Du deckst mir den Tisch / vor den Augen meiner Feinde.
Du salbst mein Haupt mit Öl, / du füllst mir reichlich den Becher.
Lauter Güte und Huld werden mir folgen mein Leben lang, / und im Haus des Herrn darf ich wohnen für lange Zeit.
(Ps. 23,1-6)

Dieses Lied voller Zuversicht und kindlichem Gottvertrauen muss aus der Feder des großen Hirtenkönigs stammen, der nackt »vor dem Herrn« tanzte und sich nicht schämte, sich vor seinem eigenen Volk zu demütigen. David mag ein paar Gemeinsamkeiten mit den sumerischen Kriegerkönigen haben. Doch hätten diese sich wie Michal angewidert abgewendet von einem König, der bereit war, Gottes Narren zu spielen, und immer etwas von dem verspielten Humor des Philistervorhäute zählenden Hirtenknaben behielt, der im Philisterland den Verrückten abgab und augenzwinkernd den seine Notdurft verrichtenden Monarchen beobachtete.

David bleibt immer Gottes kleiner Krieger, der das gleiche ungebrochene Selbstbewusstsein zeigt, das er an den Tag legte, als er vor ganz Israel dem Riesen gegenübertrat. Wenn ein Pilger sich heute dem Schutzwall der Jerusalemer Altstadt nähert, kann er sich fast vorstellen, wie David behaglich und selbstsicher auf seiner großen Eroberung, der »Bergfeste Zion«, steht und ungläubig den Kopf darüber schüttelt, dass die so oft dem Erdboden gleichgemachte Davidsstadt so groß hat werden können. Zu seiner Zeit bestand sie aus einem einzigen Hügel, die Dächer konnten von weitem gezählt werden, und sie beherbergte kaum mehr als zweitausend Seelen. Doch es gibt sie immer noch. Ihr Fortbestehen verweist zurück auf ihren Gründer, den kleinen König der kleinen Stadt, und auf den Gott, dem er diente:

> Für immer die Stütze des heiligen Zion,
> Und allein seine Zuversicht.

VI

Babylon

Von der Vielheit zur Einheit

Trotz der in den Büchern *Samuel* überlieferten Liebesabenteuer muss David unter den frühzeitlichen Monarchen in sexueller Hinsicht als eher zurückhaltend angesehen werden. Sein Sohn und Nachfolger Salomo, der nach einigen Hinterzimmermanövern seiner Mutter Batseba und des Propheten Natan den Thron bestieg, erweiterte den königlichen Harem auf siebenhundert Ehefrauen und dreihundert Konkubinen. Damit trug er beträchtlich zur Bevölkerungsexplosion im bald auf die anliegenden Hügel ausgedehnten Jerusalem bei. Salomos Verlangen beschränkte sich nicht auf seinen Harem. Im Grunde diente der Erwerb neuer Ehefrauen mehr seiner politischen als seiner sexuellen Befriedigung, denn jede neue Eheschließung festigte Bündnisse. Am bedeutendsten war die Hochzeit Salomos mit der Tochter des Pharaos, für die er auf dem neu besiedelten Hügel im Norden der Stadt einen eigenen Palast errichten ließ.

Seit Salomos Vater die Philister, die die einzige ernsthafte Bedrohung für die israelitische Oberhoheit im Levant waren, bezwungen hatte und seit das Davidische Königreich sich im Süden bis fast an die Grenze zu Ägypten, im Norden bis nach Syrien und im Osten bis nach Mesopotamien erstreckte, befand sich Salomo in der beneidenswerten Lage, den Mittelsmann zwischen sehr reichen Kulturen spielen zu können. Alle Handelskarawanen mussten durch Israel ziehen – wenn man die Wahl hat, Güter zu produzieren oder an Zollgeschäften zu verdienen, dann ist, wie jeder Geschäftsmann bestätigen kann, letzteres immer attraktiver: keine Gründungskosten, keine laufenden Produktions- und Geschäftskosten, keine Personalkosten, keine Versicherungen, nur der für die Eintreibung des Aufschlags nötige Aufwand.

Salomos Staatskasse war bald bis zum Rand gefüllt, und er legte ein Bauprogramm auf, wie man es in Kanaan noch nicht gesehen hatte. Mit diesem Unternehmen wollte er mit den sagenumwobenen Zivilisationen mithalten können, die jenseits der fernen Grenzen seines Reiches lagen. Gold, Silber, Bronze und Eisen, scharlachrote, karmesinrote und violette Leinwandtücher, Riechhölzer aus Ofir und libanesische Zedern- und Wacholderstämme kamen gemeinsam mit Architekten und Konstrukteuren, Kupferstechern und Zimmerleuten, also Spezialisten aller Art, nach Jerusalem:

> Alle Trinkgefäße des Königs Salomos waren aus Gold, ebenso waren alle Geräte des Libanonwaldhauses aus bestem Gold. Silber galt in den Tagen Salomos als wertlos, denn der König hatte eine Tarschischflotte auf dem Meer ... Einmal in drei Jahren kam die Tarschischflotte und brachte Gold, Silber, Elfenbein, Affen und Perlhühner. So übertraf König Salomo alle Könige der Erde an Reichtum und Weisheit. Alle Welt begehrte ihn zu sehen und die Weisheit zu hören, die Gott in sein Herz gelegt hatte. Alle brachten ihm Jahr für Jahr ihre Gaben: silberne und goldene Gefäße, Gewänder, Waffen, Balsam, Pferde und Maultiere.
>
> (1. Kön. 10,21-25)

So geht es viele Seiten lang weiter, was ich dem Leser ersparen möchte. War Salomo wirklich so weise, oder beruhte sein Ruhm ausschließlich auf seinem Reichtum? Die Zustände, die er hinterließ, zeugen jedenfalls nicht von besonders großer Weisheit.

Zu Beginn seiner Herrschaft rekrutierte er seine Arbeitskräfte aus besiegten Kanaanitern, die zu Fronarbeit gezwungen wurden. Als der Palast für die ägyptische Prinzessin, der neue Königspalast und der JHWH-Tempel für die Bundeslade – großartiger als die berühmten ägyptischen und babylonischen Tempel – auf dem Gipfel des neu besiedelten Hügels fertig gestellt waren, wurden Salomos Pläne immer ausschweifender. Er benötigte Straßen und Brücken, musste die Verteidigungsanlagen im gesamten Reich ausbauen, brauchte besondere »Wagenstädte« für seine Streitkräfte zu Pferde sowie riesige Vorratskammern, wie sie die ägyptischen Pharaonen sich von israelitischen Zwangsarbeitern hatten bauen lassen. Er begann damit, auch Israeliten zum Arbeitsdienst heranzuziehen und, da seine Schatzkammer nun leer war, außerordentlich hohe Steuerabgaben zu verlangen, schon immer der sicherste Weg, es sich mit seinen Untertanen zu verderben.

Salomo folgte sein Sohn Rehabeam nach, das dritte Mitglied des

Hauses David auf dem Königsthron Israels. Wie so oft folgte auch hier auf einen genialen und kreativen Gründer die Anmaßung der nächsten, schließlich die mit Dummheit gepaarte Anmaßung der dritten Generation. Als Rehabeam den Thron bestieg, hatten die Spannungen innerhalb des Reiches solch krisenhafte Ausmaße angenommen, dass der Adel der Nordstämme dem neuen König folgende Botschaft zukommen ließ:

> Dein Vater hat uns ein hartes Joch auferlegt. Erleichtere jetzt den harten Dienst deines Vaters und das schwere Joch, das er uns auferlegt hat. Dann wollen wir dir dienen.
>
> (2. Chr. 10,4)

Der stramme junge Rehabeam, über dieses Schreiben erstaunt, möchte den Adel hinhalten und bittet um drei Tage Bedenkzeit. Sein Ältestenrat meint: »Wenn du gut gegen dieses Volk bist, ihnen zu Willen bist und freundlich mit ihnen redest, dann werden sie immer deine Diener sein« (2. Chr. 10,7b). Doch er will seine Regierungszeit nicht mit einem Eingeständnis der Schwäche beginnen, weist deshalb diesen Ratschlag ab und berät sich mit seinen Kumpanen, »mit den jungen Leuten, die mit ihm groß geworden waren« (2. Chr. 10,8b). Sie bedrängen ihn, nicht nachzugeben. Als die Adligen aus dem Norden nach drei Tagen wieder vor den König treten, um eine Antwort entgegenzunehmen, hält er folgende kleine Ansprache, die seine Freunde ausgeheckt haben:

> Mein kleiner Finger ist stärker als die Lenden meines Vaters. Hat mein Vater euch ein schweres Joch aufgebürdet, so werde ich es noch schwerer machen. Mein Vater hat euch mit Peitschen gezüchtigt, ich werde euch mit Skorpionen züchtigen.
>
> (2. Chr. 10,10b-11)

Nur weiter so, Rehabeam! Mit diesen Worten endet das Vereinte Königreich Israel. Von nun an wird das Nordreich seinen eigenen Weg unter seinem eigenen König gehen.

In drei Generationen ist das Haus David, das eine führende Rolle spielte und ungeheuren Reichtum besaß, zu einem Rumpfstaat, dem Königreich Juda, herabgesunken. Doch in dieser kurzen Zeitspanne entstand die hebräische Literatur. Ihre Sprache wich nur geringfügig von der gesprochenen Volkssprache in Kanaan ab, schriftlich festgehalten im ältesten Alphabet der Welt, das von den nördlichen Nachbarn Israels, den semitischen Phöniziern, erfunden worden war. Auf die Psalmen Davids folgte in der Regierungszeit Salomos die Niederschrift der alten Erzählungen. Diese wurden später mit Erzählungen aus dem Norden vermischt (manchmal wurde die gleiche Sache zweimal erzählt) und noch etwas später den Bedürfnissen der Priesterkaste und der Könige entsprechend erweitert und angepasst, woraus schließlich die *Thora* entstand, so wie wir sie heute kennen.

Neben seinem unvergleichlichen Beitrag zur hebräischen Literatur in der frühen Königszeit war das Vereinigte Königreich Israel gerade lange genug von Bestand, um im Volk, sowohl im Norden als auch im Süden, das Bewusstsein zu verankern, dass die monarchische Regierungsform die ihm von Natur aus angemessene sei. Bis zu ihrem Untergang wurden denn auch beide Königreiche von Monarchen beherrscht. Doch all die Könige, die in den folgenden Jahrhunderten auf dem Thron Davids und Sauls saßen, wurden nur allzu selten den an sie gerichteten Ansprüchen gerecht. Sie verfielen entweder in Sauls Wankelmut, Salomos Hang zur Grausamkeit oder ihre eigenen schlechten Eigenschaften, bis in den Herzen ihrer Untertanen das Verlangen nach einem wahren König, einem zweiten David erwachte. Der Mythos vom Reich David nahm Ausmaße wie die Gralslegende um König Artus an. Er entwickelte sich mit der Zeit zu einem ausdifferenzierten Glaubenssystem: Gott wird eines Tages einen neuen, von ihm selbst »gesalbten« Messias senden, seinen wahren Stellvertreter auf Erden, der schließlich erscheinen wird, um sein Volk zu erlösen.

Doch schon lange vor solchen Tagträumereien wird die Erinnerung an einen vom Geist Gottes erfüllten Führer wie Mose, durch den Gott zu seinem Volks spricht, in eine ferne, zur Geschichte der Vorfahren gehörende Vergangenheit versinken. Der König wird nur noch eine Figur sein, die über politische Macht verfügt, oft unberechenbar und tyrannisch handelt und nichts Besonderes zu sagen hat. Nach der geographischen Verankerung des JHWH-Kultes in Jerusalem und nach Salomos Verbindung von Kult und Monarchie in dem Jerusalem überragenden Gebäudekomplex werden selbst die JHWH-Priester zu bloßen Tempelfunktionären degradiert, zu Bürokraten, die zum Establishment der Monarchie gehören und mehr den Priester-Politikern Ägyptens und Mesopotamiens als den Priester-Propheten der hebräischen Frühzeit gleichen. Von ihnen kann man nicht mehr die prophetische Einsicht eines Samuel, der eine Monarchie gründete, oder eines Natan, der den König kritisierte, erwarten. Es stellt sich wieder die alte Frage, wer zum Sprachrohr Gottes taugt, wer Gottes Wort gegenüber offen genug ist, wer den Mut aufbringt, dieses Wort auch auszusprechen: sicherlich nicht mehr der gesalbte König, auch nicht die offiziell bestallten Priester. Man braucht einen Außenseiter, jemanden, der *nicht* zum offiziellen Kreis gehört.

Der neue König des Nordreichs verliert keine Zeit, um einen mit dem Jerusalemer rivalisierenden Kult zu begründen. Er errichtet in Bet-El einen Altar für *zwei* Goldene Kälber – aus der Sicht Judas für »Götter, die keine Götter sind«. Im zweiten Viertel des neunten vorchristlichen Jahrhunderts besteigen in Israel Ahab und seine mächtige phönizische Königin Isebel den Thron, die im *Buch der Könige* als buntscheckige Hure beschrieben wird. Sie ist eine eifrige Anbeterin Baals und Hohepriesterin Asherahs; die Bibel macht aus ihr die Lady Macbeth Kanaans. Ahab baut in Samaria, der neuen Hauptstadt des Nordreichs, einen Baaltempel und opfert zwei seiner Söhne, während Isebel »die Propheten des Herrn« (1. Kön. 18,4), wahrscheinlich umherziehende Wanderpriester und Erleuchtete, ausrottet.

Elija aus Tischbe, der letzte dieser Propheten, fordert die Propheten Baals zu einem dramatischen Duell an den Hängen des Berges Karmel heraus: Beide Seiten sollen ein Opfer bringen, und diejenige, dessen Opfergabe in Flammen aufgeht, soll zum Sieger erklärt und ihr Gott als der wahre Gott vom gesamten Volk anerkannt werden. Es kommt wie es kommen musste; in der Tat ist die ganze Geschichte Elijas, die voller strafender Mirakelspiele ist und damit endet, dass der Prophet in einem »feurige[n] Wagen mit feurigen Pferden« (2. Kön. 2,11b) in den Himmel auffährt, in einem naiven und einfachen Ton geschrieben. Eine Ausnahme bildet die Beschreibung einer Begebenheit, die sich im Sinai auf dem »Gottesberg Horeb« zuträgt, wohin sich Elija vorübergehend zurückgezogen hat:

> Dort ging er in eine Höhle, um darin zu übernachten. Doch das Wort des Herrn erging an ihn: Was willst du hier, Elija? Er sagte: Mit leidenschaftlichem Eifer bin ich für den Herrn, den Gott der Heere, eingetreten, weil die Israeliten deinen Bund verlassen, deine Altäre zerstört und deine Propheten mit dem Schwert getötet haben. Ich allein bin übrig geblieben, und nun trachten sie auch mir nach dem Leben. Der Herr antwortete: Komm heraus, und stell dich auf den Berg vor den Herrn! Da zog der Herr vorüber: Ein starker, heftiger Sturm, der die Berge zerriss und die Felsen zerbrach, ging dem Herrn voraus. Doch der Herr war nicht im Sturm. Nach dem Sturm kam ein Erdbeben. Doch der Herr war nicht im Erdbeben. Nach dem Beben kam ein Feuer. Doch der Herr war nicht im Feuer. Nach dem Feuer kam ein sanftes, leises Säuseln.
>
> (1. Kön. 19,9-12)

Gott ist jetzt kein Baal ähnelnder Stier und auch kein Sturmgott mehr. Da er der Schöpfergott ist, herrscht er zwar über das Wetter, doch er ist nicht mehr *in* einem der Elemente, er gehört nicht mehr zu den *Special Effects*. Er lebt in uns als »sanftes, leises Säuseln«, als die murmelnde Stimme des Gewissens. Endlich wird uns hier die Stimme beschrieben, die eine so wichtige Rolle in allen Geschichten gespielt hat, und sie hört sich ganz anders an, als wir es uns vorgestellt haben. Elija ist ein Prophet der alten Schule: Wie Samuel gehört er einer Bruderschaft von Priestern an, und die ihm zuteil werdenden Offenbarungen sind private Vorausdeutungen. Doch in dieser einen Geschichte widerfährt ihm etwas ganz Neuartiges, was zugleich die Verbindung zu dem nun folgenden herstellt.

Um die Mitte des achten Jahrhunderts erhält ein wenige Kilometer außerhalb von Betlehem lebender judäischer Hirte namens Amos eine göttliche Botschaft. Diese veranlasst ihn dazu, in den Norden zu ziehen und zu dem gotteslästerlichen Israel zu predigen, das gerade einen wirtschaftlichen Boom erlebt, von dem jedoch nicht das ganze Volk profitiert. Amos ist alles andere als ein Berufsprophet wie Elija und hat keinen Kontakt zu den Bruderschaften der Propheten. Er ist, in seinen eigenen Worten, nur »ein Viehzüchter, und ich ziehe Maulbeerfeigen« (Am. 7,14b), was man auch an der rauen, ungehobelten Sprache seiner Predigten erkennt, die er am Heiligtum der Abtrünnigen in Bet-El und in den Straßen von Samaria hält. Dort wird der schockierte Hirte Zeuge von ungehemmtem und zügellosem Warenkonsum, von ihm als neue Form der sozialen Ungerechtigkeit gebrandmarkt:

> Hört dieses Wort, / ihr Baschankühe auf dem Berg von Samaria,
> die ihr die Schwachen unterdrückt / und die Armen zermalmt
> und zu Euren Männern sagt: / Schafft Wein herbei, wir wollen trinken.
> Bei seiner Heiligkeit / hat Gott, der Herr, geschworen:
> Seht, Tage kommen über euch, / da holt man euch mit Fleischerhaken weg,
> und was dann noch von euch übrig ist, / mit Angelhaken.
> Ihr müsst durch die Bresche der Mauern hinaus, / eine hinter der andern;
> man jagt euch dem Hermon zu – / Spruch des Herrn.
> (Am. 4,1-3)

So pflegte man weder die verwöhnten Damen Samarias noch ihre Ehemänner anzusprechen, die Amos beschuldigt:

> Bei Gericht hassen sie den, / der zur Gerechtigkeit mahnt, / und wer Wahres redet, den verabscheuen sie.
> Weil ihr von den Hilflosen Pachtgeld annehmt / und ihr Getreide mit Steuern belegt,
> darum baut ihr Häuser aus behauenen Steinen – / und wohnt nicht darin,
> legt ihr euch prächtige Weinberge an – / und werdet den Wein nicht trinken.
> Denn ich kenne eure vielen Vergehen / und eure zahlreichen Sünden.

Ihr bringt den Unschuldigen in Not, / ihr lasst euch bestechen / und weist den Armen ab bei Gericht ...
Sucht das Gute, nicht das Böse / dann werdet ihr leben,
und dann wird, wie ihr sagt, / der Herr, der Gott der Heere, bei euch sein.
Hasst das Böse, liebt das Gute, / und bringt bei Gericht das Recht zur Geltung!

(Am. 5,10-12; 14-15)

Die zunehmende Abscheu des Volkes Israel vor diesem lauten Ärgernis wird nur noch größer, als er es wagt – im Namen Gottes –, ihre scheinheilige Frömmigkeit zu kritisieren:

Ich hasse eure Feste, ich verabscheue sie / und kann eure Feiern nicht riechen.
Wenn ihr mir Brandopfer darbringt, / ich habe kein Gefallen an euren Gaben, / und eure fetten Heilsopfer will ich nicht sehen.
Weg mit dem Lärm deiner Lieder! / Dein Harfenspiel will ich nicht hören,
sondern das Recht ströme wie Wasser, / die Gerechtigkeit wie ein nie versiegender Bach.

(Am. 5,21-24)

Eine erstaunliche Strafpredigt, und das umso mehr, als sie aus heiterem Himmel zu kommen schien – kurze Zeit später wurde Amos aus Israel verwiesen. Doch während der kurzen Zeit, da er berühmt war, vermochte er aus der alten Kunst der Prophetie ein Instrument für ein neues Zeitalter zu machen. Es gab nun weder allgemein anerkannte Führer wie Mose noch gute Könige wie David. Auch Priester wie Samuel und Propheten wie Natan, die den Mächtigen die Wahrheit ins Gesicht sagten, gehörten der Vergangenheit an. Deshalb wählte Gott einen unbedeutenden Menschen aus einem unbedeutenden Dorf und ließ ihn diese Wahrheit offen, unverblümt und so, dass jeder sie hören konnte, aussprechen: ein Hirte, der noch nach Schafdung roch und den Aufgeblasenen und Parfümierten die Wahrheit entgegendonnerte.

Und für Samaria im achten Jahrhundert bedeutete die Wahrheit: Gott zu dienen und Gerechtigkeit walten zu lassen. Man kann nicht beten und Opfergaben darbringen, zugleich die Armen und die Bettler vor den Toren ignorieren. Radikaler formuliert: Wer mehr besitzt, als er benötigt, ist ein Dieb, denn das, was er »besitzt«, hat er den Besitzlosen genommen. Er ist ein Mörder, der von dem Überfluss lebt, der den Verhungernden aus dem Mund genommen worden ist. Er ist ein heidnischer Götzenverehrer, denn er betet nicht zu dem wahren Gott. Man ist eine Dirne, denn man hurt mit anderen Göttern, geschaffen aus Bequemlichkeit und Selbsttäuschung. Man sammelt »Schätze in [den] Palästen / mit Gewalt und Unterdrückung, ... [verfolgt] die Schwachen und [unterdrückt] die Armen im Land ... [kauft] mit Geld die Hilflosen, / für ein paar Sandalen die Armen« (Am. 3,10b; 8,4b u. 6b).

Zu Amos gesellt sich ein jüngerer Zeitgenosse, Hosea, der in einem ähnlichen Stil predigt. Aufgrund seiner Erfahrungen mit einer treulosen Ehefrau schmückt er seine Predigten mit der dramatischen Metapher von der hurenden Gattin Israel aus, die einen liebevollen Gott hintergeht. Hoseas Begehren bleibt unerfüllt, wobei dieses Verlangen so eng an Gottes Liebe für Israel gebunden ist, dass es mitunter schwer fällt, zwischen Metapher und Wirklichkeit zu unterscheiden:

> Darum will ich selbst sie verlocken. / Ich will sie in die Wüste hinausführen / und sie umwerben ...
> Sie wird mir dorthin bereitwillig folgen / wie in den Tagen ihrer Jugend, / wie damals, als sie aus Ägypten heraufzog.
> (Hos. 2,16 u. 17b)

Auf diese Weise bekommt die – erstmals in der Erzählung vom Exodus aus der Wüste zur Sprache gebrachte – Metapher von der Brautwerbung Gottes um Israel und der späteren »heiligen Ehe« eine neue Wendung. Sowohl Amos als auch Hosea prophezeien einen »Tag JHWHs«, einen furchtbaren Tag der Rache, an dem die Ausbeuter ihre gerechte Strafe ereilen und, Amos zufolge, nur ein »Rest« gerettet wird. Die Bildlichkeit vom »Tag JHWHs« und von den Überlebenden, dem Rest, wird für die langsam an Kraft gewinnende neue prophetische Bewegung immer bedeutsamer werden.

Für das Königreich Israel, das zu einem Vasallenstaat des sich ausweitenden assyrischen Reiches im Nordosten herabgesunken war, kam der Tag JHWHs im Jahre 721. Doch kurz nach dem Tod Tiglatpileser III., Assyriens großem Kriegerkaiser, suchte Israel noch einmal Stärke zu zeigen und das assyrische Joch abzustreifen. Dies sollte der letzte Fehler sein. Die Assyrer fielen in das Land ein, entführten alle, die über Besitz verfügten, und verschleppten die israelitischen Reichen als namenlose Sklaven, von denen nie jemand wieder etwas hören sollte. In der folgenden Zeit wurde das Land der Israeliten von Menschen aus anderen Teilen des Reiches kolonisiert, die sich durch Heirat mit den verbliebenen Bauern vermischten und später als Samariter bekannt werden sollten.

Amos wusste also, wovon er sprach. Er hatte sogar vorausgesagt, in welcher Himmelsrichtung – im Nordosten »gegen Hermon« – das Exil liegen werde, genauso wie er die ihrer Heimat, ihrer Luxusgüter und sogar ihrer Identität beraubten »Baschankühe« gewarnt hatte. Als Volk war Israel einfach verschwunden, zehn verlorene Stämme[1], die keine weiteren Spuren in der Menschheitsgeschichte hinterlassen haben.

Wir wissen nicht, wie das erschreckende Eintreffen der Prophezeiungen Amos' und Hoseas von den verbliebenen Kindern der Verheißung verstanden wurde. Die Judäer des Südreichs waren der von Amos vorhergesagte »Rest«; sie sollten bald als »Juden« bekannt werden. Doch die Bewohner des Südens hatten ihre eigenen neuen Propheten. Der herausragendste unter diesen Störenfrieden war Jesaja von Juda, der wohl größte aller Propheten. Ganz anders als Amos war Jesaja ein gebildeter Mann, der bei Königen ein und aus ging, vielleicht sogar Schriftsteller, also der erste schreibende Prophet. Die alles andere als einheitliche Qualität des Buches *Jesaja* lässt jedoch darauf

1 Die zehn Stämme Israels von Norden nach Süden sind: Dan, Naftali, Ascher, Sebulon, Issachar, Josef (unterteilt in die Stämme Manasse und Efraim); Gad und Ruben im Westjordanland; und Benjamin, unmittelbar nördlich der Grenze zu Juda. Diese zehn Stämme bildeten das Königreich Israel. Das südliche Königreich Juda bestand aus den verbleibenden beiden Stämmen, Juda und Simeon.

schließen, dass seine Prophezeiungen nach seinem Tod von seinen Schülern zusammengestellt worden sind.

Als Jesaja fünfundzwanzig Jahre alt war, hatte er eine Vision in Salomos Jerusalemer Tempel. Er sah Gott in seinem himmlischen Reich, umgeben von sechsflügligen, »feurigen« Serafim, die ausriefen:

> Heilig, heilig, heilig ist der Herr der Heere. / Von seiner Herrlichkeit ist die ganze Erde erfüllt.
>
> (Jes. 6,3b)

Jesaja, der von seinen Sünden gereinigt wird, indem einer der Serafim seine Lippen mit einer glühenden Kohle berührt, wird von Gott ausgesandt, eine Wahrheit zu verkünden, die ihm niemand glauben wird, »[b]is die Städte verödet sind und unbewohnt, / die Häuser menschenleer, / bis das Ackerland zur Wüste geworden ist. / Der Herr wird die Menschen weit weg treiben; / dann ist das Land leer und verlassen« (Jes. 6, 11b-12).

Jesajas erste Verheißungen weisen die sorgfältige Ausgewogenheit eines literarischen Textes auf:

> Mein Freund hatte einen Weinberg / auf einer fruchtbaren Höhe.
> Er grub ihn um und entfernte die Steine / und bepflanzte ihn mit den edelsten Reben.
> Er baute mitten darin einen Turm / und hieb einen Kelter darin aus.
> Dann hoffte er, / dass der Weinberg süße Trauben brächte, / doch er brachte nur saure Beeren.
> Nun sprecht das Urteil, Jerusalems Bürger und ihr Männer von Juda, / im Streit zwischen mir und dem Weinberg!
> Was konnte ich noch für meinen Weinberg tun, / das ich nicht für ihn tat?
> Warum hoffte ich denn auf süße Trauben? / Warum brachte er nur saure Beeren?
> Jetzt aber will ich euch kundtun, / was ich mit meinem Weinberg mache:

Ich entferne seine schützende Hecke; / so wird er zur Weide.
Seine Mauer reiße ich ein; / dann wird er zertrampelt.
Zu Ödland will ich ihn machen. / Man soll seine Reben nicht schneiden / und soll ihn nicht hacken;
Dornen und Disteln werden dort wuchern. / Ich verbiete den Wolken, ihm Regen zu spenden.
Ja, der Weinberg des Herrn der Heere / ist das Haus Israel,
und die Männer von Juda sind die Reben, / die er zu seiner Freude gepflanzt hat.
Er hoffte auf Rechtsspruch – / doch siehe da: Rechtsbruch,
und auf Gerechtigkeit – / doch siehe da: Der Rechtlose schreit.
(Jes. 5,1b-7)

Sind die ersten Äußerungen des sanften jungen Propheten auch noch etwas zu gelehrsam und indirekt, so lernt er bald, seine literarische Begabung in den Dienst einer klaren Botschaft zu stellen, und verflucht die unachtsamen Judäer, »die das Böse gut und das Gute böse nennen, / die die Finsternis zum Licht und das Licht zur Finsternis machen« (Jes. 5, 20). Wie Amos schimpft er über ihre Ungerechtigkeit gegenüber den Armen und Schwachen und über ihre Scheinheiligkeit in religiösen Dingen, doch tut er dies in einem ihm eigenen Stil. Es gibt wahrscheinlich mehr bekannte Zitate von Jesaja als aus allen anderen Büchern der Bibel mit Ausnahme der *Psalmen:*

Der Ochse kennt seinen Besitzer / und der Esel die Krippe seines Herrn (Jes. 1,3).
Kommt her, wir wollen sehen, / wer von uns Recht hat ...
Wären eure Sünden auch rot wie Scharlach, / sie sollen weiß werden wie Schnee. (Jes. 1,18)
Dann schmieden sie Pflugscharen aus ihren Schwertern / und Winzermesser aus ihren Lanzen.
Man zieht nicht mehr das Schwert, Volk gegen Volk, / und übt nicht mehr für den Krieg. (Jes. 2,4b)
Wie kommt ihr dazu, mein Volk zu zerschlagen? / Ihr zermalmt das Gesicht der Armen (Jes. 3,15).
Auch wenn dir der Herr bisher nur wenig Brot und nicht

genug Wasser gab, / so wird er, dein Lehrer, sich nicht mehr verbergen. (Jes. 30,20)

So wie Amos und Hosea Israel den furchtbaren »Tag JHWHs« angedroht haben, so droht Jesaja Juda mit demselben Schicksal. Doch sein Versprechen, dass ein »Rest« verschont werde, ist von solch poetischer Glut durchdrungen, wie sie seine Vorgänger nie hätten aufbringen können:

Das Volk, das im Dunkel lebt, / sieht ein helles Licht;
über denen, die im Land der Finsternis wohnen, / strahlt ein Licht auf [...]
Denn uns ist ein Kind geboren, / ein Sohn ist uns geschenkt.
Die Herrschaft liegt auf seiner Schulter; / man nennt ihn: Wunderbarer Ratgeber, Starker Gott, / Vater in Ewigkeit, Fürst des Friedens [...]
Doch aus dem Baumstumpf Isais wächst ein Reis hervor, / ein junger Trieb aus seinen Wurzeln bringt Frucht.
Der Geist des Herrn lässt sich nieder auf ihm: / der Geist der Weisheit und der Einsicht,
der Geist des Rates und der Stärke, / der Geist der Erkenntnis und der Gottesfurcht.

(Jes. 9,1; 9,5; 11,1-2)

Doch bevor diese äußerst messianischen Prophezeiungen eintreten können, muss der »Tag JHWHs« erduldet werden. Nach diesem werden die Juden sich endlich nicht mehr auf Tyrannen verlassen:

An jenem Tag wird Israels Rest – und wer vom Haus Jakob entkommen ist – sich nicht mehr auf den stützen, der ihn schlägt, sondern er stützt sich in beständiger Treue auf den Herrn, auf den Heiligen Israels.
Ein Rest kehrt um zum starken Gott, / ein Rest von Jakob.
Israel, wenn auch dein Volk so zahlreich ist / wie der Sand am Meer – / nur ein Rest von ihnen kehrt um.

(Jes. 10,20-22b)

Schließlich wird sich für sie das Reich des ewigen Friedens verwirklichen:

> Dann wohnt der Wolf beim Lamm, / der Panther liegt beim Böcklein.
> Kalb und Löwe weiden zusammen, / ein kleiner Knabe kann sie hüten ...
> Man tut nichts Böses mehr / und begeht kein Verbrechen / auf meinem ganzen heiligen Berg;
> denn das Land ist erfüllt von der Erkenntnis des Herrn, so wie das Meer mit Wasser gefüllt ist.
>
> (Jes. 11,6-7 u. 9)

Obwohl Jesajas Voraussagen von seinen Anhängern aufbewahrt werden, fallen sie auf taube Ohren. Jesajas Zeitgenossen zeigen sich weder bestürzt noch begeistert von seinen Verdammungen und Tröstungen. Juda wird im Verlauf eines Jahrhunderts von zwei reformwilligen Monarchen – Hiskija und Joschija – und von zwei der übelsten Tyrannen – Ahas und Manasse – der Davidischen Dynastie regiert. Jesaja war einer der Berater Hiskijas (715–687) und wurde einer Legende zufolge von Manasse (687–642) mit einer Säge in zwei Hälften zerteilt.

Die reformbereiten Monarchen versuchten, den JHWH-Kult von den verhassten kanaanitischen Einflüssen zu reinigen; sie erlaubten nur die Verehrung des einzigen Gottes in seinem Tempel und zerstörten die alten Heiligtümer und Kultstätten, in denen seit langer Zeit Rituale der kanaanitischen Naturreligion und der JHWH-Religion synkretistisch gepflegt wurden. Ahas und Manasse hingegen tolerierten nicht nur die Götter Kanaans, sondern gingen weiter als alle früheren israelitischen und judäischen Könige (vielleicht mit Ausnahme Ahabs). Sie opferten dem Gott Moloch – dem schrecklichen, Kinder verschlingenden Gott, dessen Kultstätte das mit schwefligem Rauch gefüllte Tal Hinnom[2] südlich von Jerusalem war – Kinder. In diesem

2 Das Tal Hinnom ist die *Gehenna* der *Offenbarung* des Johannes, wo es zum Sinnbild für die Hölle wird.

Tal schürten von Asche geschwärzte Priester ein Feuer, indem sie immer neue, bibbernde Opfer in die Flammen warfen.

Der Prophet Micha, ein weiterer Zeitgenosse Jesajas, bezieht sich auf dieses Schreckensbild aus verkohlten Leichen, wenn er sich einen müßigen Frömmler vorstellt, der sich fragt, wie man Gott wohl am besten verehren soll: Soll ich mein Kind opfern, damit mein Gebet von Gott erhört wird?

> Womit soll ich vor den Herrn treten, / wie mich beugen vor dem Gott in der Höhe?
> Soll ich mit Brandopfern vor ihn treten, / mit einjährigen Kälbern?
> Hat der Herr Gefallen an Tausenden von Widdern, / an zehntausend Bächen von Öl?
> Soll ich meinen Erstgeborenen hingeben für meine Vergehen, / die Frucht meines Leibes für meine Sünde?
>
> (Mi. 6,6-7)

Micha verabscheut solche Grübeleien, die auf eine Vermischung der kanaanitischen und israelitischen Religion zurückgehen und das Eigentliche doch verfehlen:

> Es ist dir gesagt worden, Mensch, was gut ist / und was der Herr von dir erwartet:
> Nichts anderes als dies: Recht tun, / Güte und Treue lieben, / in Ehrfurcht den Weg gehen mit deinem Gott.
>
> (Mi. 6,8)

Die Propheten sehen einen tiefen Zusammenhang zwischen Unrecht und Dienst an falschen Götzen. Baal, Astarte und Moloch sind die Götter der menschlichen Begierden: Sie sind in der Lage, Macht und Reichtum, Ansehen und Sieg zu verleihen, und können dazu durch irgendwelches Geschwätz und durch Opfer überredet werden. Doch unser Gott ist der Gott des Himmels und der Erde, der uns verkündet hat, dass das einzig annehmbare Opfer jene Gerechtigkeit ist, die seine Gerechtigkeit ist: seinen Nächsten gut zu behandeln und ihm mit Mitleid zu begegnen, niemals auf die grausame Stufe dieser »Wie du mir, so ich dir«-Haltung, die selbst so abscheuliche Dinge wie das Opfer von Kindern beinhaltet, herabzusinken. Die Religion JHWHs hat seit der gerade noch verhinderten Opferung Isaaks einen weiten Weg zurückgelegt und ist im Begriff, ein neues Paradigma hervorzubringen, indem sie die Menschen in zwei Gruppen aufteilt: Auf der einen Seite stehen die reichen, kindermordenden Götzendiener, auf der anderen Seite die rechtschaffenen Armen. Doch die Reformen Hiskijas und Joschijas können den »Tag JHWHs« nur hinauszögern, nicht aber verhindern. Er wird unumgänglich wegen des abtrünnigen Verhaltens des judäischen Rests des auserwählten Volkes und der schmerzhaften Ungerechtigkeiten in ihrer Gesellschaft, die seit den Tagen Salomos immer unübersehbarer geworden sind.

Während der Regierungszeit Joschijas in der zweiten Hälfte des siebten Jahrhunderts, als die Bücher *Josua, Richter, Samuel* und *Könige* verfasst wurden, trat Jeremia auf, der Prophet des Gerichts Gottes, der im Namen JHWHs, so könnte man sagen, dem Volk eine letzte Chance gibt:

> Bessert euer Verhalten und euer Tun, dann will ich bei euch wohnen hier an diesem Ort. Vertraut nicht auf die trügerischen Worte: Der Tempel des Herrn, der Tempel des Herrn, der Tempel des Herrn ist hier! Denn nur wenn ihr euer Verhalten und euer Tun von Grund auf bessert, wenn ihr gerecht entscheidet im Rechtsstreit, wenn ihr die Fremden, die Waisen und Witwen nicht unterdrückt, unschuldiges Blut an diesem Ort nicht vergießt und nicht anderen Göttern nachlauft zu eurem eigenen Schaden, dann will ich bei euch wohnen hier an diesem Ort, in dem Land, das ich euren Vätern gegeben habe für ewige Zeiten.
>
> (Jer. 7,3b-7)

Man glaubte in Juda seit langem, dass die David gegebenen Versprechungen, Jerusalem habe ewigen Bestand und Gott sei in der Bundeslade gegenwärtig, das eigene Land – anders als das Nordreich – vor der vernichtenden Katastrophe bewahren würden. Jeremia prophezeit die

Vernichtung Jerusalems und seines Tempels sowie den Rückzug JHWHs. Er sagt sehr genau voraus, was passieren wird: Nebukadnezzar, der König Babylons, das jetzt Assyrien als stärkste Macht in den mesopotamischen Auseinandersetzungen abgelöst hat, wird mit seinem gesamten Heer über das Volk von Juda herfallen und die Stadt und den Tempel dem Erdboden gleichmachen, wobei das »ganze Land zu einem Trümmerfeld und einem Bild des Entsetzens [wird]« (Jer. 25,11). Darauf werden siebzig Jahre im babylonischen Exil folgen.

Genau dies geschieht dann auch, nachdem Jeremia wegen staatsfeindlicher Reden zum Verräter erklärt und ins Gefängnis gesteckt worden ist. Als er von Nebukadnezzars Männern, die die Stadt eingenommen haben, »befreit« wird, glauben die Babylonier ihn auf ihrer Seite. Sie lassen ihm die Wahl, ob er mit dem Rest der judäischen Oberschicht ins babylonische Exil gehen oder mit den verstreuten judäischen Bauern zurückbleiben will. Jeremia entschließt sich zu bleiben. Jerusalem wird niedergebrannt, die Stadtmauern eingerissen, der Tempel zerstört, die Bundeslade geht verloren und damit die Präsenz JHWHs. Das Letzte, was Zidkija, der letzte König Judas, in seinem Leben zu sehen bekommt, ist die Hinrichtung seiner Söhne. Nach diesem Blutbad werden ihm die Augen herausgerissen, er wird in Ketten gelegt und nach Babylon geführt, wo er bald stirbt. Jeremia stirbt in Ägypten, wohin er auf Drängen wohlmeinender Freunde gezogen ist.

Trotz alldem prophezeit Jeremia:

> Seht, ich bringe sie heim aus dem Nordland / und sammle sie von den Enden der Erde.
>
> (Jer. 31,8)

Das Volk Gottes besteht nun nicht mehr aus den stolzen Vornehmen Israels und Judas, sondern aus den Außenseitern und Ohnmächtigen, den Blinden, Lahmen, und Schwangeren:

> [D]arunter Blinde und Lahme, / Schwangere und Wöchnerinnen; / als große Gemeinde kehren sie hierher zurück.
> Weinend kommen sie, / und tröstend geleite ich sie.

> Ich führe sie an wasserführende Bäche, / auf einen ebenen Weg, wo sie nicht straucheln.
>
> (Jer. 31,8b-9)

> Stell dir Wegweiser auf, setz dir Wegmarken, / achte genau auf die Straße, / auf den Weg, den du gegangen bist.
> Kehr um, Jungfrau Israel, / kehr zurück in diese deine Städte!
> Wie lange noch willst du dich sträuben, / du abtrünnige Tochter?
> Denn etwas Neues erschafft der Herr im Land: / Die Frau wird den Mann umgeben.
>
> (Jer. 31,21-22)

Genügt dies, um einen treulose Braut zu ihrem Gatten zurückzuführen? Die Stadt und der Tempel sind verschwunden, all das, was den Juden (denn das sind sie nun) ihre falsche Sicherheit gab. Ist Gott ebenfalls verschwunden, oder ist er bei ihnen in diesem furchtbaren Exil, im heidnischen Babylon, und lehrt sie etwas Neues, erschafft »etwas Neues im Land«?

> An den Strömen von Babel, / da saßen wir und weinten, / wenn wir an Zion dachten.
>
> (Ps. 137,1)

Sie saßen am Euphrat und am Tigris, an den beiden Flüssen, an denen ihre Geschichte begonnen hatte – sie saßen und weinten und bedachten ihr Schicksal. Sie wussten jetzt, dass ihnen die Propheten die Wahrheit gesagt hatten und dass sie die Stellvertreter Gottes gewesen waren. Zu diesem Zeitpunkt ändert sich die Bedeutung des Begriffes Prophetie. Er meint nun nicht mehr, von Gott inspiriert zu sein, sondern die Zukunft vorauszusagen: Der wahre Prophet ist derjenige, der die Zukunft in die Gegenwart eingebettet sieht, und seine Authentizität bestätigt sich, wenn das von ihm Prophezeite eintritt. Gott verlangt von seinem Volk keine Opfergaben, keine Nationalheiligtümer, keine äußerliche Frömmigkeit. Ihn interessiert ebenso wenig die Sicherstellung ihrer politischen Macht: Er hatte ihnen schmerzhaft vor Augen geführt, dass dies für ihn ohne Belang war. Was sollte das nun heißen?

Um besser verstehen zu können, wie unvorbereitet die Juden auf diese neue Denkweise waren, müssen wir uns ein wenig in der antiken Welt des sechsten vorchristlichen Jahrhunderts umsehen. Religion hatte zu dieser Zeit immer etwas mit Opfern zu tun.

Sämtliche Völker beschwichtigten ihre Götter in öffentlichen, mit den Königshäusern in Verbindung stehenden Tempeln. Die Einheit von Gott, König, Priester und Volk war sichtbar und unmissverständlich. Es gab nichts daran zu deuteln. Was konnte Gott, nachdem er dieses Selbstverständnis zerstört hatte, sonst noch von ihnen wollen? Vor diesem Rätsel stehend, erinnerten sie sich wieder an die nicht befolgten Worte der Propheten. Gott verlangte von ihnen mehr als nur Blut und Rauch, Bauwerke und Zitadellen. Er verlangte Gerechtigkeit, Vergebung und Demut. Er wollte etwas Unsichtbares. Er wollte ihre Herzen – nichts Äußerliches, sondern ihr Inneres.

Es kann gar nicht genug betont werden, wie fremdartig und neu diese Vorstellung war. Die Juden dachten genauso wie alle anderen archaischen Völker: Sie sorgten sich um Haus und Hof, um ihre Herden, wollten Gold und Silber. Jenes Wort, das wir heute so unbedacht aussprechen – das *Geistige* –, hatte in der archaischen Welt keinen fassbaren Bezugspunkt. JHWH war natürlich Geist und ganz anders als andere Götter, denn er war unsichtbar und konnte nicht künstlerisch dargestellt werden. Doch genau damit hatte sein Volk so große Schwierigkeiten. Es sehnte sich danach, ihn so abzubilden, wie die anderen Völker ihre Götter abbildeten. Sie konnten sich diesen Geist noch am ehesten als *Ruach*, als Wind oder Odem, vorstellen, als die einzige unsichtbare Sache, die für sie Wirklichkeit besaß, da man ihre Auswirkungen spüren konnte. Führer, Propheten, Priester und Könige wurden manchmal vom *Ruach* JHWHs erfüllt, um so das Volk zu leiten. Aber wie stand es um dieses Volk? Es besaß keinen *Ruach*, es war nicht vom Geist Gottes erfüllt.

Doch verfügten Männer und Frauen über den Atem des Lebens, der sie nach ihrem Tod auf genauso rätselhafte Weise wieder verließ, wie JHWH den Tempel verlassen hatte. Jeder Mensch besaß ein »Inneres«, etwas, worauf die Juden sich zuvor nicht eigens besonnen hatten. Meinte Gott vielleicht, dass jeder ein König, ein Prophet oder ein Priester sein könne, als er auf dem Sinai verkündete, er werde sie »zu einem Reich von Priestern und zu einem heiligen Volk« machen? Würde er sie zu einer geistigen Nation verbinden, zu einer Nation, die auf den äußerlichen Glanz verzichten konnte? Der Prophet Ezechiel, der das Volk ins Exil begleitete, bezog sich auf dieses »Innere«, als er im Namen Gottes über die kommende Heimkehr sagte:

> Ich schenke ihnen ein anderes Herz und schenke ihnen einen neuen Geist. Ich nehme das Herz von Stein aus ihrer Brust und gebe ihnen ein Herz von Fleisch.
>
> (Ez. 11,19)

Könnte es sein, dass dieses »Innere«, wo das »sanfte, leise Säuseln« zu Hause ist, das Elija hörte, der wahre Tempel Gottes ist? Die Bundeslade und die den Bund bezeugenden Tafeln waren verloren. Doch hatte Gott nicht durch die Worte Jeremias versprochen, dass es einen neuen Bund geben werde, dessen Gesetze »in die Herzen« geschrieben würden? Und als Gott ihnen ebenfalls durch Jeremia befohlen hatte, »genau auf die Straße zu achten«, meinte er damit eine geistige Reise?

Diejenigen, die diese neuartigen Gedanken zum ersten Mal dachten, müssen sich wie vom Blitz getroffen gefühlt haben. Sie konnten nun auf ihre gesamte Geschichte zurückblicken: die Berufung Abrahams in die Wüste; den Auftrag an Mose, das Volk aus der Sklaverei in die Freiheit zu führen; die Salbung Davids, des Königs, der »Ich« sang; bis zu den Propheten, die sie warnten, dass alles, was sie bislang getan hatten, Gott nicht zur Genüge war. Sie konnten zurückschauen und feststellen, dass Gott sie die ganze Zeit von einer Einsicht zur nächsten geleitet hatte, dass er ihnen eine Geschichte erzählt hatte, die ihre eigene Geschichte war, und zwar »etwas Neues im Land«.

Über die Juden im Exil ist nur sehr wenig bekannt. Die Verfasser der Bibel wollen über Babylon nur so viel sagen wie über Sumer und Ägypten. Während ihres Aufenthalts in verschiedenen Winkeln der archaischen Welt wurden manche der jüdischen Flüchtlinge, die ihre zur Königszeit erworbene Geschäftstüchtigkeit nutzten, erneut wohlhabend und wollten ihre neue Heimat nicht wieder verlassen. Somit markiert die Zeit des Exils auch den Anfang der jüdischen Diaspora, die heute immer noch nicht beendet ist. Als die Babylonier von den Persern besiegt worden sind, erlässt der persische König Kyrus 538 v. Chr., also fast genau siebzig Jahre nach der Prophezeiung Jeremias, ein Edikt, das den Juden erlaubt, das Land zu verlassen. Einige wenige nehmen dieses Angebot an, und in den folgenden Jahren werden andere folgen.

Diejenigen, die nach Zion zurückkehrten, hatten mit denen, die viele Jahre zuvor in Gefangenschaft geraten waren, wenig gemeinsam. Es handelt sich um eine gänzlich neue Generation mit weltbürgerlichen Ansichten, die in den kulturellen Zentren der antiken Welt aufgewachsen ist und zurückkehrt, um unter schwierigen Bedingungen in dem verlassenen und öden Land ihr Leben zu meistern. Sie bringen außerdem Bücher mit, die sie im Exil begleitet haben oder dort geschrieben worden sind. Die *Thora* hat entweder im Exil oder kurz nach der Rückkehr ihre endgültige Form angenommen, wobei die mündlichen Überlieferungstraditionen Judas und Israels mit den Belangen zeitgenössischer Priester und Schreiber verknüpft wurden. Diese Priester wollten in einer unruhigen Zeit durch die dem endgültigen Text hinzugefügte Ausarbeitung der rituellen Vorschriften, Gesetze und Genealogien Kontinuität und Sicherheit betonen.

Doch die Vorhersagen der Propheten und das traumatische Exilerlebnis mussten noch verarbeitet werden. Als sie das verwüstete Land wieder bestellten und ihre zerstörten Weinberge wieder kultivierten, müssen sich die Menschen des »Rests« gefragt haben, was Jeremia wohl mit den folgenden Worten gemeint haben könnte:

> Seht, es werden Tage kommen – Spruch des Herrn –, da säe ich über das Haus Israel und das Haus Juda eine Saat von Menschen und eine Saat von Vieh. Wie ich über sie gewacht habe, um auszureißen und einzureißen, zu zerstören, zu vernichten und zu schaden, so werde ich über sie wachen, um aufzubauen und einzupflanzen – Spruch des Herrn. In jenen Tagen sagt man nicht mehr: Die Väter haben saure Trauben gegessen, und den Söhnen werden die Zähne stumpf. Nein, jeder stirbt

nur für seine eigene Schuld; nur dem, der die sauren Trauben isst, werden die Zähne stumpf.

(Jer. 31,27-30)

Diese bekannte Metapher von den sauren Trauben bedeutet natürlich genau das, was sie besagt: dass jeder Mensch für seine eigenen Sünden verantwortlich sein wird. Vergeltung wird nicht mehr von einer Generation auf die nächste übertragen. Der *einzelne Mensch* und nicht der Stamm trägt die Verantwortung. Wie die Vergeistigung der Wanderung und wie die religiösen Verpflichtungen schreibt sich langsam die Vorstellung des Individuums – des einzelnen Geistes – in die Menschen ein, eine Vorstellung, die sich nur unter großen Schwierigkeiten durchsetzt in einer Welt, die sich durch Gruppeninteressen, Stämme und Völker definiert, in der Identität und Selbstwertgefühl allein an die Solidarität mit einer größeren Einheit gebunden ist.

Nun entwickelt sich eine neue Literatur. Einiges davon, was die Juden im Exil kennen gelernt haben, ähnelt mehr der weltlichen »Weisheitsliteratur« anderer antiker Völker als derjenigen der *Thora* und der Propheten. In späten Büchern der Bibel, etwa den *Sprichwörtern* und im *Buch Kohelet*, begegnen wir mitunter einem Zynismus, der vielleicht zu Gilgamesch gepasst, Mose oder Amos jedoch angewidert hätte. Doch die kulturelle Distanz, die die Juden zu ihrer eigenen archaischen Literatur gewonnen haben, befähigt sie dazu, diese mit tieferem interpretatorischem Vermögen zu lesen. Wenn sie über die Psalmen und die Prophezeiungen nachdenken, stellen sie schließlich die schon lange im Raum schwebende Frage: Warum muss der rechtschaffene Mensch leiden? Wenn Sünde und Vergeltung vom Einzelnen abhängen, was bedeutet dann unverdientes Leiden? Mit der Figur Ijobs, dem guten Menschen, der leiden muss, ohne gesündigt zu haben, werden diese Fragen aufgeworfen. Doch es gibt keine Antworten: »Der Herr hat gegeben, der Herr hat genommen; / gelobt sei der Name des Herrn« (Ijob 1,21b). Hier geht es um den rätselhaften Kern des Menschseins, wo ein leidendes menschliches Herz zu einem anderen spricht, und das andere mitfühlend darauf eingehen kann, ohne eine Antwort geben zu müssen. Wenn es eine Vernunft gibt, dann handelt es sich um eine Vernunft jenseits aller Vernunft.

Diese neuartige Literatur ist so stark von meditativen Elementen durchzogen, dass sie uns oft »existentialistisch« erscheint, so voll Schmerz und Freude wie das wirkliche Leben – wir glauben sie von einem unserer Zeitgenossen geschrieben. Im *Hohelied* begegnen wir Schulammitt und ihrem Geliebten, einem unverheirateten Paar, dessen spielerischer Wechselgesang den Leser unweigerlich in Bann schlägt. Zunächst spricht Schulammitt:

> Ich schlief, doch mein Herz war wach. / Horch, mein Geliebter klopft:
> Mach auf, meine Schwester und Freundin, / meine Taube, du Makellose!
> Mein Kopf ist voll Tau, / aus meinen Locken tropft die Nacht.
> Ich habe mein Kleid schon abgelegt – / wie soll ich es wieder anziehen?
> Die Füße habe ich gewaschen – / soll ich sie wieder beschmutzen?
> Mein Geliebter streckte die Hand durch die Luke; / da bebte mein Herz ihm entgegen.
> Ich stand auf, dem Geliebten zu öffnen. Da tropften meine Hände von Myrrhe / am Griff des Riegels. (Hld. 5,2-5)

> Seine Finger sind wie Stäbe aus Gold, / mit Steinen aus Tarschisch besetzt.
> Sein Leib ist wie eine Platte aus Elfenbein, / mit Saphiren bedeckt.
> Seine Schenkel sind Marmorsäulen, / auf Sockeln von Feingold.
> Seine Gestalt ist wie der Libanon, / erlesen wie Zedern.
> Sein Mund ist voll Süße; / alles ist Wonne an ihm.
> Das ist mein Geliebter, / ja, das ist mein Freund, ihr Töchter Jerusalems. (Hld. 5,14-16)

> Wie schön sind deine Schritte in den Sandalen, / du Edelgeborene.
> Deiner Hüften Rund ist wie Geschmeide, / gefertigt von Künstlerhand.

Dein Schoß ist ein rundes Becken, / Würzwein mangle ihm nicht.
Dein Leib ist ein Weizenhügel, / mit Lilien umstellt.
Deine Brüste sind wie zwei Kitzlein, / wie die Zwillinge einer Gazelle.

(Hld. 7,2-4)

Später werden Rabbis und Kirchenväter, über solche Passagen in der Heiligen Schrift schockiert, ihren Schäflein erklären, dass das *Hohelied* eine Allegorie sei, was ganz bestimmt nicht zutrifft. Es ist die Feier einer Liebesbeziehung, einer erotischen Beziehung – Menschen stehen sich wiederholt in heiß glühender Bewunderung, ja berauscht voneinander, gegenüber. Der Leser ist eingeladen, sich an diesen Vorgängen zu erfreuen, wie einer der beiden Liebenden sagt: »Freunde, esst und trinkt, / berauscht euch an der Liebe!« (Hld. 5,1b).

Man fragt sich, was Abraham aus alldem gemacht hätte. Sara jedenfalls läge wohl die Vorstellung fern, dass die Liebe »stark wie der Tod ist« (Hld. 8,6b), dass »[a]uch mächtige Wasser / ... die Liebe nicht löschen [können]« (Hld. 8,7), dass eine Frau frei sein und sogar die schönsten Verse zugewiesen bekommen könnte. Gibt es eine Frau, die vor diesem Gedicht hätte glaubwürdig behaupten können: »Der Geliebte ist mein, / und ich bin sein« (Hld. 2,16)? In der Bibel wird uns von zahllosen Ehegemeinschaften und sexuellen Verhältnissen berichtet, doch hier hören wir zum ersten Mal von einer auf Gegenseitigkeit beruhenden Beziehung – einer Beziehung von »Angesicht zu Angesicht«, die viel Ähnlichkeit mit der Dramatik, Stärke und Freude der Beziehung Israels »von Angesicht zu Angesicht« zu seinem Gott aufweist. Wäre das *Hohelied* nur eine Allegorie, dann spiegelte die Beziehung der beiden Geliebten lediglich die Beziehung der Seele (oder Israels) zu Gott wider. Doch nach den endlosen labyrinthartigen Erzählungen vom Verhältnis Israels zu seinem Gott legt das *Hohelied* eher nahe, dass diese Beziehung Gottes zu den Menschen endlich eine wahre Beziehung von Mensch zu Mensch möglich gemacht hat.

Im *Buch Rut* werden Ijobs Thema Leiden und Schulammitts Thema von der Gegenseitigkeit menschlicher Beziehungen in einer mehrere Generationen vor David spielenden zarten, humanen

Erzählung miteinander verknüpft. Es ist der Forschung nicht gelungen, diesen Text genau zu datieren. Einige Gelehrte legen die Entstehung in die späte Königszeit, andere hingegen in die Epoche nach dem Exil. Dieses Buch ist, abgesehen davon, dass es auf tatsächliche Vorgänge Bezug nimmt, eine nur vier Kapitel lange, durchkomponierte Kurzgeschichte.

Wir begegnen Noomi, einer Frau aus Betlehem, die während einer Hungersnot mit ihrem Ehemann und ihren zwei Söhnen nach Moab zieht, in jenen Landstrich östlich des Jordan, von dem aus Mose das Gelobte Land erblickt hat. Noomis Mann stirbt dort, und ihre zwei Söhne heiraten moabitische Frauen. Als die Söhne ebenfalls sterben, entschließt sich Noomi, nach Betlehem zurückzukehren, wo es jetzt wieder genug zu essen gibt. Sie macht sich mit ihren beiden Schwiegertöchtern auf den Weg, doch unterwegs kommen Noomi Zweifel, und sie sagt zu ihren Schwiegertöchtern: »Kehrt doch beide heim zu euren Müttern! Der Herr erweise euch Liebe, wie ihr sie den Toten und mir erwiesen habt. Der Herr lasse jede von euch Geborgenheit finden bei einem Gatten« (Rut 1,8b-9). Daraufhin gibt sie beiden einen Abschiedskuss.

Von Beginn an ist deutlich, dass wir es hier mit einer neuen Art von Erzählung zu tun haben: Alle wichtigen Figuren sind Frauen (selbst der Ausdruck »heim zu euren Müttern« ist überraschend). Dabei handelt es sich um Frauen, die mit schweren Schicksalsschlägen fertig werden müssen und manchmal nicht wissen, wie sie ihre nächste Mahlzeit auftreiben sollen. Davon abgesehen wird uns hier eine Gottes »treue Liebe« nachahmende Familie vorgeführt. Die einzelnen Mitglieder manipulieren sich nicht gegenseitig, vielmehr kümmern sie sich wirklich umeinander: Die Schwiegertöchter sorgen sich um ihre Ehemänner, Noomi um ihre Schwiegertöchter. Obwohl sie sich in einer verzweifelten Lage befindet, möchte sie ihre Schwiegertöchter nicht weiter belasten. Unterwegs hat sie über deren Schicksal nachgedacht und sich entschieden, sie vor dem Untergang zu bewahren.

Beide Schwiegertöchter beginnen »laut zu weinen« (Rut 1,9b) und beteuern, dass sie bei Noomi bleiben wollen, was wohl auf ihre Zuneigung zur Schwiegermutter zurückzuführen ist. Noomi gibt ihnen folgende scharfzüngige Antwort:

> Habe ich etwa in meinem Leib noch Söhne, die eure Männer werden könnten? ... Selbst wenn ich dächte, ich habe noch Hoffnung, ja, wenn ich noch diese Nacht einem Mann gehörte und gar Söhne bekäme: Wolltet ihr warten, bis sie erwachsen sind?
>
> (Rut 1,11b u. 12b-13)

Das erweckt den Eindruck, die Schachfigur Sara habe endlich ihre eigene Stimme gefunden. Wir vernehmen den scharfen und realistischen Ton archaischer Schwesternschaft, der hier zum ersten Mal hörbar wird.

Nach einigen Streitereien kann Noomi eine der beiden Frauen zur Heimkehr überreden. Doch die andere weigert sich nach wie vor und spricht folgende berühmt gewordenen Worte:

> Wohin du gehst, dahin gehe auch ich, und wo du bleibst, da bleibe auch ich. Dein Volk ist mein Volk, und dein Gott ist mein Gott. Wo du stirbst, da sterbe auch ich, da will ich begraben sein. Der Herr soll mir dies und das antun – nur der Tod wird mich von dir scheiden.
>
> (Rut 1,16b-17)

Dieses »mich von dir scheiden« klingt fast so wie »Der Geliebte ist mein, und ich bin sein« aus dem *Hohelied*. Obgleich hier ganz andere Umstände vorliegen, handelt es sich um ein weiteres Beispiel von Gegenseitigkeit.

Als die aller Hoffnung beraubten Frauen in Betlehem ankommen, muss sich Rut als Ährenleserin verdingen und den Schnittern auf den Feldern Betlehems folgen, um aufzusammeln, was diese fallen lassen, damit sie und Noomi etwas zu essen haben. Dabei hofft sie, wie sie Noomi sagt, einem Mann aufzufallen, »der ihr das Ährenlesen erlaubt« (Rut 2,2), um wieder heiraten zu können. So trifft sie Boas, ein ausgezeichneter Mann, der sowohl reich als auch gütig ist. Wie eine Romanheldin Jane Austens plant sie gemeinsam mit Noomi ein Ränkespiel, mit dem sie Boas' Herz für sich zu gewinnen gedenkt. Alles endet gut, und im Verlauf der Ereignisse erweist sich Boas als scharfsichtiger und findiger Mann, der sich auch von der unerschrockenen Intelligenz Ruts nicht einschüchtern lässt.

Ruts Geschichte kennt weder die erregende romantische Sinnlichkeit des *Hohelieds* noch das auf den Magen schlagende Elend Ijobs. Gleichwohl gibt es in ihr Leid und Freude sowie die Annahme, dass Gott im Hintergrund wirkt und seine Absicht in die Tat umsetzt. Am Ende der Erzählung, nachdem Rut und Boas geheiratet haben und ihnen ein innig geliebter Sohn, Obed, geboren worden ist, lesen wir, dass Noomi, deren Schoß ja keine Söhne mehr gebären kann, »das Kind [nahm] [und] es an ihre Brust [drückte]« (Rut. 4,16b). In den letzten Sätzen berichtet uns der Erzähler, dass dieses geliebte Kind der Vater Isais und der Großvater Davids sein wird. Damit geht, so scheint uns diese Geschichte sagen zu wollen, alles Leid und alles Elend einem guten Ende entgegen – ein Ende, das mitunter das Vorstellungsvermögen des einzelnen Menschen bei weitem übersteigt. Ein eigenwilliger Jude wird dies im ersten Jahrhundert so ausdrücken: »Wir wissen, dass Gott bei denen, die ihn lieben, alles zum Guten führt, bei denen, die nach seinem ewigen Plan berufen sind« (Röm. 8,28).

Das Leiden Ruts und Noomis hat einen Sinn, der ihnen in ihrem privaten Glück am Ende der Erzählung bewusst wird. Doch nur wir, die wir auf die bescheidenen Anfänge der Israeliten zurückblicken und ihre allmähliche Transformation in ein Volk nachvollziehen können, das schließlich versteht, dass die wirklich wichtigen Dinge unsichtbar sind, nur wir, die einsehen, dass Rut und Noomi eine unverzichtbare Rolle in dieser großartigen Transformation spielen, können ermessen, worum es die ganze Zeit eigentlich ging:

Irgendwann zu Anfang des zweiten vorchristlichen Jahrtausends hörte ein Mann namens Abram eine geheimnisvolle Stimme, die ihm verkündete, ihm sei ein neues Schicksal beschieden. Er war ein Mann mit scharfen Augen und scharfem Gehör, ein gewiefter Kaufmann, Produkt seiner Zeit. Doch tat er etwas, was vor ihm noch niemand gewagt hatte: Er schenkte dieser Stimme Vertrauen und stellte sein ganzes Leben auf den Kopf. Er wurde zu einem neuen Mann, mit einem neuen Namen, einer individuellen Bestimmung. Diese Bestimmung war – das hatte vor ihm niemand für möglich gehalten – seine ganz eigene Bestimmung, seine persönliche Berufung, nicht etwas, das aus den Sternen abgelesen werden konnte. Dieses Schicksal bezog auch die Familie, das Volk und, in einem geheimnisvollen, zunächst nicht festgelegten Sinn, die gesamte Erde ein. Denn Abraham wurde zum Ahnherrn eines großen, mit einer einzigartigen Bestimmung und einer einmaligen Rolle unter den Völkern ausgestatteten Volkes.

Über viele Generationen gab seine Familie, die den Namen Israel trug, die Geschichte ihrer einzigartigen Bestimmung vom Vater zum Sohn, von der Mutter zur Tochter weiter. Trotz der Unwägbarkeiten des menschlichen Daseins, die die Identität einer Gruppe so leicht auszulöschen vermögen, finden wir diese Familie – vielleicht mehr als fünfhundert Jahre nach Abraham – in Ägypten wieder. Hier sind sie zu Fronarbeitern geworden, die die Vorratsstädte des Pharaos errichten. Sie können sich gleichwohl an die alten Erzählungen von ihrem Ahnherrn Abraham erinnern, der mit ihrem Gott sprach und umherzog. Aus ihren Reihen erhebt sich ein neuer Führer, ein mundfauler Prinz, dessen Behauptungen sie Glauben schenken. Er sagt ihnen, dass der Gott ihrer Väter zu ihm gesprochen und ihn dazu ausersehen habe, sie aus der Sklaverei zu führen und sie in das bereits Abraham versprochene Gelobte Land zu leiten. Dieser Gott hat dem Prinzen, Mose, seinen Namen, JHWH, genannt. Das bedeutet für das archaische Bewusstsein, dass er ihm etwas von seinem Wesen mitgeteilt hat: Er ist der Gott, der »da sein wird«, der Gott der Götter, der Gott, auf den man sich verlassen kann.

Mose besitzt das gleiche Gottvertrauen wie Abraham: Er glaubt dieser Stimme, schenkt ihr Vertrauen. Während all der Schicksalsschläge in den folgenden Jahren – die Flucht der Israeliten und ihr scheinbar endloses Umherziehen in der Wüste – verliert Mose nie die Hoffnung. Er vertraut auf die Verheißung und auf die Zukunft, darauf, dass etwas wirklich Neues, etwas Überraschendes bevorsteht. Unter der Oberfläche der Geschehnisse dieser Stammesgeschichte entwickeln sich neue Vorstellungen: Zeit wird zu etwas Realem; wirkliche Zukunft erscheint möglich. Und daher sind die Entscheidungen, die das Individuum trifft, wichtig: Sie haben reale Folgen in einer realen Zukunft. Da all diese Folgen nicht vorausbestimmt sind, ist die Gegenwart voller Abenteuer und wird die dem Menschen gegebene Freiheit gerade diese Folgen entscheidend beeinflussen.

Diese großartige, überwältigende Entwicklung, die beispielhaft in den Erzählungen Abrahams und Moses dargestellt wird, macht Geschichte zum ersten Mal real für das menschliche Bewusstsein und die Zukunft zum ersten Mal abhängig davon, wie der einzelne Mensch in der Gegenwart handelt. Diese Bewegung vollzieht sich in der Zeitlichkeit, die zu Geschichte wird. Doch gleicht diese Bewegung nicht derjenigen des Rads, wie alle anderen Kulturen es sich vorgestellt hatten; sie ist nicht zyklisch, ist keine sich ständig wiederholende Kreisbewegung. Jeder Augenblick ist wie jedes Schicksal einmalig. Es ist ein zielgerichteter Prozess, doch kann niemand sagen, worin dieses Ziel besteht. Und da das Ende noch nicht erreicht ist, ist es voller Hoffnung – der Mensch kann sich vorstellen, dass dieser Prozess auch einen »Progress«, einen Fortschritt, bedeutet.

Es gibt allerdings richtige und falsche Entscheidungen. Um die richtigen Entscheidungen treffen zu können, muss ich mich an Gottes Gesetz halten, das meinem Herzen eingeschrieben ist. Ich muss auf jene Stimme hören, die nicht nur zu den großen Führern, sondern auch zu mir spricht. Ich muss das *Ich* ernst nehmen. So war das Volk, das zu den Juden werden sollte, nach zahlreichen Katastrophen dazu in der Lage, vom *Ich* Davids über das *Ich* des Geistes und das *Ich* des Individuums zu dem *Ich*, das Mitgefühl für das *Ich* des Nächsten aufbringt, fortzuschreiten.

Die Juden haben uns ein neues Vokabular, einen neuen Tempel des Geistes, eine innere Landschaft der Gedanken und Gefühle vermittelt. Im Verlauf vieler Jahrhunderte, geprägt von traumatischen Erlebnissen und Leiden, lernten sie, an einen Gott zu glauben, den Schöpfer des Weltalls. Sein Atem erfüllt seine gesamte Schöpfung, er tritt in die Geschichte der Menschheit ein, um seinen Willen durchzusetzen. Aufgrund dieses einzigartigen, monotheistischen Glaubens gelang es den Juden, eine Ganzheit zu begründen, ein zusammenhängendes, sinnvolles Universum; dieser Glaube überwindet gerade wegen seiner offensichtlichen Überlegenheit gegenüber anderen Weltanschauungen die miteinander streitenden und widersprüchlichen Ausprägungen des Polytheismus. Die Juden haben das abendländische

Bewusstsein begründet, den Glauben, dass dieser Gott einzig, nicht der Gott der Äußerlichkeiten, sondern das »sanfte, leise Säuseln« des Gewissens ist, der Gott, der für uns da sein wird und der sich um jedes seiner Geschöpfe sorgt, besonders um die Menschen, die er »nach seinem Ebenbild« geschaffen hat und von denen er erwartet, dass auch sie sich um ihre Mitmenschen kümmern.

Selbst die allmähliche Verbreitung jüdischen Gedankenguts, die sich in der Erzählung von der Ährenschneiderin Rut, der nicht-jüdischen Frau und unbedeutenden Moabiterin aus der untersten Gesellschaftsschicht, andeutete, wurde bereits von Joël vorausgesehen, einem späten Propheten, der wahrscheinlich erst nach der Rückkehr aus Babylon auftrat:

> Danach aber wird es geschehen, / dass ich meinen Geist ausgieße über alles Fleisch.
> Eure Söhne und Töchter werden Propheten sein, / eure Alten werden Träume haben, / und eure jungen Männer haben Visionen.
> Auch über Knechte und Mägde / werde ich meinen Geist ausgießen in jenen Tagen.
>
> (Joël 3,1-2)

Die Juden haben uns das Innere und das Äußere gegeben – unsere Weltanschauung und unser Gefühlsleben. Wir können kaum am Morgen aufstehen oder die Straße überqueren, ohne uns als Juden zu fühlen. Wir träumen jüdische Träume und haben jüdische Hoffnungen. Viele unserer besten Begriffe sind eine Gabe der Juden: *das Neue, Abenteuer, Überraschung; einmalig, Individuum, Person, Berufung; Zeit, Geschichte, Zukunft; Freiheit, Fortschritt, Geist; Glaube, Hoffnung, Gerechtigkeit.*

VII

Von damals bis heute

Die Juden sind es immer noch

Es ist nicht mehr möglich zu glauben, dass jedes einzelne Wort in der Bibel das Wort Gottes ist. Fundamentalisten tun dies noch, können ihre Selbsttäuschung aber nur dadurch aufrechterhalten, indem sie peinlichst jede Form wissenschaftlichen Nachfragens vermeiden. Sie müssen außerdem in der Kunst geübt sein, dem, was sie mit eigenen Augen lesen, nur wenig Vertrauen zu schenken. Denn selbst ohne die Erträge der modernen Bibelforschung fallen jedem Leser der zusammengestückelte Aufbau der Heiligen Schrift, ihre miteinander nur schwer in Einklang zu bringenden unterschiedlichen Normen- und Wertesysteme, ihre ausgesprochenen Widersprüche und klaren Irrtümer auf. Doch selbst wenn wir keine neuzeitlichen wissenschaftlichen Methoden heranziehen oder die palimpsestartige Inkonsistenz der hebräischen Bibel außer Acht lassen, müssen wir bestimmte Passagen der Bibel als unwürdig für einen Gott, an den wir glauben wollen, zurückweisen. Im *Buch Josua* etwa lesen wir, wie Gott den Israeliten befiehlt, alle Kanaaniter, selbst die Kinder, mit dem Schwert zu töten, und in den *Psalmen* finden sich wiederholt Gebete, in denen Gott aufgefordert wird, sämtliche Feinde des Dichters auf brutale Art und Weise umzubringen. Die Verfasser dieser Passagen mögen davon ausgegangen sein, dass sie von Gott inspiriert seien, wir können dies aber nicht mehr beanspruchen.

Möglich, dass Gott »langmütig, reich an Huld und Treue« ist (Ps. 86,15 u. ö.), doch ist er ebenso oft furchteinflößend und mitunter so willkürlich (zum Beispiel in seinem Verhalten gegenüber Saul) wie andere mesopotamische Monarchen. Meiner Meinung nach sollten wir uns nicht daran stören, dass sein Verhalten und seine Worte nicht immer bilderbuchmäßig sind. Falls Gott der Schöpfer der Schöpfung ist, muss er sich vollständig unserem Begriffsvermögen entziehen und uns deshalb in Angst und Schrecken versetzen. Ich bin jedenfalls dazu bereit, Gott nicht so genau auf die Finger zu sehen, selbst in solch grotesken Geschichten wie der gerade noch verhinderten Opferung Isaaks. Gott musste diese Religion aus dem Nichts erschaffen, und manchmal stand ihm kein besonders gutes Material zur Verfügung.

Doch es bleibt die unumstößliche Tatsache, dass ein Gott, an den man glauben will, nicht mit Massenvernichtung und rachsüchtigem Gemetzel in Verbindung gebracht werden kann. Selbst die glühendsten religiösen Eiferer müssen zugeben, dass diese Dinge das Werk von Menschen waren, die sich fälschlicherweise eingeredet hatten, Gott stünde auf ihrer Seite. Die hebräische Bibel erzählt die Geschichte eines sich langsam entwickelnden Bewusstseins, das zahlreiche Entwicklungsstufen durchlief und das, wie alles Lebendige, manchmal kaum, zu anderen Zeiten mit großen Sprüngen vorankam.

Andererseits können wir beruhigt davon ausgehen, dass die Erfahrung, auf der diese Geschichte beruht, die Erfahrung des sich über viele Jahrhunderte entwickelnden jüdischen Bewusstseins, vom Geist Gottes beseelt und von ihm vorangetrieben wurde. Der jahrtausendelange Fortbestand des jüdischen Identitätsgefühls allen Widrigkeiten zum Trotz ist ein erstaunliches Wunder und zeugt von großem Überlebenswillen. Wo sind heute die Sumerer, die Babylonier, die Assyrer? Und obwohl Ägypten und Griechenland noch heute Teil unserer Welt sind, ihre Kultur und ihre ethnische Zusammensetzung haben nur noch wenig mit ihren antiken Vorläufern gemeinsam. Doch wie erstaunlich das Überleben des Judentums auch sein mag, noch erstaunlicher ist, dass die Juden eine neue Art und Weise der Wirklichkeitserfahrung und damit die einzige Alternative zu den archaischen Weltanschauungen und Religionen entwickelten. Will man die Hand Gottes unter den Menschen aufspüren, so muss man an diesem Punkt ansetzen.

Die Bibel ist alles andere als übersichtlich und wohl geordnet. Sie ist eine »Familienchronik«, die sich über zwei Jahrtausende erstreckt – Jahrtausende, die für uns nun zwei- bis viertausend Jahre zurückliegen –, eine Chronik, die so durcheinander und widersprüchlich ist wie das menschliche Leben selbst. Deshalb kann ihre Informationsfülle auf verschiedene Weise interpretiert werden. Man kann sich zum Beispiel einigen feministischen Bibelforscherinnen anschließen und behaupten, dass es sich um eine Sammlung von Männergeschichten handelt, um Mythen, die von einer primitiven patriarchalischen Gesellschaft erfunden worden sind, um sich selbst zu verherrlichen. Doch übersieht eine solche Behauptung die späten, in einem persönlicheren Ton verfassten Bücher wie etwa das *Buch Rut.* Und sie unterschlägt, dass die Bibel gewissermaßen die Entstehung einer Weltanschauung dokumentiert, die von der ursprünglichen Weltsicht der Sumerer ausging. Man kann durchaus behaupten, dass die Bibel eine Revolution darstellt, in der die ursprüngliche Erdgöttin von neuartigen, aggressiven männlichen Kriegern abgelöst wurde. Doch wäre diese Hypothese nur eine Projektion, die die feministische Perspektive im Grunde bestätigt und sich kaum auf gesicherte und nur wenig substantielle archäologische Funde berufen kann. Das beste uns zur Verfügung stehende Beweismaterial deutet klar darauf hin, dass der große »Urgott« zu allen Zeiten »im Himmel« – das heißt in einem Bereich, der sich so sehr von demjenigen der Menschen unterscheidet, wie diese es sich nur vorstellen konnten – beheimatet war und, da er als Samenspender für das irdische Leben verantwortlich zeichnete, als männlich vorgestellt wurde.

Wir können wie John Campbell dem Beweismaterial Zwang antun und behaupten, dass alle Religionen zyklisch, mythisch und ahistorisch seien und, dem Selbstverständnis der Juden folgend, die jüdische Religion historisch fundiert und daher einzigartig sei. Eine solche Argumentation wird in der Logik als Scheinfrage bezeichnet, als logischer Trugschluss, der genau das als gegeben *voraussetzt*, was es erst noch zu beweisen gilt. Alle Religionen *sind* zyklisch und mythisch und kommen ohne das aus, was wir heute als historische Referenzpunkte bezeichnen würden – alle Religionen *mit Ausnahme* der jüdisch-christlichen Strömung, auf der das abendländische Bewusstsein basiert.

Man kann die Bibel, wie manche postmodernen Interpreten, als ein buntes Durcheinander für sich stehender Texte lesen, denen während und nach der Exilzeit redaktionell eine irreführende und oberflächliche Einheit aufgezwängt wurde. Doch hieße dies nicht nur, die überwältigende emotionale und spirituelle Wirkung, die viele Abschnitte der Bibel selbst auf Leser hat, die dieser Wirkung skeptisch gegenüberstehen, zu vernachlässigen, sondern auch ihren kumulativen Einfluss auf ganze Gesellschaften zu unterschlagen. Die großen Augenblicke in der Bibel – das donnernde »Zieh weg aus deinem

Land« (Gen. 12,1b), das Abram hörte, die Enthüllung des geheimnisvollen Namens Gottes für den kauernden Mose, Mirjams Lied am fernen Gestade, die Zehn Gebote Gottes, Davids Guter Hirte, Jesajas Heiliger Berg – lassen sich nur schwer als bloßes Menschenwerk ohne jeglichen Bezug auf die tiefsten Belange unseres eigenen, individuellen Daseins abtun. Auch die großen Befreiungsbewegungen der modernen Zeit lassen sich ohne Berufung auf die Bibel kaum denken. Ohne die Bibel hätte es keine Bewegung zur Abschaffung der Sklaverei, keine Bewegung für die Reformierung des Strafvollzugs, keine Antikriegsbewegung, keine Arbeiterbewegung, keine Bürgerrechtsbewegung, keine Bewegung für die Menschenrechte eingeborener und unterdrückter Völker, keine Bewegung zur Beendigung der Apartheid in Südafrika, keine Solidarność in Polen, keine Bewegungen zur Erlangung der Redefreiheit und Demokratie in fernöstlichen Ländern wie Südkorea, den Philippinen oder sogar China gegeben. Diese zeitgenössischen Bewegungen bedienen sich allesamt der Sprache der Bibel, und es ist unmöglich, ihre Helden und Heldinnen – Menschen wie Harriet Tubman, Sojourner Truth, Mother Jones, Mahatma Gandhi, Martin Luther King, Cesar Chavez, Hélder Câmara, Oscar Romero, Rigoberta Menchú, Corazon Aquino, Nelson Mandela, Desmond Tutu, Charity Kaluki Ngilu, Harry Wu – ohne Bezugnahme auf die Bibel zu verstehen.

Von diesen Bewegungen abgesehen, die meist das *Buch Exodus* als Vorlage nehmen, wird unsere Welt von anderen Kräften wie Kapitalismus, Kommunismus und Demokratie geprägt. Kapitalismus und Kommunismus sind illegitime Kinder der Bibel, Systeme, die auf dem biblischen Glauben gründen. Sie fordern von ihren Anhängern, dass sie immer an die Zukunft glauben, sich beständig eine Vision von einer besseren Zukunft vor Augen halten, gleichgültig, ob es um ein höheres Bruttosozialprodukt oder ein Arbeiterparadies geht. Keine dieser beiden Weltanschauungen hätte sich im zyklisch geprägten Orient, im Hinduismus, Buddhismus, Taoismus oder Schintoismus, entwickeln können. Doch da Kapitalismus und Kommunismus an ständigen Fortschritt gebundene, also progressive Systeme sind, die keinen Gott kennen, stellen sie ein Phantasiegebilde ohne jede Garantie dar. Demokratie hingegen erwächst direkt aus dem israelitischen

Begriff des *Individuums* – als das Ebenbild Gottes ist der einzelne wertvoll, hat jeder seine ihm eigene und persönliche Bestimmung. Ohne die Juden wäre die Behauptung undenkbar, dass »alle Menschen gleich sind«.

Man kann die Bibel als Sammelsurium mit oberflächlich überstülpter Einheit oder als ein erstaunliches, geschlossenes literarisches Werk lesen. Letzteres hat auf verblüffende Weise Jack Miles in seinem Buch *Gott. Eine Biographie* (München 1996) getan, in dem er Gott als eine sich entwickelnde literarische Figur vorführt. Auf gänzlich andere Art und Weise tun dies auch diejenigen Juden und Christen, die die Bibel buchstabengetreu lesen und sie als eine Art »Gebrauchsanweisung« verstehen, die alles lebensnotwendige Wissen vermittelt. Ich persönlich bevorzuge es, die Bibel als eine Sammlung verschiedenartiger Dokumente zu verstehen. Jedes dieser Dokumente enthüllt uns die gleiche Offenbarung in unterschiedlichen Entwicklungsstadien und eröffnet uns einen auf beständiges Weiterschreiten ausgerichteten, personalistischen Glauben an einen gänzlich geheimnisvollen Gott. Wie Martin Buber so großartig gezeigt hat, sage ich schließlich »Ich«, indem ich »Du« zu Gott sage, und es liegt in diesem »Ich-Du«, dass die anderen »Dus«, die anderen Menschen, für mich wirklich werden.

Eigentlich verdienen wir dieses Geschenk gar nicht, die Geschichte der Juden, die lange, übertriebene, wunderbare Entwicklung zu einem ethischen Monotheismus, ohne den unsere Vorstellungen von Gleichheit und Individualismus wahrscheinlich niemals entstanden und ganz sicher nie zu dem gereift wären, was sie heute sind. Dies war eine notwendige Evolution. Doch da die Existenz Gottes nicht bewiesen werden kann, kann auch nicht bewiesen werden, dass er zu Abraham, Mose und Jesaja gesprochen hat. Jeder Leser muss für sich selbst entscheiden, ob die Stimme, die zu den Patriarchen und Propheten sprach, auch zu ihm spricht. Tut sie dies, dann erübrigt sich die Frage nach dem Beweis für die Existenz Gottes, und wir brauchen diesen Beweis ebenso wenig, wie wir Beweise für alles andere brauchen, an das wir glauben. In letzter Konsequenz jedenfalls glaubt man nicht daran, *dass* Gott existiert, wie man daran glaubt, dass Timbuktu oder das Sternbild Andromeda existieren. Man glaubt *an* Gott wie man *an* einen Freund glaubt – ohne diesen Glauben hat man allen Glauben verloren. Da alles hier Behandelte davon abhängt, ob man an Gott glaubt, muss jeder Leser mit dieser Frage, mit seinen eigenen Zweifeln und Prinzipien, selber fertig werden.

Doch es lässt sich zeigen – was mir hoffentlich gelungen ist –, dass das Glaubenssystem, das wir heute das jüdische nennen, der Ursprung der »progressiven« Weltsicht ist, einer Weltsicht, der sich heute sämtliche westlichen Gesellschaften verpflichtet fühlen und von der heute viele (in gewisser Weise alle) nichtwestlichen Gesellschaften beeinflusst sind. Auf diese »progressive« Weltanschauung berufen sich Historiker, Literaturwissenschaftler, Philosophen, Religionswissenschaftler und Theologen. Sie wird meist dem »zyklischen« Weltbild gegenübergestellt. Doch wird diese Gegenüberstellung nur selten näher erläutert, und ein ansonsten belesener Student der Geistes- oder Sozialwissenschaften kann sein gesamtes Studium absolvieren, ohne diese beiden Begriffe und ihre weitreichenden Implikationen wirklich zu verstehen.

In einer zyklischen Welt gibt es weder Anfang noch Ende. Doch für uns gibt es einen Augenblick, an dem die Zeit beginnt – ob wir nun die ersten Worte der *Genesis,* »Im Anfang schuf Gott Himmel und Erde« (Gen. 1,1), oder die Urknalltheorie der modernen Wissenschaft nehmen, ohne die Juden wäre eine solche Vorstellung unmöglich. Und da die Zeit einen Anfang hat, muss sie auch ein Ende haben. Doch wie wird dieses Ende aussehen? Aus der *Thora* wissen wir, dass Gott seine Pläne in der Geschichte ausführt und ihr Ende *be*wirkt. Von den Propheten hingegen lernen wir, dass die Art und Weise, wie wir unser Leben führen, auf dieses Ende *ein*wirken wird und dass unsere innere Einstellung gegenüber unseren Mitmenschen großen Einfluss darauf haben wird, wie das Ende für uns aussehen wird.

Ungläubige sollten an dieser Stelle für einen Augenblick innehalten und darüber nachdenken, wie nachhaltig Gott – dieser jüdische Gott der Gerechtigkeit und des Mitgefühls – unser gesamtes Wertesystem untermauert. Es ist durchaus vorstellbar, dass alles menschliche Streben ohne diesen Gott zum Scheitern verurteilt wäre. Die weitreichendsten Träume der Menschheit werden von den jüdischen Propheten artikuliert. In der Vision Jesajas ist der wahre Glaube nicht mehr länger auf ein Volk beschränkt, sondern »alle Völker [strömen] zum Haus des Gottes Jakob«, damit »er uns seine Wege [zeige]« und wir lernen mögen, »Pflugscharen aus [unseren] Schwertern« zu schmieden (Jes. 2,2b-3 u. 4b). Alle, die den unerhörten Traum von der Brüderlichkeit aller Menschen, von Frieden und Gerechtigkeit, teilen, die Träume der Propheten träumen und für ihre Visionen empfänglich sind, müssen die Möglichkeit zumindest in Betracht ziehen, dass es ohne Gott keine Gerechtigkeit gibt.

Doch diejenigen, die an Gott glauben, müssen sich eine nicht weniger verstörende Tatsache vor Augen halten: Obwohl unser westliches Abendland von dieser jüdischen Matrix geprägt ist, werden die Aufschreie der Armen zu oft überhört. Die Propheten hielten den Israeliten und Judäern unaufhörlich Strafpredigten über die Machtlosen und Ausgestoßenen, die vernachlässigten Witwen, die Waisen und »die Fremden in unserer Mitte« (Dtn. 26, 11b u.ö.). Das sind heute die allein stehenden Mütter, hungernde Kinder und hilflose Asylsuchenden, unsichtbare Gespenster unserer Wohlstandsgesellschaft. Die Hälfte aller Kinder dieser Welt geht jeden Abend hungrig zu Bett, und jedes siebte Kind Gottes ist vom Hungertod bedroht. Angesichts solcher Zahlen sollten gläubige Menschen niemals Dostojewskijs Behauptung vergessen, dass das Leiden der Kinder der beste Beleg gegen die Existenz Gottes ist; und wir sollten beständig an den furchtbaren »Tag JHWHs« denken, jene zukünftige Zerstörung unserer Reichtümer und unserer Sicherheiten, bei der selbst die Bastionen unseres Glaubens vernichtet, der Tempel dem Erdboden gleichgemacht und Gott uns verlassen wird.

Denn ohne Gerechtigkeit gibt es keinen Gott.

ANHANG

Anmerkungen und Quellenangaben

Wie schon im ersten Band dieser Reihe[1] will ich dem Leser auch dieses Mal keine erschöpfende Bibliographie aller von mir herangezogenen Quellen anbieten – was angesichts des Ausmaßes, das die Bibelforschung und die Forschung des frühzeitlichen Mittleren Ostens inzwischen angenommen haben, den Umfang dieses schmalen Bandes erheblich vergrößern würde. Vielmehr möchte ich ihm ein Gefühl dafür vermitteln, welches Material für mich am nützlichsten war. Der Schlüssel für die gesamte Literatur zu diesem Gebiet liegt in einem Nachschlagwerk, nämlich dem *Anchor Bible Dictionary* (New York 1992), das ich die Ehre hatte, herausgeben zu dürfen, auf dessen Inhalt ich jedoch keinerlei Einfluss nehmen konnte. Die sechs umfangreichen Bände, in denen jedes erdenkliche Thema behandelt wird, machen es zum Stein der Weisen für die zeitgenössische Bibelforschung. In diesem Werk kann man alles nachschlagen, was man nicht weiß. Jeder Artikel vermittelt dem Leser nicht nur einen Überblick über die gesamte moderne Forschungsliteratur zu dem jeweiligen Thema, sondern geht darüber hinaus auf die vielen, oft Kopfzerbrechen bereitenden gelehrten Streitigkeiten ein und bietet, was das Wichtigste ist, eine lückenlose Bibliographie.

Obwohl ich das *Anchor Bible Dictionary* nicht nachdrücklich genug empfehlen kann, bietet es dem Laien oft weit mehr Informationen, als er sucht, und das in einer oft nur schwer verständlichen Gelehrtensprache. Zum Glück gibt es eine vorzügliche Alternative: *The Oxford Companion to the Bible*, der, wie alle Bände der *Oxford-Companion*-Reihe, dem durchschnittlichen Leser ohne viel unnötiges Drumherum genau das vermittelt, was er braucht. *The Jerome Biblical Commentary*, das Werk einer Reihe katholischer amerikanischer Gelehrter, erfreut sich ebenfalls großer Beliebtheit. Eine weitere

1 Thomas Cahill: *Wie die Iren die Zivilisation retteten*, München 1998. (A. d. Ü.)

ausgezeichnete Informationsquelle für den interessierten Laien sind die Jahrgänge der Zeitschriften *Bible Review* und *Biblical Archaeology.* Beide Publikationen werden von dem legendären Hershel Shanks betreut, der die undankbare Aufgabe übernommen hat, angesehene Gelehrte dazu zu ermutigen, allgemein verständliche Artikel zu schreiben.

Einleitung

Die kanonische zeitgenössische Darstellung der zyklischen Natur aller nichtbiblischen Religionen findet sich in Mircea Eliades *Das Mysterium der Wiedergeburt. Versuch über einige Initiationstypen* (Frankfurt a.M. 1988), doch kann man Eliades Ansichten zu diesem Thema aus unterschiedlichen Perspektiven an anderen Stellen seines beeindruckenden Gesamtwerkes finden. Zwei klassische Studien, die andere Aspekte betonen, sind James Barr: *Biblical Words for Time* (Naperville, Illinois 1962) und Bertil Albrektson: *History and the Gods* (Lund 1967).

I: *Der Tempel im Mondlicht*

Wie immer, wenn es um gewichtige historische Entwicklungen geht, konnte ich nicht umhin, William McNeills *The Rise of the West. A History of the Human Community* (Chicago 1963) zu konsultieren. Die Geschichte Sumers wird verständlich dargestellt von Samuel Noah Kramer in seiner populären *History Begins at Sumer* (New York 1956); hilfreicher war jedoch seine Studie *The Sumerians* (Chicago 1963).

Den Lesern, die sich näher für die von mir beschriebene Orgie interessieren, muss ich gestehen, dass ich diese Szene zum Teil frei erfunden habe, wie bereits im Text erwähnt. Ich habe ein männliches Opfer gewählt, damit ich nicht grundlos als typisch männlicher Chauvinist verschrien werde. Ein Leser meines Manuskriptes hat mich aber gleich beschuldigt, »sado-masochistische Phantasien über Teenager« zu haben, ein anderer bezichtigte mich der »Homoerotik«. Da es sich um Freunde handelte, kann ich mich nur davor wappnen, was die Kritiker sagen werden. Wir wissen, dass die Sumerer Tempelprostituierte beiderlei Geschlechts kannten und dass sie Orgien veranstalteten, an denen Priester, Priesterinnen und Könige beteiligt waren, die die Götter dazu animieren sollten, ihnen und ihrem Land Fruchtbarkeit zu schenken. Wir wissen außerdem, dass diese Orgien in Zusammenhang mit der zyklischen Religion standen. Nicht überliefert sind uns schriftliche Zeugnisse über die Liturgie oder den genauen Ablauf dieser Geschehnisse.

Meine Schilderung ist jedoch kein reines Phantasiegebilde, sondern basiert auf einem *Puck Fair* genannten Fest, das ich vor langer Zeit in Kerry/Irland miterlebt habe. Jeder, der dieses Fest schon einmal besucht hat, wird sicherlich mit mir darin übereinstimmen, dass es sich dabei um ein munteres Überbleibsel prähistorischer Fruchtbarkeitsriten handelt. Diese Erfahrung hat mir schon vor meiner Lektüre der Werke Eliades lebhaft vor Augen geführt, worum es bei der zyklischen Weltsicht geht und wie weit wir uns von unseren heidnischen Vorfahren entfernt haben. Ich wollte unter anderem mit diesem Kapitel beim Leser eine Art Schock hervorrufen, ihm bewusst machen, wie andersartig unsere heutige Welt im Vergleich zu den archaischen Kulturen ist. Dabei kam es mir weniger auf die beschriebenen Geschlechtsakte an sich als auf die abstrakten und unpersönlichen Vorgänge selbst an. Viele zusätzliche Informationen zu den Sexualpraktiken der Sumerer bietet Jean Botteró: *Mesopotamia. Writing, Reasoning, and the Gods* (Chicago 1992).

Für die weitreichenden Implikationen der Mondanbetung habe ich mich hier und im nächsten Kapitel besonders auf Mircea Eliade verlassen, besonders auf seine Arbeit *Die Religionen und das Heilige. Elemente der Religionsgeschichte* (Frankfurt a.M. 1986). Eliades *Geschichte der religiösen Ideen* (4 Bde., 2. Aufl., Freiburg 1994) erwies sich als ebenso hilfreich wie die Arbeiten von Ninian Smart, besonders *The World's Religions* (Cambridge 1989).

II: *Die Reise im Dunklen*

Ich stimme denen zu, die davon ausgehen, dass Abram/Abraham Sumerer war, und ich glaube nicht, dass diese vereinfachte Sicht der Dinge schaden kann. Einige Gelehrte bezweifeln, dass die biblische Erwähnung von Ur richtig ist, und meinen, dass Abraham ursprünglich zu den Semiten von Harran gehörte; Harran bedeutet »Zeltstadt« und war ein Zentrum der halbnomadischen Karawanenhändler. Die meiner Ansicht nach ausgewogenste Darstellung der Argumente, die für die sumerischen Ursprünge Abrahams (sowie deren kanaanitischen Zusammenhang) sprechen, bietet William Foxwell Albright, die herausragende Persönlichkeit unter den modernen amerikanischen Bibelforschern, in seinem maßgeblichen Werk *Yahweh and the Gods of Canaan* (London 1968; Neudruck Wiona Lake, Indiana 1994). Obwohl ich, gestützt auf die zahlreichen Reste sumerischen Denkens und der sumerischen Sprache in der *Genesis,* mit Albright annehme, dass Abraham aus Sumer stammt, ist die Richtigkeit meiner Behauptungen davon durchaus nicht abhängig. Selbst wenn er ein in Zelten lebender Nomade oder gar, wie von manchen behauptet, Kanaaniter gewesen sein sollte, trifft meine These zu, dass die Bibel uns vom *Buch Genesis* an eine neue Denkweise und Wirklichkeitserfahrung anbietet. Ich ziehe die sumerische Religion nicht heran, um Abraham zu erklären, sondern weil sie die erste Religion ist, von der uns schriftliche Zeugnisse vorliegen. Die Befragung dieser Religion und der Vergleich mit den archäologischen Belegen und späteren schriftlichen Aufzeichnungen aller anderen archaischen Religionen ermöglicht es mir zu erkennen, wie ähnlich sie sich alle sind – und wie ganz anders das religiöse Unternehmen Israels ist. Dies trifft ganz unabhängig davon zu, wie wir die Entwicklung der biblischen Theologie verstehen. Wir können uns Abraham als kanaanitischen Polytheisten vorstellen, dessen Glaubenssystem von späteren Generationen beschönigt wurde; wir können sogar annehmen, dass es ihn niemals gegeben hat. Selbst eine so weit hergeholte These wie die von Jon Levenson in seiner Arbeit *Death and Resurrection of the Beloved Son* (New Haven 1993) formulierte Annahme, bei der Anbindung Isaaks handele es sich um ein tatsächlich geschehenes kanaanitisches Menschenopfer, kommt nicht umhin zuzugestehen, dass die israelitische Religion in den Grundzügen ihrer Entwicklung einzigartig unter den Denksystemen der archaischen Welt ist und für das einzigartige Wertesystem der westlichen Welt verantwortlich zeichnet.

Wann genau diese israelitische Transformation stattgefunden hat, ob sie mit Abraham, mit Mose, mit David oder mit einer anderen Figur begonnen hat, kann niemand mit Sicherheit sagen, weil der Text der *Thora* und der anderen historischen Bücher der Bibel (etwa *Josua*, *Samuel* und *Könige*) zu späterer Zeit redaktionell bearbeitet wurde. Ich nehme in meiner Darstellung die Patriarchengeschichte der *Genesis* deshalb mehr oder weniger wörtlich, weil ich damit meine These am einfachsten belegen kann. Wer sich weiter mit dem Buch *Genesis* beschäftigen will, sollte immer daran denken, dass die zahlreichen Theorien und Kontroversen über die Hintergründe der Patriarchengeschichte täglich anwachsen. Ephraim Avigdor Speisers Kommentar zur *Achor-Bible*-Ausgabe der *Genesis* (New York 1964) bietet die beste allgemeine Einführung. Wichtige Hinweise fand ich des weiteren in Nahum M. Sarnas Anmerkungen in der *Thora*-Reihe der *Jewish Publication Society* (Philadelphia 1989) und in Everett Fox' spritzigen und einsichtigen Anmerkungen zu seiner großartigen *Thora*-Übersetzung (*The Five Books of Moses* [New York 1995]).

Immer habe ich mich darum bemüht, komplexe Zusammenhänge vereinfacht darzustellen, damit die Argumentationslinie meiner Hauptthese klar bleibt. Ich bin mir beispielsweise bewusst, dass für einige nicht Hammurapi, sondern sein Vorgänger, Sargon von Akkad, »der erste König der Weltgeschichte« war. Ich bin mir ebenfalls darüber im Klaren, dass es in der sumerischen Weltsicht mehr Elemente einer wahren Moralität gab, als ich berücksichtige. Insbesondere wurden Taten aus Barmherzigkeit nicht gänzlich abgelehnt: Wie die Juden im *Buch Levitikus* 19,9-10 wurden auch die Sumerer dazu angehalten, bei der Gerstenernte einige Ähren auf ihren Feldern für Ährenleser, also Witwen und Waisen, die sich sonst nicht hätten ernähren können, zurückzulassen. Die Göttin, die über diese Elenden wachte, richtete später über die Menschen. Auch wenn ich keinen ausdrücklichen Bezug auf moderne *Genesis*-Interpretationen, etwa von Kierkegaard und Freud, nehme, bedeutet das nicht, dass ich die Beiträge solcher Autoren nicht kenne. Mein Ziel war es, die Entwicklung, die ich mir zum Thema gemacht habe, so unverstellt wie nur möglich darzustellen.

Die Zitate aus ägyptischen Quellen gehen auf die ältesten ägyptischen Literaturzeugnisse zurück: auf Ptahhotep (24. vorchristliches Jahrhundert) und auf einen Pharao (ca. 2000 v. Chr.), dessen Namen wir nicht kennen, doch dessen Traktat über das Königtum von seinem Sohn und Nachfolger in *Die Lehre für König Merikare* (hrsg. v. Wolfgang Heck, Wiesbaden 1977) überliefert ist. Vgl. dazu auch William Kelly Simpson: *The Literature of Ancient Egypt* (New Haven 1973). Für eine ausführliche Abhandlung über den Kalender der Mayas und dessen Vorläufer vgl. Mary Miller und Karl Taube: *An Illustrated Calendar of the Gods and Symbols of Ancient Mexico and the Maya* (London u. New Haven 1993); für eine interessante Auseinandersetzung mit dem zyklischen Weltbild in der präkolumbianischen mittelamerikanischen Gesellschaft vgl. Dennis Tedlocks Übersetzung des *Popul Vuh*: *Popul Vuh. The Mayan Book of the Dawn of Life* (New York 1996).

Meine Behauptung, dass Individualität die Kehrseite des Monotheismus sei, ergab sich aus einem mit Rabbi Burton Visotzky vom *Jewish Theological Seminary of America* geführten Gespräch. Rabbi Visotzky vermag eine Alltagsunterhaltung mit fesselnden Einsichten anzufüllen.

III: *Ägypten*

Man kann mehrere Jahre mit der Lektüre der Kommentare zu den Büchern *Genesis* und *Exodus* verbringen. Diejenigen, die sich diese Aufgabe gestellt haben, sollten nicht vergessen, dass ich in diesem Kapitel nicht einmal die Hauptpunkte der Fragestellungen zusammenzufassen gedenke, mit denen sich ein theologisches Universitätsseminar befassen würde. Ich möchte nur die Denk- und Gefühlsrichtung nachzeichnen, die sich durch die jüdische Bibel zieht und zur Geburtsstunde unseres eigenen Denkens wurde. Deshalb habe ich zum Beispiel darauf verzichtet, die im *Buch Exodus* spürbaren Nachwirkungen der Schöpfungsgeschichte und der »zweiten Schöpfung« nach der Sintflut, die auf das *Buch Genesis* zurückgehen, darzustellen. Das vom ägyptischen Joch befreite und vor den gefahrvollen Fluten gerettete Israel ist, wenn man so will, die dritte Schöpfung Gottes. Doch wenn ich mich auf solche Einsichten, von denen es in alten und neuen Kommentaren zahlreiche gibt, einließe, würde das nur von meiner wichtigsten Absicht ablenken. Genauso erwähne ich die von Echnaton eingeleitete so genannte monotheistische Reform nur beiläufig, da ich starke Zweifel daran habe, dass sie den mosaischen Monotheismus beeinflusst hat – doch wenn wir uns in diese Gewässer stürzten, würden wir weit abgetrieben werden.

Drei *Exodus*-Kommentare habe ich besonders bevorzugt: Brevard W. Childs: *The Book of Exodus. A Critical, Theological Commentary* (Philadelphia 1974); Nahum M. Sarna: *Exploring Exodus. The Heritage of Biblical Israel* (New York 1986); und Umberto Cassuto: *A Commentary on the Book of Exodus* (Jerusalem 1967), aus dem ich die keineswegs gesicherte Interpretation der Identität des Pharaos Ramses übernommen habe. Die philosophische Infrastruktur der archaischen Stadtstaaten erhellt Giorgio Bucatelli: *Cities and Nations of Ancient Syria* (Rom 1967).

IV: *Sinai*

In diesem Kapitel habe ich im wesentlichen die gleichen Quellen wie für das vorige Kapitel benutzt. Die Charakterisierung Jitros als Unternehmensberater wurde mir von Patricia S. Klein vorgeschlagen.

Man kann unmöglich präzise den Zeitpunkt bestimmen, zu dem die gereifte jüdische Religionsvision zum ersten Mal das Denken und die Herzen der Israeliten in Besitz nahm, weil neue Denkweisen sich nur langsam und im Verlauf mehrerer Generationen entwickeln. Viele der Vorstellungen, um die heute vor dem amerikanischen Obersten Gerichtshof gekämpft wird – Vorstellungen, die von solch gewichtigen Konzepten wie Demokratie und Bürgerrechten abhängen –, lassen sich bis auf Denker aus dem siebzehnten Jahrhundert, ja noch weiter über das christliche Mittelalter bis zur jüdischen Bibel selbst zurückverfolgen. Doch selbst für die moderne Entwicklung ist es oft kaum möglich zu bestimmen, wann ein neuer Gedanke zum ersten Mal ausgesprochen wurde. Würde man also steif und fest behaupten, dass der Monotheismus und die Vorstellung vom Individuum mit Abraham begann und dass Mose für einen neuen Zeitbegriff und einen neuen Moralkodex verantwortlich war, würde dies über das, was ich hier zu sagen beabsichtige, hinausgehen. Wie bereits erwähnt, ziehe ich die Erzählungen der Bibel nur heran, um den gedanklichen und emotionalen Entwicklungsgang zu verdeutlichen, der zu unserer heutigen Weltsicht geführt hat.

Was die Erfindung des Alphabets anbetrifft, so empfehle ich ein äußerst aufschlussreiches Interview, das Hershel Shanks mit Frank Moore Cross geführt hat und das in der Zeitschrift *Bible Review* (Dezember 1992) unter dem Titel »How the Alphabet Democratized Civilization« abgedruckt wurde.

V: *Kanaan*

Für das Verständnis der Geschichte Israels von der Besiedlung Kanaans bis zur Frühzeit der Monarchie erwiesen sich folgende Studien als besonders wertvoll: John Bright: *Geschichte Israels. Von den Anfängen bis zur Schwelle des Neuen Bundes* (Düsseldorf 1966), sowie Norman K. Gottwald: *The Hebrew Bible. A Socio-Literary Introduction* (Philadelphia 1985), eine ausgezeichnete Übersicht über die von den Literatur- und Sozialwissenschaften übernommenen Methoden und Einsichten, die allmählich auch die Bibelforschung beeinflussen und ältere historisch-kritische Verfahren ersetzen. In diesem Zusammenhang sollte ich auch erwähnen, dass diese neueren Methoden die Frage aufwerfen, ob die Religion Israels von der kanaanitischen Religion korrumpiert wurde, wie es in den Büchern *Samuel* und *Könige* dargestellt wird, oder ob der Monotheismus in seiner Reinform das Produkt einer gebildeten, lange nach der mosaischen Reform entstandenen Elite ist. Auch in diesem Fall liegt es mir fern, solche Streitfragen zu entscheiden. Ich nehme die biblische Geschichte wörtlich, nicht weil ich die zeitgenössischen wissenschaftlichen Strömungen nicht kenne oder mit ihnen nicht übereinstimme, sondern weil diese neueren Entwicklungen nicht von besonders großem Interesse sind, wenn wir das einzigartige Wertesystem der jüdischen Religion herausstellen wollen, das die westliche Welt geprägt hat. Aus dem gleichen Grund beschäftige ich mich auch nicht mit der These, dass die Herrschaft Sauls im Buch *Samuel* zum Teil deshalb negativ dargestellt wird, weil Davids Anspruch auf den Thron kaum berechtigt war und er deshalb legitimiert werden musste.

Noch eine Bemerkung zu den von mir herangezogenen Psalmen Davids: Die Überführung der Bundeslade wird meist mit Psalm 132 in Verbindung gebracht, ich hingegen assoziiere dieses Ereignis mit Psalm 47.

VI: *Babylon*
Ich glaube, dass Salomo und Rehabeam im *Buch Könige* satirisch dargestellt werden, was ich entsprechend interpretiere.

Wer mehr über die Entwicklung der hebräischen Sprache wissen möchte, dem empfehle ich aus der Unmenge des zur Verfügung stehenden Materials Peter D. Daniels und William Bright: *The World's Writing Systems* (Oxford 1996) und Angel Saenz-Badillos: *A History of the Hebrew Language* (Cambridge 1993).

Obwohl ich dies im Haupttext nicht erwähne, handelt es sich bei der Höhle, in der Elija das »sanfte, leise Säuseln« hört, wohl um die gleiche Höhle, in der Mose im *Buch Exodus* 33,21-22 eine bedeutende Epiphanie Gottes widerfährt: ein Beispiel für Kontinuität und Weiterentwicklung. Obwohl zeitgenössische Bibelforscher die niedere Herkunft Amos' in Zweifel gezogen haben, nehme ich den Propheten beim Wort.

Es gibt eine Reihe strittiger Punkte in der Bibelforschung, auf die ich in diesem Kapitel nicht eingehe, insbesondere was die Frage betrifft, wie zuverlässig die biblische Beschreibung der kanaanitischen Menschenopfer ist, für die es in der kanaanitischen Literatur keine Belege gibt. Doch auch hier folge ich der Bibel, denn auch in anderen archaischen Gesellschaften, die Menschenopfer kannten (etwa die Kelten und die Mayas), begegnen wir einem ähnlichen Schweigen über diese Rituale in ihren mündlichen und schriftlichen Überlieferungen. Mir scheint es aus profunden psychologischen Gründen nur zu verständlich, dass man Menschenopfer zwar darbrachte, darüber jedoch nicht sprach.

Der »absonderliche Jude im ersten Jahrhundert« ist Saulus/Paulus aus Tarsus. Ich weiß, dass es womöglich provozierend wirkt, an dieser Stelle einen Mann zu zitieren, der (zumindest wird es meist so verstanden) das Judentum zugunsten des Christentums aufgegeben hat. Doch tue ich dies nicht, um die leidige und peinliche Behauptung von der heute in fast allen christlichen Theologenkreisen zurückgewiesenen Vorstellung von der »Aufhebung« oder »Ersetzung« des jüdischen Glaubens durch das Christentum wieder aufleben zu lassen. Ich zitiere Paulus, weil kein anderer in der jüdischen Tradition Schreibender so bündig den Gedanken formuliert, um den es mir an dieser Stelle geht.

Die Vorstellung vom »Äußeren« und »Inneren« wird meist mit dem Heiligen Augustinus von Hippo in Verbindung gebracht (vgl. zum Beispiel Charles Taylor: *Quellen des Selbst. Die Entstehung der neuzeitlichen Identität* [Frankfurt a. M. 1994]). Augustinus war sicherlich der erste, dem diese Vorstellung *bewusst* war, doch kann man kaum bezweifeln, dass sie in den Psalmen bereits als *Phänomen* angelegt ist.

VII: *Von Damals bis Heute*

Die Auffassung Joseph Campbells von der jüdischen Religion zieht sich durch sein gesamtes Werk, vgl. etwa *Die Kraft der Mythen. Bilder der Seele im Leben des Menschen* (Zürich 1994). Die Prämisse von Jack Miles' *Gott. Eine Biographie* (München 1996), bei dem Bewusstsein, das sich in der Bibel entwickele, handele es sich um dasjenige von Gott selbst, wurde erstmals, so glaube ich, von C. G. Jung in seiner *Antwort auf Hiob* (Zürich 1952) zur Sprache gebracht.

Es gibt eine tiefe Verbindung zwischen der modernen Philosophie (und Erfahrung) der Personalität und dem archaischen Religionssystem, die ich in diesem letzten Kapitel berühre. Zwei in vielen Ausgaben und Übersetzungen zugängliche klassische Studien enthalten bemerkenswerte Ausführungen zu dieser Verbindung: Martin Bubers *Ich und Du* (8. Aufl., Heidelberg 1974) und Gabriel Marcels *Geheimnisse des Seins* (Wien 1952). Ein dritter Denker, Walter J. Ong, beschäftigt sich ebenfalls mit dieser Verbindung: *The Presence of the Word* (New York 1967) und *The Barbarian Within* (New York 1962). Ich möchte die Aufmerksamkeit des Lesers besonders auf ein Kapitel in Ongs Studie lenken: »Voice as Summons for Belief. Literature, Faith, and the Divided Self« (»Die Stimme als Aufforderung zum Glauben. Literatur, Glaube und das geteilte Selbst«). In diesem Zusammenhang möchte ich einen Satz zitieren, den man unter den handschriftlichen Aufzeichnungen des Priesters und Gelehrten Teilhard de Chardin nach dessen Tod gefunden hat: »Etwas Gegenwärtiges ist niemals stumm«.

Die Bücher der jüdischen Bibel

Die jüdische Bibel setzt sich aus drei Teilen zusammen: *Thora*, *Nebiim* und *Ketubim*. Die drei Anfangsbuchstaben werden zu dem hebräischen Akronym *Tenach* zusammengefasst, dem traditionellen jüdischen Namen für die Bibel. Es folgt eine Aufstellung der allgemein anerkannten, kanonischen Bücher der jüdischen Bibel, die zuerst von palästinensischen Juden in den ersten nachchristlichen Jahrhunderten festgelegt wurde, obwohl man sich schon in den letzten vorchristlichen Jahrhunderten im wesentlichen darauf geeinigt hatte, welche Bücher in die Liste aufgenommen werden sollten. Daneben gibt es noch weitere Bücher, die Juden und protestantische Christen als apokryphe, katholische und die meisten orthodoxen Christen als deuterokanonische Bücher bezeichnen. Diese am Rande des Kanons liegenden Bücher werden in einige Bibeln aufgenommen, in anderen hingegen fehlen sie. Von manchen dieser apokryphen Bücher gibt es inzwischen keine oder nur unvollständige hebräische Versionen. Ihre Aufnahme in manche Bibeln lässt sich auf ihre Aufnahme in Kopien der *Septuaginta*, einer griechischen, in den letzten vorchristlichen Jahrhunderten angefertigten Übersetzung der hebräischen Schriften, zurückführen.

I. Thora (»Die Lehre« oder »Das Gesetz«, manchmal auch »Pentateuch«, Die Fünf Bücher, genannt)

Hebräische Bibel	Christliche Bibel
Bereschit	Genesis
Schemot	Exodus
Wajikra	Levitikus
Bemidbar	Numeri
Dewarim	Deuteronomium

Die ersten beiden Bücher enthalten den größten Teil des Erzählstoffs der *Thora: Genesis*, die Schöpfungsgeschichte, die Geschichte Abrahams und seiner Familie bis zum Tod Josefs in Ägypten. *Exodus*, die Geschichte der ägyptischen Versklavung der Kinder Israels, ihre Flucht unter Mose bis zur Begegnung mit Gott auf dem Sinai; es endet mit einer Aufzählung der Gebote und Vorschriften. *Levitikus* enthält die Vorschriften für die levitischen Priester. *Numeri* (»Zählungen«) beginnt mit einer Zählung der wehrfähigen Israeliten der Wüstenstämme; darauf folgen Berichte über die Wanderungen der Israeliten über die Sinaihalbinsel, die immer wieder durch die Einfügung von zusätzlichen Vorschriften unterbrochen werden; das Buch endet mit den ersten israelitischen Ansiedlungen im Westjordanland. *Deuteronomium* ist ein weltliches und religiöses Gesetzbuch, das in eine lange Ansprache Moses eingebettet ist und mit seinem Tod endet.

II. Nebiim (»Propheten«)

A) Nebiim rischonim (»Erste Propheten«)

Hebräische Bibel	Christliche Bibel
Jehoschua	Josua
Schofetim	Richter
Schemuel	Samuel
Melachim	Könige

Diese Bücher bieten eine durchgängige Erzählung der Geschichte Israels von der Besiedlung Kanaans bis zum Fall des Reiches Juda und dem babylonischen Exil. Obwohl im Verlauf der Erzählung Propheten wie Samuel vorgestellt werden, handelt es sich also nicht um eigentlich »prophetische« Bücher, wie wir es heute verstehen würden, sondern um Geschichtsbücher. Sie heißen »Prophetenbücher«, da in späteren Zeiten alle großen Figuren der israelitischen Geschichte seit Mose und Josua als Propheten bezeichnet wurden. In den meisten christlichen Bibeln werden die Bücher *Samuel* und *Könige* in jeweils zwei Bücher unterteilt.

B) Nebiim acharonim (»Letzte Propheten«)

1. Die drei großen Propheten

Hebräische Bibel	Christliche Bibel
Jeschajan	Jesaja
Jirmejahu	Jeremia
Jescheskel	Ezechiel

2. Das Zwölfprophetenbuch (auch »Die kleinen Propheten« genannt, weil diese Bücher alle sehr kurz sind)

Hebräische Bibel	Christliche Bibel
Osee	Hosea
Joel	Joël
Amos	Amos
Abdias	Obadja
Jona	Jona
Micha	Micha
Nachum	Nahum
Habakuk	Habakuk
Zefanja	Zefanja
Haggai	Haggai
Secharja	Sacharja
Malachias	Maleachi

III. Ketubim (»Hagiographien« oder »Schriften«)

Hebräische Bibel	Christliche Bibel
Tehillim	Psalmen
Mischle (Sprüche Salomos)	Sprichwörter
Ijow	Ijob
Schir ha-Schirim	Hohelied
Rut	Rut
Echa	Klagelieder
Kohelet	Kohelet
Ester	Ester

Daniel	Daniel
Esra-Nechemja	Esra-Nehemia
Diwre ha-Jamim	Chroniken

Ohne Zweifel ist die *Thora* die Heilige Schrift der jüdischen Tradition, obwohl wir durch den oft wiederholten Ausdruck »die Thora (oder das Gesetz) und die Propheten« darauf hingewiesen werden, dass diese beiden Teile der Schrift als nahezu untrennbar angesehen werden. Dem dritten Teil der jüdischen Bibel hingegen wird weniger Bedeutung beigemessen, da es sich um eine mannigfaltige Textsammlung handelt, die man eigentlich nur unter dem Begriff »Schriften« zusammenfassen kann. In dieser Sammlung nehmen die *Psalmen* eine herausgehobene Stellung ein. Die fünf kurzen Bücher vom *Hohelied* bis zum *Buch Ester* werden an hohen Festtagen in den Synagogen verlesen. Die *Chroniken,* in christlichen Bibeln meist in zwei Bücher unterteilt, bieten eine Zusammenfassung der jüdischen Heilsgeschichte, die ganze Passagen wörtlich aus den Büchern *Samuel* und *Könige* übernimmt. Sie beginnen bei Adam und schließen mit der Heimkehr der babylonischen Juden ins Gelobte Land, womit die jüdische Bibel mit jener von den Propheten vorausgesagten tröstlichen Verheißung endet, die den unterdrückten Juden späterer Epochen Hoffnung gibt.

Da die zwölf »kleinen« Propheten als ein Buch oder eine Schriftrolle gezählt werden, besteht die jüdische Bibel aus vierundzwanzig Büchern, womit sie auf die Bedeutung der Zahl zwölf und deren Vielfachen als Symbol für Vollständigkeit und Erfüllung hinweist. Zu den in die griechische *Septuaginta* aufgenommenen und von vielen Katholiken und orthodoxen Christen als Heilige Schrift anerkannten apokryphen und deuterokanonischen Büchern zählen *Judit, Tobit* (Tobia), die *zwei Makkabäerbücher, Weisheit* (Weisheit Salomos), *Jesus Sirach* (Weisheit Sirach Ben Siras) und *Baruch,* der Jeremias Sekretär war, sowie die griechischen Hinzufügungen zum *Buch Daniel,* nämlich *Daniel* 3,24-90 und Kapitel 13 (die Geschichte Susannas) und 14 (die Geschichte von Bel und dem Drachen). Daneben gelten folgende Bücher für viele orthodoxe Christen als Heilige Schriften: 1 *Esdras* (in der *Septuaginta* heißt das Buch *Esra Nehemia*

2 *Esdras*), das dritte und vierte *Makkabäerbuch*, die *Psalmen Salomos* und ein paar weitere Bücher und Hinzufügungen. Die Anordnung der Bücher in christlichen Bibeln unterscheidet sich von derjenigen in der jüdischen Bibel.

Zeittafel

Das Folgende versteht sich nicht als vollständige Chronologie, sondern lediglich als eine Übersicht über Daten und Perioden im Haupttext erwähnter Zeitabschnitte. Alle nicht fett gedruckten Daten sind unsicher, und im Falle von Daten, die mit Abraham und Mose in Verbindung stehen, handelt es sich um ziemlich anfechtbare Mutmaßungen.

3200 v. Chr.	Die Summerer erfinden die Schrift.
1850	Das *Gilgamesch-Epos* wird niedergeschrieben. Abram / Abraham zieht nach Kanaan.
1750	Der Kodex Hammurapis wird verkündet.
1720-1552	Die semitischen Hyksos herrschen in Ägypten.
1700	Die Kinder Israels kommen nach Ägypten.
1377-1358	Echnaton herrscht in Ägypten und ordnet an, dass nur noch der Sonnengott Aton verehrt werden darf.
1347-1338	Tut-Ench-Amun herrscht in Ägypten.
1304-1290	Sethos I., wahrscheinlich der Pharao, »der Josef nicht gekannt« und die Kinder Israels versklavt hat, herrscht in Ägypten.
1290-1224	Ramses II., wahrscheinlich Pharao zur Zeit des Exodus, herrscht in Ägypten.
1250	Die Flucht der Israeliten unter Mose und die Begegnung am Berg Sinai.
1220-1200	Josua und die Israeliten erobern Kanaan.

1200-1025	Die Richterzeit und die Zeit des Staatenbundes der israelitischen Stämme in Kanaan.
1030-1010	Saul regiert den israelitischen Staatenbund.
1010-970	David herrscht über das Vereinigte Königreich Israel.
1000	David nimmt Jerusalem ein und macht die Stadt zu seiner Hauptstadt.
970-931	Salomo herrscht in Israel. Die Erzählungen, die später zur *Thora* werden sollten, werden gesammelt.
966	Salomo baut den Tempel in Jerusalem.
931	Das Vereinigte Königreich Israel wird in die Königreiche Israel und Juda geteilt.
874-853	Ahab herrscht mit Isebel in Israel. Wirken des Propheten Elija.
750	Beginn des Wirkens des Propheten Amos und wenig später des Propheten Hosea.
740	Jesaja wird im Tempel zum Propheten berufen. Er beginnt sein Wirken, wenig später gefolgt vom Propheten Micha.
722 oder 721	Israel wird von den Streitkräften des assyrischen Königs Sargon II. überwältigt und seine Bewohner deportiert: Die zehn Stämme des Nordreichs sind verloren.
716-687	Hiskija, einer der letzten »guten« Könige, herrscht über Juda.
687-642	Manasse herrscht in Juda und etabliert heidnische Kulte im Tempel und (einer späteren Legende zufolge) richtet Jesaja hin.

640-609	Joschija, Judas letzter »guter« König, herrscht, initiiert eine religiöse Umkehr, unterstützt die Neuherausgabe wichtiger historischer Dokumente und der Bücher *Deuteronomium*, *Josua*, *Richter*, *Samuel* und *Könige*.
605	Jeremia sagt die siebzigjährige Exilzeit Judas voraus.
16. März 597	Nebukadnezzar nimmt Jerusalem ein und leitet die Deportation der Juden nach Babylon ein.
Juli/August 587 oder 586	Nebukadnezzar zerstört den Tempel und die Stadt Jerusalem; neuerliche Deportationen dauern weitere fünf Jahre.
539	Kyros, der persische König, kommt nach Babylon und gibt den alten Städten ihre Heiligtümer zurück, die nach Babylon gebracht worden waren.
538	Kyrus erlässt ein Edikt, das den Exilierten erlaubt, in das Gelobte Land zurückzukehren.
Frühjahr 537	Der Grundstein für den zweiten Tempel wird gelegt.
520-515	Der zweite Tempel wird fertig gestellt.
450	Die Bücher *Ijob*, *Rut*, das *Hohelied* und viele der *Psalmen* werden möglicherweise in dieser Zeit niedergeschrieben.

Zum Dank

Einige meiner Freunde waren so freundlich, eine frühe Manuskriptfassung dieses Buches zu lesen, darunter meine Frau, Susan Cahill, John E. Becker, Michael D. Coogan (dessen auf umfassender Bildung fußende Präzision für mich unerlässlich war), Neil Gillman, Herman Gollob, Jack Miles, Gary B. Ostrower, Ora Horn Prouser, Burton Visotzky, Robert J. White und Yair Zakovitch. Ihnen allen bin ich zu Dank verpflichtet, denn sie haben mich vor einer ganzen Reihe Fehlern und Fehleinschätzungen bewahrt. Es versteht sich von selbst, dass ich allein die Verantwortung für alle noch vorhandenen Irrtümer und Unausgewogenheiten trage.

Ohne meine Lektorin und Verlegerin Nan A. Talese, die mich an meinen Schreibtisch zurückschickte, um das zu schreiben, was ich glaubte, bereits geschrieben zu haben, hätte dieses Buch nicht fertig gestellt werden können. Das Völkchen von *Doubleday* hat mich so unterstützt, wie ich es mir nur wünschen konnte, und besonderer Dank gebührt Arlene Friedman, Jacqueline Everly und dem nie verzagenden PR- und Marketingteam von Marly Rusoff und Sandee Yuen. Für die gelungene Aufmachung des Buches seien Marysarah Quinn für das Layout und Kathy Kikkert für den Einband gedankt. Die Hilfe Alicia Brooks war in vielen Dingen unverzichtbar, besonders wenn es um die Verbesserung der Textqualität ging. Innerhalb der Firma *Bantam, Doubleday, Dell* verdienen Jack Hoeft, William G. Barry, Katherine Trager und Paula Breen besonderes Lob. Kein Autor kann sich ein besseres Verkaufsteam als *BDD* wünschen. Ihnen allen sowie meiner geschickten Agentin, Lynn Nesbit, bin ich zu großem Dank verpflichtet.

Wenn ich jetzt auf den Weg zurückblicke, der mich schließlich zu diesem Buch geführt hat, wird mir klar, dass ich in der Schuld von alten und neuen Freunden vor allem in zwei Städten stehe, und zwar Jerusalem und New York. In Jerusalem bin ich von Rabbi Adin Steinsaltz und seinem Assistenten Rabbi Thomas Eli Nisell vom *Israel*

Institute for Talmudic Publications freundlich aufgenommen worden. Die Gespräche mit diesen beiden waren eine ständige Inspirationsquelle, genauso wie die freundliche Aufnahme im Hause Avigdor Shinans und seiner Frau Rachel. Dr. Shinans wohlwollende Bereitschaft, mich seinen Kollegen von der *Hebrew University* vorzustellen, war ebenfalls sehr hilfreich. Auch die selbstlose Freundschaft Sami Tahas werde ich nicht vergessen. Gleich jenseits der Grenzen Israels liegt der Sinai, und wenn ich nicht das Glück gehabt hätte, dort Ahmed Yehia als Führer zu haben, hätte ich viele Dinge nicht gesehen, und es wäre für mich unmöglich gewesen, mich eine Zeit lang unter den noblen Beduinen aufhalten zu können. In New York war es mir vergönnt, am *Jewish Theological Seminary of America* mit seiner schönen Umgebung, dessen Winkel und Ecken für mich immer so etwas wie ein Zuhause sein werden, in einer freundschaftlichen und friedvollen Atmosphäre Bibelstudien zu betreiben. Alle, angefangen beim damaligen Dekan Dr. Menahem Schmelzer über die engagierten Fakultätsmitglieder und Angestellten des Seminars bis hin zu blutjungen rabbinischen Studenten, haben mich freundlichst aufgenommen und mir meinen Aufenthalt so angenehm wie möglich gestaltet. Ich werde Dr. Burton Visotzky niemals angemessen für all die intuitiven Hilfestellungen, die er mir während meiner Studien geleistet hat, danken können; Burt ist ein Mann, der die Gabe der Freundschaft mit einem messerscharfen Verstand auf eine Art und Weise verbindet, auf die all seine Vorfahren stolz sein würden. Ich schließe diese Worte des Danks mit einem besonderen Gruß an meine Freunde im Hebräischkurs – er gilt sowohl meinen Kommilitonen, deren Lebhaftigkeit und Engagement keine Langeweile aufkommen ließen, als auch unserer unnachgiebigen, immer uns zugewandten Lehrerin Dr. Zahava Flatto. Für mich ist sie **אשת חיל**, jene mutige Frau, die das Buch *Sprichwörter* rühmt.

תודה מן הלב

Register